CHIEF QUALITY OFFICER

HUAWEI'S TRANSFORMATION
OF MANAGEMENT AND QUALITY

首席质量官

华为管理转型与质量变革

第 2 版

SECOND EDITION

杨大跃 著

企业管理出版社
ENTERPRISE MANAGEMENT PUBLISHING HOUSE

图书在版编目（CIP）数据

首席质量官：华为管理转型与质量变革 / 杨大跃著 .—2 版 . 北京：企业管理出版社，2023.2（2025.8 重印）

ISBN 978-7-5164-2789-7

Ⅰ . ①首… Ⅱ . ①杨… Ⅲ . ①通信企业—企业管理—研究–深圳 Ⅳ . ① F632.765.3

中国版本图书馆 CIP 数据核字 (2022) 第 252632 号

书　　名：首席质量官：华为管理转型与质量变革（第2版）

作　　者：杨大跃

责任编辑：尚元经　郑小希

书　　号：ISBN 978-7-5164-2789-7

出版发行：企业管理出版社

地　　址：北京市海淀区紫竹院南路17号　　　邮编：100048

网　　址：http：//www.emph.cn

电　　话：编辑部（010）68414643　发行部（010）68701816

电子信箱：qiguan1961@163.com

印　　刷：三河市东方印刷有限公司

经　　销：新华书店

规　　格：170毫米 × 240毫米　16开本　22.5印张　318千字

版　　次：2023年5月第1版　2025年8月第2次印刷

定　　价：128.00元

专家推荐 | »

面对当今百年大变局，全球市场竞争依然靠质量取胜。杨大跃先生洞察全球质量发展风云，结合自己20多年在世界500强企业从事全球化与质量变革的经历，在《首席质量官》中提出了很多精辟观点。《首席质量官》为中国质量发展指出了一条正确路径，对指导各类组织（政府、企业、非营利机构）提升质量具有极大的价值。

黎剑虹博士 (Lotto Lai）香港品质学会主席　美国质量学会会士

深刻洞察中国和世界质量发展的思想脉搏，站在当今质量变革的最前沿，杨大跃先生的这本新著，是集他在世界级企业质量管理实践和感悟之大成，为所有追求中国质量、中国品牌的企业和社会组织提供了非常丰富的精神食粮和理论方法，实用性很强，非常值得一读。

李　刚　华为公司原副总裁

和实生物，同则不继。如何发起一场中国特色的质量革命？杨大跃先生的《首席质量官》有着精辟见识，当有灯塔之功。《首席质量官》提出质量管理不仅应上升到企业的战略高度，而且应横跨企业整个组织（如产品开发、生产、销售、客服、供应链、HR、财务、运营等）管理体系。此大作是时代所需！

唐伟国博士 (Aaron W.K. Tong)　T.Q.M. 公司总裁

香港品质学会原会长

质量是一场革命，更像一场战争。质量是一场全体员工觉醒的革命，更是需要决策层不断反思和变革的革命。质量必须走进董事会，必须嵌入经营管理体系。《首席质量官》一书，是质量革命成功的“法宝”，是质量战争取胜的“兵谏”。

刘万涛　深圳市质量强市促进会执行会长

中国需要一场质量革命，把零缺陷理念注入中国全民的DNA！每个企业都需要一个首席质量官，通过首席质量官的专业指导，建立起以预防质量缺陷为主的高效运营管理体系！期待《首席质量官》一书早日问世，一睹为快！

戴永春　美国玛氏（中国）公司原企业大学精益学院院长

杨大跃先生是位知名的质量专家，拥有全球500强企业质量领导的丰富经验。他丰富的质量管理经验一定能帮助到更多以质取胜，为进军国际市场和参与国际市场竞争的组织提供借鉴。大作《首席质量官》是一本好书，值得仔细品味。

孙磊博士　中国质量俱乐部创始人

杨大跃顾问为我公司提供的管理思路（大质量管理体系与顶层设计的质量变革架构）对我们帮助很大。

苑　卫　君乐宝公司质量总监

第二版说明

本书第一版自2021年2月正式出版上市以来，受到了广大读者的好评，也引起了业界的一些关注。

到2022年第三季度，第一版印刷的5000册即将售罄，作者经与企业管理出版社协商，现将本书的第二版敬奉给广大读者。

第二版增加了一章内容，即第十五章，题目为“流程型组织与效率”。

增加本章的目的是想让读者清晰地看到：质量改进的方法在组织中最后以什么样的组织形式去“落地”，并高效地实现组织的目标。传统的职能型组织（即“金字塔”和“筒仓型”组织模式）效率低下，运营成本高，部门间相互扯皮，响应客户速度慢，难以满足客户的需求。而流程型组织则可以克服职能型组织固有的缺点，采用持续质量改进法，始终以客户为中心，通过执行端到端（起始端为客户需求，结束端为满足客户需求）的业务流程，把组织整体当成一个系统，缩短了流程执行周期，降低了流程执行成本，改进了产品和服务质量，提升了整体组织效率，最终提高了客户满意度。

根据第一版读者反馈的一些问题，作者在此统一回复：

第一，本书不是一本管理类的操作手册，也不是一本普通介绍质量管理方法论和工具的读物，而是从战略视野和全球化的角度，分析全球质量发展历史，对中国质量发展（包含企业、政府、非营利组织）提出指导性和建设性的忠告，特别是想让组织的一把手感到“震撼”并促使其觉醒。如果组织的一把手们不实施管理转型和质量变革，将会感到“惭愧”，将会错过百年大变局带来的机遇。

第二，本书案例不会涉及华为公司内部任何关于质量管理的知识产权和具体实际的业务数据。本书鼓励读者（企业家们）学习任正非先生的商业思想和勇于变革的魄力，特别是学习任正非如何将华为打造成全球品牌的四大成功要素：文化、体系、变革和创新。

第三，本书的核心是华为公司的体系和变革。体系包含质量管理体系、业务流程体系等。变革则特指华为公司的管理转型与质量变革。对于非常关注戴明的管理转型与质量变革的读者，作者建议读者可以后续阅读《戴明管理转型哲学、方法论与实践》（杨大跃 著）。该书预计在 2025-2026 年间出版）。

希望本书第二版能给读者带来更多收益，增加读者的阅读价值。

杨大跃

2023 年 5 月

前　言

这是中国大陆第一本由首席质量官专门介绍管理转型与质量变革的书。

18 世纪 60 年代爆发的工业革命对人类最大的贡献之一，是产生了科学管理理论与实践。第二次世界大战后，美国的工业发展进入到一个新的阶段。大型企业纷纷开始设立首席质量官（CQO: Chief Quality Officer）这一职位。1950 年，全面质量管理（TQM: Total Quality Management）的创始人阿曼德·菲根鲍姆（Armand Feigenbaum）出任美国 GE 公司第一任首席质量官。1979 年，零缺陷质量哲学的创始人菲利普·克劳士比（Philip B. Crosby）出任美国 ITT 公司第一任首席质量官。1980 年，被称为企业质量文化传播神奇“魔术师”的杰克·格曼（Jack Germain）担任摩托罗拉公司第一任首席质量官。

2010 年，本书作者担任中国华为公司的第一任首席质量官。

本书虽然使用首席质量官作为书名，但是，全书的重点则是通过对首席质量官职能的介绍，并透过首席质量官这扇“窗口”，窥视全球质量管理发展的风云和历史变迁，全面和深入地向读者介绍全球企业管理转型和质量变革的思想、理念、方法论和最佳实践。

本书涉及全球质量发展历程。作者深刻解析了美日两国的国家质量战略对其国家质量革命所产生的影响，详细分析了全球《财富》500 强企业从必须设置首席质量官岗位发展到该岗位在企业中“消失”的全程路径，并对未来全球可能爆发的第三次质量战争进行了预测。

本书作者纵观全球大势，提出了建立质量强国、彻底解决中国质量管理根深蒂固问题的解决方案，包括制定和实施国家质量战略、颁布《中国质量法》和发起中国质量革命的路径。

本书作者首次提出中国需要一场质量革命。回顾历史，日本的质量革命花了 30 年时间，美国的质量革命花了 15 ～ 20 年时间。作者预测中国质量革命至少也要花 10 ～ 15 年的时间才能完成。

本书作者首次提出，中美贸易战背后实际上是一场质量战争，2020 年爆发的中美抗击新冠病毒这场博弈背后实际上也是一场质量战争。20 世纪日美两国之间的质量战争是第一次质量战争，中美之间的质量战争是第二次质量战争。未来 30 年后，中印两国之间将会有第三次质量战争。

改革开放 40 多年来，随着中国企业不断走向国际市场，开始实施全球化战略，打造全球品牌已经成为中国企业家的梦想。但是，严峻和残酷的现实是中国企业在全球市场上能令客户尊重的企业品牌和产品品牌仍然非常之少。近几年来，由 Interbrand 公司评出的全球最受尊敬和最具创新力的 100 家企业中，只有一家中国企业：华为公司。

为什么中国企业还不能打造出更多全球品牌？为什么中国企业的产品和服务还不能被全球客户完全接受？为什么当市场需求下降或波动，一些中国企业就会出现亏损或产能过剩，更有甚者会暴露出质量管理和运营管理能力的“软肋”呢？这些问题背后的原因不仅有文化和理念因素，如缺乏工匠精神、质量文化、精益思想、“零缺陷”思维、持续质量改进哲学等，更重要的是中国企业和企业领袖们还没有认识到打造全球品牌，提高产品和服务质量以及提升企业运营效率，提升客户满意度的关键要素首先是建立一套预防性的质量管理体系和运营管理体系。不能靠突击检查、靠增加检验环节，或靠临时搞“运动”来确保生产安全、提升产品和服务质量。

打造现代企业预防性的质量管理体系和运营管理体系，这并不是中国企业的强项和优势。只有通过管理转型和质量变革才能真正建立预防性质量管理体系。华为公司30年花了60亿元购买美式管理（包含现代企业质量管理和运营管理）体系。本书作者把这种现代企业的预防性质量管理体系称为“普世的精华”，因为这种预防性质量管理体系的知识并不是华为公司的发明和创造，而是300多年以来工业化和大组织管理知识的结晶，具有普世的价值。

华为公司把质量定义为满足客户需求，因此，“以客户为中心”便无可争议地排在企业核心价值观的第一位。这就形成了华为的独特基因。华为公司将自己“独特的基因”与“普世的精华”相结合，花了近30年的时间持续管理转型和质量变革，成功地将自己打造成为全球电信产业的一流品牌。华为的成功模式或许能向中国企业传递一些值得借鉴的经验。

首席质量官是现代企业质量管理体系和运营体系中最关键的岗位之一。首席质量官的几大关键职能，如企业一把手的质量“参谋”、质量变革代理人、质量文化“布道者”、其他部门的战略合作伙伴、企业质量体系专家、业务流程构架师、客户投诉的“缓冲区”等，将在本书中以“栩栩如生”的形式展现给读者。

本书作者是脉势佳恒公司总裁、华为公司原副总裁、华为第一任首席质量官，也是近几年出版的关于华为的《以奋斗者为本》和《以客户为中心》两本书的内部审核小组成员之一。

本书可以作为企业董事长、总裁、CEO、高级管理者、职业经理人、MBA 和 EMBA 的管理培训教材，也可以作为政府各部门和非营利组织（如公共运输部门、医院、大专院校、各类教育机构、各类公益组织等）提升组织运营效率和质量管理水平的学习资料。

杨大跃

2020 年 10 月

目　　录

第二章 质量哲学与质量革命

第三章 国家质量战略

第四章 丢尽脸面是好事

第五章　全面质量管理

第六章　质量管理体系

第七章　质量组织

第八章　首席质量官的职能

第九章　企业质量战略

第十章　质量文化

第十一章　业务流程管理体系（BPM）

第十二章　持续质量改进法

第十三章　质量审计

第十四章 质量变革

第十五章 流程型组织与效率

结 语 卓越运营与未来完美

序　　言

出版本书，是笔者的夙愿，有一个外部因素加速了本书的出版。

2017 年春，笔者在美国西雅图出差，有机会与戴明学院的执行院长凯文·爱德华兹·柯希尔（Kevin Edwards Cahill）先生深入接触。双方就未来合作模式、戴明学院未来是否进入中国市场、推广戴明的管理哲学和理论等业务事宜，先后通了几次电话。

戴明学院由爱德华兹·戴明（W. Edwards Deming）本人创建于 1993 年，柯希尔先生是戴明的外孙。戴明学院属于非营利组织，学院的使命是促进人们对戴明学说的理解，提升商业与贸易，促进繁荣与和平。

戴明在弥留之际，曾对外孙说过：

"我明知自己余生有限，有志未酬，无法完成一番独特的事业，深感回天无力，失望……

"面临危机，光是每个人都尽力而为，还不能解决；首要工作是让大家知道，他们该做些什么事，才能进行变革、转型。"

戴明学院曾经在 2016 年与新加坡国立大学的黄幸亮教授、中国台湾的钟汉清翻译进行过合作，授权中国机械工业出版社出版了戴明的两本书:《转危为安》《戴明新经济观》。

在电话会议中，柯希尔先生表达，有意向再次完善中文翻译和出版。

但遗憾的是，2017年12月12日，柯希尔给笔者发来邮件称，经过评估和分析，戴明学院最后决定暂时不进入中国市场从事直接投资业务活动，但愿意与笔者合作，从事在线学习（E-Learning）的间接模式合作。

戴明是全球著名质量专家。本来笔者计划与戴明学院合作，通过推广戴明的质量管理哲学，提供首席质量官的培训，驱动中国企业进行质量变革和管理转型。当听到戴明学院不愿意直接进入中国市场这一消息后，笔者更加坚定了出版《首席质量官》这本书的决心。

写任何一本书的背后都一定会有一个或一些原因。笔者构思和提笔撰写《首席质量官》一书，有五个原因。

第一，分享首席质量官的经验。在欧美公司和中国公司从事三十多年高级管理工作的经历，促使笔者想把多年积累的企业管理经验，特别是质量管理与运营管理的最佳实践以及心得展现给中国读者。希望能给读者带来价值。

笔者曾在华为公司担任过首席质量官（CQO）、公司客户满意和质量委员会副主任、全球技术服务副总裁等职务，乐于把在华为的质量管理经历与读者分享。

第二，推广现代企业质量管理理念、方法论和工具。笔者有幸担任过美国全球电信质量标准组织（QuEST Forum）论坛的中国区联席主席、亚太联席主席，以及该组织的董事会非执行董事和顾问。2004年在美国圣地亚哥召开的QuEST论坛年会期间，笔者萌发了想把电信行业的这种质量管理体系的方法论、工具和最佳实践模式等移植到其他行业的想法，并想通过本书向读者展现QuEST论坛“质量度量指标”和“质量管理要求”背后的质量哲学、质量管理逻辑和质量改进方法的本质。

笔者在长期为中国电信、中国移动、中国联通提供专业服务的过程中，深感这些企业在质量管理体系、供应链管理体系和运营管理体系方面与全球的先进电信运营商（如 AT&T、英国电信、沃达丰、法国电信、德国电信等）相比还有较大的差距。特别是在卓越运营方面（含企业内部控制、企业风险管理、知识管理、可持续发展等）差距较大，因此一直想把卓越运营模式引入到中国的三大电信运营商和其他中国企业中。

笔者想通过本书达到传播上述全球先进质量管理体系普世价值的目的。

第三，助力中国企业管理转型与质量变革。目前笔者从事的是企业管理咨询和顾问工作。由笔者创建的咨询顾问公司虽然没有全球顶级咨询顾问公司，如 IBM、埃森哲、麦肯锡等知名度高和实力强，但笔者已经有机会接触了大量中国企业（大型央企、中型国企、民营企业、家族或私人企业等）的高层管理者。在为上述企业提供咨询服务和管理培训的过程中，笔者发现在质量管理体系建设、卓越运营模式等方面，中国企业不仅短板鲜明，而且还有很长的路要走。

十八大后，中国经济发展的方向已经明确，即建设五位一体的具有中国特色的社会主义市场经济。进入 2016 年，中国 GDP 增长率减速后，企业将面临前所未有的挑战。2012 年世界经济论坛评估中国国家竞争力下降的主要原因之一是中国的商业成熟度较低。而商业成熟度中的一个重要指标则是中国企业的运营和战略管理成熟度仍然处于“要素驱动”阶段，还没有进入“效率驱动”阶段，更没有进入“创新驱动”阶段。在全球化的环境下，当企业外部的需求下降时，企业质量管理和运营管理的好坏将直接影响到企业的生死存亡。

中国目前正处于转型期，无论是外资企业、国有企业（含央企）、民营企业，还是非营利组织和政府，在经济体制转型过程中都将面临前所未有的痛苦和困惑。

笔者认为，有必要将东西方企业管理的精髓，特别是企业质量管理模式、理念、方法论和实用的体系以及管理转型的最佳实践来解决中国企业实际问题的案例，通过本书介绍给中国企业。帮助中国企业解决质量和运营管理的短板问题，进而帮助中国企业了解和掌握现代企业卓越运营管理体系。

第四，推广和普及现代质量管理知识。笔者多年来在给国内很多商学院的EMBA、MBA、EDP和总裁班讲授管理课时，在给各类企业的高管提供企业内部高级管理培训时，在给很多企业提供管理咨询和顾问服务时，不断地发现西方的管理思想、理论和最佳实践引入国内后，往往会被曲解和断章取义，甚至在企业管理培训市场上出现了很多“变味”的类似传销的大喊大叫的培训，而真正对企业最实用的现代企业质量管理和卓越运营管理的培训却少得可怜。

笔者希望通过大力推广和普及现代企业质量管理和卓越运营管理的知识，借助本书把笔者多年在质量管理和运营管理的心得与经验与读者分享。

第五，推动中国质量革命。美国和日本这两个国家的质量发展历史中所经历的在国际市场上的质量战争、国家质量革命和企业的质量变革，基本上揭示了20世纪全球质量发展历程。

笔者在本书中对美国和日本的质量革命和企业质量变革进行了深入研究，期望通过本书能让中国的企业高管和政府相关负责人清晰地看到质量战争、质量革命、质量变革的本质，并从中吸取教训和益处，从而推动在中国发起一场质量革命，驱动中国成为质量强国。

戴明曾说过：“对于友好国家，除了美国的管理不能出口外，其他东西都可以出口。”虽然戴明并没有直接说出这句话中所指的友好国家是否包含日本，但是事实是戴明花了他毕生中最宝贵的时间为提升日本企业的质量管理水平做出了无私的贡献。

笔者通过研究美国国家质量革命、美国《1987年国家质量促进法案》和美国企业的质量变革后，深感在当今，中国需要制定和实施未来10年或20年的国家质量战略，需要由政府牵头制定和实施国家质量法；并动用政府、行业协会、咨询顾问公司（质量专家）和企业这四方资源，联合开发和设计（顶层设计）适用于中国企业的质量管理体系、质量审计体系和真正的国家质量奖体系，并在中国推动一场质量革命。

如果不采取上述行动，中国企业的整体质量管理水平和竞争实力的提升将会遇到严重的挑战，中国企业将很有可能失去抢占全球市场的机会，并在第二次质量战争中处于被动地位，最终将很有可能错失中国真正崛起的良机。

综合上述五个原因，笔者花了近六年的时间构思本书的框架和内容，并逐渐形成了本书的主导思想。

本书的主导思想如下。

改革开放40多年经济高速增长带来的好处是我国的基础设施建设得到了快速发展和更新换代，如现代化的机场、码头、高速公路、高铁和城铁等。企业的规模也快速增长，2014年已经有100家中国企业（含台湾企业）进入《财富》全球500强行列，2019年增加到129家。

但是，高速经济增长所带来的副作用是政府和企业的质量管理和运营管理水平严重滞后于经济发展。自从2010年以来，全国出现了大量的重大恶性事故。特别是在2015年，全国出现了特大、重大恶性事故的集中爆发。无论是2015年8月12日天津塘沽港口危险品大爆炸，同年6月武汉商场电梯“吃人”事件，同年5月重庆邮轮在长江翻船造成200多名游客死亡的恶性事故，以及同年元旦上海外滩的恶性踩踏死人事件，2019 年 2 月 8 日年安徽铜陵的化工厂大爆炸事件等，都反映出各级政府和企业的质量管理能力、质量管理体系存在着严重问题。

回顾近 10 年发生的重大质量事故，追其背后根因，虽然有特殊因素，但更多的则是共同因素。2011 年浙江温州发生的动车相撞、每年发生多起的桥梁倒塌、煤矿爆炸、运输车辆以及校车重大恶性死人事故，2012 年 7 月 21 日北京发生特大水灾（媒体称为“7 • 21”事件）后政府救援和应急体系“缓慢力薄”，2013 年 10 月浙江余姚发生重大水灾后政府职能部门和管理体系“响应缓慢”等事件，都反映出各级政府和企业缺乏预防性的质量管理体系，缺乏质量管理能力的培训。

根据全球发达国家质量管理和运营管理的发展路径、成功经验和卓越企业的质量管理模式，笔者认为中国政府首先应建立真正意义上的国家质量战略。

在国家质量战略的指导下，中国需要发起一场质量革命。中国的企业首先要建立和完善以预防为主的质量管理体系（QMS：Quality Management System），进而逐渐建立和应用卓越运营体系（OE：Operational Excellence）。

当下很多中国企业在形式上每年都认证一张 ISO9001 证书，并把它挂在会议室或大厅的墙上供客户或外来者参观，但实际上企业另外在使用一套业务流程和流程文件。这种“两张皮”的自欺欺人行为将无法解决企业质量管理水平提升所面临的根本问题，更谈不上降低或杜绝上述重大恶性事故的发生，谈不上降低成本、提高效率、提升生产力。更有甚者，有个别企业丧失了道德底线，造假和售假。

笔者认为，要从根本上解决上述问题，除了在全社会提倡契约文化和契约精神外，政府和企业首先应认可质量哲学。同时，还应建立完善的质量管理体系和卓越运营管理体系。

对于政府的质量管理体系和运营管理体系如何建设和完善不是本书的重点，但本书涉及的质量管理体系和运营管理体系建设的方法论和工具，完全适用于政府、非政府组织和非营利组织。

关于如何认可质量哲学和建立质量管理体系和运营管理体系，笔者的主要观点如下。

一、质量是一种信仰

质量改进不是一种简单的工作，而是关于人的信仰、人格素养和哲学层面的事情。不管任何组织（政府和企业）还是个人，要想真正掌握质量改进的真谛，就必须接受质量理念的洗礼，成为持续质量改进哲学的信徒。否则，永远是质量改进的“门外汉”。

二、正确认识和应用ISO9001认证

日本人在制定和实施国家质量战略的过程中，已经清醒地发现：ISO9001 体系只不过是欧美国家为评估全球企业的产品进出口欧美国家的市场时所需要的一张证书或“通行证”而已。日本行业协会要求日本企业采纳全面质量管理（TQM）体系，而不是简单地采用 ISO9001 体系，甚至要求日本企业的质量水平要高于美国军方的质量标准。

美国人在发起和实施质量革命的整个历程中，始终以全面质量管理为主线，也并没有把 ISO9001 认证作为核心。

笔者认为，如何正确认识和应用 ISO9001 认证，破除“两张皮”现象，这个问题到了中国企业管理者应当正视的时候了。

三、正确认识质量管理体系的本质以及作用

企业的质量管理体系与运营管理体系是“你中有我、我中有你”的血肉相连关系，质量管理体系是提升运营管理体系的基础，是一种

预防体系。

质量管理体系可以包括：质量方针、质量目标、质量战略、质量文化、质量组织、质量度量体系、流程管理体系、质量审计体系等。这里提到的质量组织包括基层的质量控制（QC：Quality Control）、质量保障（QA：Quality Assurance），更包括质量经理、质量总监和首席质量官等质量角色，而首席质量官对提升企业的整体质量水平和运营能力尤为重要。这也是本书的重点。

四、高效发挥首席质量官的作用

首席质量官虽然是一个岗位和职务，但其独特的职能和作用将对企业建立和完善质量管理体系与运营管理体系起到非常重要的作用。

现代企业组织中的首席质量官职位，对于董事长、总裁或CEO来说，既是他们的作战"参谋"，同时又是质量变革的代理人，更是企业质量文化的"布道者"或质量福音的"传教士"。

无论是公司战略的制定和执行，还是公司的质量战略的制定和执行，还是指导公司上下建立全面质量管理（QMS）和业务流程管理（BPM: Business Process Management）体系，抑或引入行业标杆的质量管理方法，首席质量官都扮演着非常重要的角色。

对于公司其他部门的业务主管来说，首席质量官是他们的战略合作伙伴、质量管理体系专家、流程体系建设总设计师。

对于一般员工来说，首席质量官更像是"教练"。首席质量官在公司上下不断地传递质量哲学和持续改进的方法论和工具。

对于客户来说，首席质量官则成了他们可以倾吐心声的"知心者"和发泄他们对企业质量管理的不满和抱怨的"缓冲区"。

首席质量官在企业中的多重角色，是由企业所处的生命周期所决定的。

对于任何企业（无论处在哪个生命周期，如创业期、集体领导期、正规化期和精细化期，或者在某一过渡期），首席质量官的职能是必不可少的。只不过往往在创业期、集体领导期的企业由于其规模较小，还没有能力设置首席质量官这一职务。但实际上，在规模小的企业中，首席质量官的职能往往被“埋藏”在某个岗位之中，如由某一管理职能所兼任。

对于规模大的企业，特别是想从事全球化战略的企业，首席质量官岗位的设置则必不可少。

五、质量战略的重要性

企业所处的生命周期决定了企业应采取什么样的质量战略。如果哪一家企业能把质量管理上升到战略的高度去对待，那么这家企业的一把手肯定会设立专职质量组织，定期亲自参与质量会议，亲自聆听客户声音，并在企业的战略规划中明确质量改进目标和改进措施。

首席质量官在制定和执行企业质量战略的过程中起着主导作用。

同样，如果国家的五年规划中能把提升社会整体质量放到国家质量战略的高度，中国深化改革领导小组能在改革方案的顶层设计时就考虑到国家质量战略的重要性，那将非常有利于推动中国的质量革命。

如果您想完成企业的质量变革，或实施企业管理转型，或想成为一个企业的首席质量官，或立志从事企业的质量管理工作，或想提升组织（政府和非政府）、企业或个人的质量管理知识和技能，从而帮助“一把手”制定和执行质量战略，请仔细阅读本书。

六、厘清质量文化冲突，纠正错误理念

本书厘清了中国传统文化中的两个要素与持续质量改进文化的冲突、界限和本质。

中国传统文化中的“差不多就行了”“足够好了”与“第一次就把事情做对”“零缺陷”有着本质的冲突。

中国传统文化中的“搞定”文化与“持续改进并不断优化流程和体系”的文化思想也存在明显的冲突。

本书纠正了中国社会上长期形成的12个错误理念。这12个传统的错误理念如下。

（1）质量提升的方法是一门技术，而不是一套管理体系。

（2）提升质量就意味着增加成本。

（3）质量是质量部门的事情。

（4）质量是专家或中下层员工的事情，不是老板（一把手或CEO）的事情。

（5）质量是企业的事情（以企业为主体），不是政府的事情。

（6）给员工提供质量培训就可以了，让员工自发地解决质量问题，如成立质量圈（QCC：Quality Control Circle）、客户全面满意（TCS：Total Customer Satisfaction）改进小组等，而管理者不需要直接参与质量改进。

（7）只要通过ISO9001证书就可以提升质量。

（8）质量主要是指工厂或制造业的产品质量，而服务业（如银行、保险公司等）、机构组织（如律师、会计师事务所等）、公共产业（如运输部门、医院、学校、图书馆等）、政府机关部门、非政府组织并不需要建立质量管理体系。

（9）发生重大质量事故后，只要派专家组调查出原因，依据相关制度对质量事故的主体组织的负责人和相关人员进行处罚就可以了。顶多再发起突击检查运动，或张贴一些标语或口号，或搞一下整改，就能预防重大质量事故再次发生。

（10）西方的质量哲学不适用于中国，如持续质量改进法、“零缺陷”或“第一次就把事情做对”等。

（11）中国企业通过收购欧美企业就可以提升质量，不必在打造自身的质量文化基因和建立预防性质量管理体系上下功夫。

（12）制造业采用自动化或增加机器人就能提升质量。

针对上述12种错误理念，笔者在本书中进行了深刻解析，并向读者展示其解决方案的核心思想如下。

（1）任何质量问题背后的根因最后都将归纳到两类：人的问题或流程问题。前者为特殊原因，后者为共同原因。

（2）人的问题又可分为人的态度问题和人的能力问题。这两个问题最终体现在人的行为上。

（3）人的态度问题可以通过企业文化和企业核心价值观的培训来改变，而人的能力问题则需要通过技能培训和业务实践来提升。

（4）流程问题是高层管理者的问题。高层管理者是组织的各级流程的制定者，员工只是流程的执行者。不要指望让员工负责优化业务流程。

（5）人的问题最终也将归结于高层管理者的问题。对于员工的态度和能力培训，高层管理者责无旁贷。因此，质量管理最终就是一把手工程。

（6）任何组织质量问题的最终根因：一把手不重视、一把手不知道用什么方法提升和改进质量，特别是建立预防性质量管理体系。

其实企业或政府相关部门的一把手们有两种心态，一是不知道如何建立这种预防性的质量管理体系。二是不愿意建立，因为怕花钱。一些企业或政府相关部门购买先进的硬件设备愿意花大价钱，但只要购买质量培训，特别是购买质量变革管理的咨询服务（建立预防性的质量管理体系）却吝啬得“一毛不拔”。

阅读本书后，读者将会感到视野被放大，思维被更新，心灵被震撼，知识被扩宽，理念被撞击，信心被增强。读者回到自己的工作岗位上后，可以应用从本书中所学到的知识，从战略的高度帮助政府部门或企业提升质量管理与运营管理水平。

阅读本书后，读者将会感到本书所涉及的理念、方法论和工具，非常适用于读者自己所在的组织（政府或企业）以及本职工作，具有实用价值。

本书的读者可以是企业家、创业者、企业的首席执行官、企业中的高级管理者、职业经理人、MBA 和 EMBA，以及未来梦想从事质量管理和运营管理工作的大学生、研究生和博士生。

本书对政府官员、国家公务员、军队管理人员同样具有参考价值，特别是现代质量管理哲学和质量管理方法论及工具在中国企业的应用和最佳实践，对于这些读者同样具有实用价值。

本书对于中国的非营利组织和非政府组织的管理人员也同样适用。

杨大跃

2020 年 10 月于北京

导　读

戴明认为，一本书的价值，并不只是各章节价值之总和而已，而要把每一章节甚至每一段落，都与其他部分整合起来看，才能彰显出意义来。

本书共有十五章。为了让读者高效阅读本书，作者为读者设计了一个导读。

如果读者想对质量管理的整体发展有全面的认知，建议从第一章开始，逐章仔细阅读，不要跳跃。

如果读者认为自己对全球质量发展的历史还不清晰，建议不要漏掉对前五章的精读。

如果读者自认为已经是一位资深质量专家，建议对前五章可以大致浏览，然后直接进入第六章。第六章到第十五章是本书的重点。

如果读者想从本书获得丰富的营养和质量变革的动力，并采用本书的质量管理方法快速开始质量变革实践，建议对第六章到第十五章细读、反复阅读。

第六章、第十四章、第十五章是本书核心的核心。

特别是第六章，读者只有把第六章的内容真正吸收与消化后，才有可能对现代企业质量管理体系有一个深刻、全面的认知和理解。

第六章涵盖了对现代企业质量管理体系的全面分析。从质量战略、质量组织、质量文化、业务流程、质量审计等，高屋建瓴地向读者展示了全球卓越企业对质量管理体系的重视程度。

第十四章则是质量变革理论和实践的详细解释。如果读者是企业"一把手"（董事长、总裁或CEO），建议一定要翻阅全书。阅读完第十四章后，可以考虑是否对自己的企业进行一场质量变革。

如果读者是企业高管或职业经理人，建议不要错过对第六章到第十三章的精读。

如果读者是政府高管或非营利组织高管，建议阅读完第一章到第五章后，不要放弃，继续阅读第六章到第十五章。特别是第六章，将会让读者看清全球质量管理的体系演进过程。

第八章是专门涉及首席质量官职责的章节。该章的重点在首席质量官的六大职能。建议那些有志成为首席质量官或已经在首席质量官岗位担当责任的读者仔细阅读。

第十五章是对本书内容、案例和结论的总结。任何组织的高管如果真想提升质量，那就必须实施管理转型和质量变革；舍得放权、懂得授权；建立流程型组织。只有提升组织效率、降低总成本、打造可持续竞争优势，组织才能在激烈动荡的市场上立于不败之地。面对百年之大变局，全球长寿百年企业最终仍然靠质量取胜。

总之，不同需求的读者在阅读本书时，可以从任何一章切入阅读。但是，不要忘记，本书的构架有一定的逻辑排列。按逻辑循序渐进地阅读，可能会感到顺理成章。

谢谢！

第一章

全球化与质量战争

1 / 并非零和游戏

卓越的管理思想不仅让本国受益和适应当地的文化，而且可以穿越国界，并经过完善和优化，使其他国家和行业再次获得成功。

约翰·麦克莱斯维特（John Micklethwait），
英国《经济学人》原主编

1997年，我在摩托罗拉（中国）公司担任大中国区的网络维护部高级经理。在一次到美国亚特兰大出差时，我买了一本书：《完美未来：全球化的挑战和隐藏的前景》（A Future Perfect: The Challenge and Hidden Promise of Globalization）。该书的作者之一是彭博新闻社主编约翰·麦克莱斯维特（John Micklethwait）。出版此书时，他正在担任英国《经济学人》杂志的美洲执行主编。

麦克莱斯维特认为，推动全球化的主要动力有三个，即技术、资本和管理。全球化的趋势已经势不可挡。全球化对政府、企业和个人都会产生重大冲击。麦克莱斯维特还认为，全球化不是零和游戏。未来获胜者将是那些有准备的政府、企业和个人。

我花了很长时间阅读该书并仔细品味该书的观点。的确，推动全球化的三大动力（技术、资本和管理）对企业和个人成长至关重要。特别是管理，它能穿越国界并自由地流动。当跨国公司在全球扩张时，其先进的管理思想、企业管理方法论和工具也伴随着企业的经营活动渗透到了当地的市场、合作伙伴和终端客户中。

受益匪浅

在20世纪90年代，摩托罗拉公司曾被公认是美国公司中实施全球化和本地化战略最成功的企业之一。

摩托罗拉公司不仅在中国市场上获得了“黄金万两”，更重要的是其开发的六西格玛方法（Six Sigma）和奠定美国国家质量奖基础的质量体系审计（QSR：Quality System Review）的方法论和工具，让摩托罗拉公司名声远扬。而美国国家质量奖的评测方法，即卓越绩效（PE1000：Performance Excellence 1000）的基本思路已经被中国政府、行业质量协会和部分企业所接受和采纳。虽然目前中国企业的整体质量管理水平的提升和运营能力的提升仍然困难重重，但至少提起摩托罗拉公司的六西格玛方法，有很多中国企业还是愿意花钱购买和学习的。

全球化使中国公司，特别是华为公司和中兴通讯股份有限公司学到了价值连城的东西。

如果没有英国电信坚持不懈地帮助华为公司提升质量体系，如果没有品尝到法国电信质量管理体系认证使得中兴通讯公司的产品进入欧洲市场获得成功的甜头，这两家中国企业全球化战略的步伐可能还要慢很多年。

企业管理作为一门管理科学或“知本”是可穿越国界的。这种可流动的科学或“知本”，已经极大地帮助中国企业走向世界。

华为公司总裁任正非先生于2013年12月1日在法国接受当地媒体采访时指出：华为向IBM学习获得了先进的管理思想和方法。“我们学的方法是IBM的。IBM教会了我们怎么爬树，我们爬到树上就摘到了苹果。我们的老师主要是IBM。”

重大冲击

虽然 ISO9000 早已经从英国传入中国，但其本质的思想从未或很少被中国企业的文化所接受。西方企业管理中的流程和标准工作规程（SOP：Standard Operating Procedure）概念和方法论往往被中国企业中的传统意识所曲解和“变味”。

傲慢的西方高科技产品、品质优良但价格惊人的奢侈品已经占领了我们国内巨大的市场份额，正在瓜分着丰厚的利润，同时也不断地刺激着中国企业考虑如何提升自己的产品质量和服务质量。

全面质量管理（TQM：Total Quality Management）仍然很难被中国企业全面接受。虽然 TQM 的理念、方法论和工具已经在部分中国企业得到了应用，但在中国所有企业中进行推广仍然面临着挑战。

2014 年之前，如果要求在中国企业设立首席质量官这一岗位，绝大多数企业的老板是会拒绝的。但是今天，首席质量官这一职位已经逐渐被一些中国企业所认可和接纳。2014 年夏季，我给深圳市质量强市促进会举办首席质量官认证班培训时发现，来自 80 多家企业的首席质量官学员们在谈到他们的未来职业规划时，信心高涨，但也忧心忡忡。这是一个极具挑战的职位，一个承担重大责任的职位。

全球化给中国企业在质量管理方面带来的意义远不止这些。

改变习惯

作为跨国公司，摩托罗拉公司早在 20 世纪 80 年代就开始实施全球化战略。经过在摩托罗拉公司工作八年多的“洗礼”，我的做事方式和行为得到彻底改变，即能够按优秀职业经理人的模式工作。比如，我的工作习惯已经养成了“六西格玛模式”。

在 1995 ~ 1996 年期间，我领导的摩托罗拉移动通讯网络维护团队——“TCS 长城小组”，通过应用六西格玛方法，帮助中国移动集团公司全面提升了全国网络的运营和维护水平，使得中国移动集团公司的网络维护质量和客户满意度攀上新的高度。为此，我和我领导的团队获得了摩托罗拉公司亚太地区优秀团队奖和摩托罗拉公司全球蜂窝基础设施事业部质量奖，并分别在泰国和西班牙参加了颁奖仪式。1997 年，我还获得了摩托罗拉公司全球优秀 TCS 团队质量奖。

在华为公司和中兴通讯公司负责全球的客户服务业务时，我有机会接触到全球顶级电信运营商的管理体系，特别是质量和运营管理体系。有机会学习到了全球先进的质量和运营管理模式，也有机会接触到现代企业中首席质量官的运营模式。

在华为公司和中兴通讯公司负责公司的质量管理和运营管理体系时，我有机会代表中国企业参加全球电信质量标准组织 QuEST 论坛董事会的工作，并成为该组织的中国区联席主席、亚太地区联席主席和董事会成员，有机会学习和接触到全球先进的质量管理理念、方法论和工具，特别是 QuEST 论坛开发的 TL9000 质量管理体系中的《质量度量指标》《质量管理要求》以及审计体系。TL9000 不仅仅是一套完整的质量审计体系，更重要的是该体系具有普世的价值。这也为我现在从事的企业管理咨询工作奠定了坚实的基础。

我是把中兴通讯公司引入到 QuEST 论坛组织的第一人，并努力协助 QuEST 论坛在中国电信市场上做推广工作。为此，全球电信质量组织 QuEST 论坛于 2012 年向我颁发了 QuEST 论坛杰出领导力和贡献奖。

我认为，中国企业参与该组织的好处至少有三点。一是学习全球电信行业先进的质量管理方法。二是参与全球电信质量标准的制定，成为标准的制定者要比成为标准的跟随者更有主动权。三是 QuEST 论坛开发的 TL9000 标准是全球电信行业的质量标准，TL9000 就像一个门槛，一旦跨入该门槛（即通过了 TL9000 审计和认证），中国企业的质量管理体系至少就可以被欧美客户（如英国电信、法国电信、德国电信等）初步认可。华为公司和中兴通讯公司是加入该组织最早的两家中国电信设备制造商。上海电信和广东移动公司是最早加入该组织的两家中国电信运营商。

的确，全球化不是零和游戏。全球化给中国企业带来了千载难逢的学习机会。华为公司和中兴通讯公司在实施全球化战略过程中所积累的企业质量战略制定和执行的经验，将会对其他中国企业“走出去”具有非常重大的现实意义。我所经历的跨国公司质量管理经验，特别是首席质量官的经验，也将会在为中国企业提供管理咨询服务中发挥重要作用。

2 / 取经之道

> 高质量的、挑剔的、内行的客户，是企业追求高质量产品、优质服务的力量源泉。
>
> 迈克·波特（Michael Porter），哈佛大学教授，竞争战略之父

向客户学习

从 21 世纪初开始，英国电信开始将全球采购的目光投向中国电信设备制造企业华为和中兴通讯。当时的华为公司和中兴通讯公司已经成为实际意义上的跨国公司，两家企业都开始在全球市场上销售其电信网络设备。

2001 年和 2002 年，华为公司和中兴通讯公司分别与英国电信第一次正面接触。但是，两家公司均以惨败而告终，因为英国电信的采购条件和标准非常苛刻。英国电信的全球采购中心除了评估供应商的产品性能、产

品质量、服务质量外，还要评估和审计供应商的企业整体运营管理体系和质量管理体系。由于中国企业一开始对英国电信采用的评估标准不了解，所以，第一次“碰撞”就无法通过其审计和评估。

2006年，当法国电信第一次正式审计和评估中兴通讯公司的企业运营管理体系和质量管理体系时，中兴通讯公司的高层领导们非常茫然，不知所措，甚至有点恐惧。由于曾经遭遇过英国电信质量审计的失败，中兴通讯公司上下还没有从这个阴影中走出来。所以对于法国电信的质量审计，公司领导总觉得没有底气，缺乏信心。

我当时担任中兴通讯公司的总裁助理（副总裁级）并负责公司全球的售后服务体系，同时担任公司质量战略工作组副组长。在我看来，法国电信的质量审计，对中兴通讯公司来说是一个绝好的机会。

当时，中兴通讯公司总裁是尹一民，营销总裁是史立荣。在一次准备应对法国电信质量审计的高层准备会上，当我看到两人愁眉苦脸的情形时，自告奋勇地承担起了应对法国电信质量审计这一艰巨任务。

在我的领导和策划下，中兴通讯公司在集团公司层面上成立了一个“法国电信质量认证项目团队”。我担任该项目团队的第一负责人：大项目经理。该团队由近百人组成，涉及公司的研发部门（含产品线、研究院）、生产体系、供应链、营销、售后服务和全球客户支持服务等领域。

经过两个月的准备，我满怀信心地带领这个团队开始迎接法国电信的挑战。由于法国电信采用的质量认证和审计标准类似于美国摩托罗拉公司开发的质量体系审计标准QSR，而我对QSR非常熟悉，因此，我领导的近百人的中兴通讯公司管理团队经过两个月的充分准备，一次就成功地通过了法国电信的质量认证和审计。

此项目的成功，对中兴通讯公司具有历史意义，从此中兴通讯公司的产品就可以首先进入法国市场，进而可以进入欧洲大陆市场。为此，我领导的团队获得了中兴通讯公司的总裁嘉奖。

经过近十年的磨炼，华为公司和中兴通讯公司的产品已经打入欧美市场，并获得了全球市场的认可。在这两家中国企业实施全球化战略的过程中，它们真正的收获是什么呢？

真正的收获是全球优秀的、高质量的客户教会了中国企业很多东西。

正是英国电信不断地派高级采购专家进驻华为公司进行实地考察和评审，并不断地提出各种挑剔的意见；正是老牌电信运营商的“傲慢”，才使华为公司学会了如何虚心地向客户学习，如何按照客户的要求建立和完善自己的质量管理体系和运营管理体系。也正是法国电信质量审计项目的成功，才使得中兴通讯公司“保守的”公司领导们“大开眼界”，开始虚心倾听客户的声音，放下身段学习如何改进自己的质量管理体系和运营管理体系。

“高质量的、挑剔的、内行的客户，是企业追求高质量产品、优质服务的力量源泉。”这是哈佛大学教授、著名竞争战略专家迈克·波特的名言。华为公司和中兴通讯公司实施全球化战略的历程正好验证了迈克·波特的这一观点。

其实，除了向客户学习外，华为一直以全球的优秀企业（如 IBM 公司等）为标杆，不断地向标杆企业学习。在电信行业，华为的学习标杆一直是曾经的全球电信行业“领头羊”，瑞典公司爱立信（Ericsson）。正是这种学习精神，使得华为公司在 2014 年全面超越了爱立信，一跃成为全球电信行业的第一。

到日本“取经”

1995 年，笔者在摩托罗拉公司担任大中国区的电信网络工程部部长，有幸被选拔成为摩托罗拉大学加速中国管理本地化计划（CAMP：China Accelerated Management Program）高级管理培训班的早期成员之一，并到摩托罗拉公司在全球的部分子公司（如日本、新加坡、美国南美洲分部、中国香港地区等）参观、学习和轮岗工作。

1995 年 6 月，在随 CAMP 第三班访问日本时，笔者有幸在东京北部参观了由美国摩托罗拉公司和日本东芝公司合资建立的TSC公司（Tohoku Semiconductor Corporation，东北半导体公司）。TSC公司的主打产品是半导体芯片，如DRAM（dynamic random access memory），摩托罗拉公司和东芝公司在TSC公司中各占50%的股份。

参观TSC，使笔者首次接触到六西格玛管理方法在半导体公司研发、生产和制造中的应用。笔者注意到，在TSC公司的组织结构和质量管理体系中，设有首席质量官、质量总监、质量经理、QC和QA等岗位。TSC的质量圈（QCC：Quality Control Circle）活动给笔者留下了尤为深刻的印象。

美国摩托罗拉公司为什么要与日本东芝公司建立合资企业呢？笔者后来才了解到，摩托罗拉公司是想从东芝公司学习提升质量的管理方法。

其实，美国企业虚心向日本企业学习如何建立企业质量管理体系、降低成本、提升效率和提升客户满意度的行动，早在20世纪80年代初就开始了。

根据美国《洛杉矶时报》的报道，美国摩托罗拉公司和日本东芝公司早在1986年11月26日就签订了成立半导体合资企业的初步协议。当时的日本东芝公司在半导体领域，特别是在DRAM产品的技术、研发和生产上已经成为全球第一，而摩托罗拉公司则是全球第三大半导体制造商。当时，摩托罗拉公司在日本市场的份额还很小。

“我们进入日本市场的步伐非常慢。与东芝公司的合作伙伴关系将会加速我们拓展日本市场的努力。”摩托罗拉公司副总裁、日本分公司总经理斯蒂芬·列维（Stephen Levy）这样认为。

美国芝加哥一位分析师菲利普·古德曼（Philip D. Goodman）认为：“摩托罗拉公司越是了解日本公司就越容易与日本人沟通，也就越有利于把摩托罗拉的产品（无线对讲机、传呼机、蜂窝电话等）打入日本市场。”

美国摩托罗拉公司打着进军日本市场的幌子，实质上是想学习东芝公司在半导体产业先进的生产质量管理体系。

在 20 世纪 80 年代，日本公司在全球发达市场发起了对美国公司的挑战，并逐渐占主导地位。西方学者认为，日本公司崛起，其质量管理体系起了关键作用。质量的改善导致日本企业生产率得以大幅提升，而生产率的提升进而促进了日本 GDP 的提升。

在 20 世纪 80 年代中期，美国政府和企业界开始全面关注日本的质量改进。除了美国政府、商界直接参与学习日本的质量管理体系外，美国的质量学界对日本企业为何具有先进的质量管理体系更加关注。

当时在美国质量学界有两种主要观点。

第一种是以著名质量专家戴明（W.Edwards Deming）的观点为代表。戴明认为，企业的质量改进不只是靠检验，而是要关注设计、采购、制程和交付的流程；也要关注持续的质量培训。日本人彻底掌握了这套方法论和工具。

第二种是以美国质量专家朱兰（Joseph M. Juran）的观点为代表。朱兰认为，日本公司与美国公司在质量管理方面的主要区别在三个方面，即大量的质量培训、年度质量计划、来自高层质量管理者的领导力。另一位研究者须泽（Suzawa）则认为，日本企业在质量管理方面更加专注组织的承诺、员工的责任感，更强调团队合作。

美国学者马灵·伊伯拉普（Maling Ebrahimpour）认为上述两种观点都是出于观察而得，还不够深入，于是决定对美国和日本公司进行实地考察。通过对 11 家美国公司和 7 家日本公司的现场调查和研究，伊伯拉普得出了以下结论（1993 年 2 月发表于《国际管理评论》）。

在日本企业和美国企业中，质量控制部门的作用和角色在参与企业的质量运营管理活动中是一致的，但在其他两个方面有所不同。日本企业更强调质量控制部门的作用是宣传和推广质量方法，而美国企业认为质量控制部门更应参与质量检查活动。

① 直接参与质量运营活动：运营（Operations）——日本企业和美国企业都强调。

② 向其他部门宣传和培训质量方法论和工具：推广宣传（Promotion）——日本企业更强调。

③ 从事质量检查活动：检查（Inspection）——美国企业更强调。

笔者在摩托罗拉公司发现，这家美国公司的质量组织（从各个国家的分公司到区域再到总部）实际上是在均衡地发挥着上述三个作用的。

3 / “质量凋谢”

> 诚信是质量的基础。诚信是契约文化的基石。虽然东西文化中各自沉淀的价值观对契约文化有着不一样的解读，但本质是一样的。
>
> 作　者

中国优势（China Advantage）是一家向欧美企业提供外包和供应链服务的公司，其创始人兼总裁鲍尔·米德勒（Paul Midler）据说具有近20年与中国制造企业打交道的经验，与中国上千家企业打过交道。2007年，米德勒在网络上发表了一篇文章，题为“与中国的‘质量凋谢’打交道”（Dealing With China's ‘Quality Fade’）。“Quality Fade”可以翻译成为质量凋谢，也可以翻译成质量渐减，意思是一样的。“质量凋谢”可以解释为：一开始质量还可以，但逐渐地质量开始下降，越来越差。

米德勒的文章是这样开头的：“最近媒体不断报道中国出口的宠物食品中含有被禁止的化学物品，玩具表面涂有有害的含铅涂料，轮胎在高速行驶时脱落等让大众惊讶的事件。”

我认为该文章的出台可以有两种假设。

第一，暂不认为米德勒对中国怀有恶意，属于按事实报道。在 2007 年那个年代，这样的事件发生在中国企业的产品质量上，也确实是可以理解的。第二，假设米德勒对中国不怀好意，故意攻击中国的产品。

但是，无论如何，米德勒提出的一些观点，值得引起我们质量管理从业者的关注。

米德勒将“质量凋谢”定义为：通过故意地、偷偷地削减产品质量的方法来扩大利润的习惯。任何企业故意“偷梁换柱”来降低产品质量以换取企业利润的增长的行为都是不道德的，是不诚信的行为。

个别中国企业最初提供的样品和批量产品是合格的。但是，随着交易的进行，产品的质量就开始出问题了。“质量凋谢”背后的逻辑是清晰的。

米德勒举了两个例子。

第一个例子，一家美国企业从中国进口健康和美容理疗产品，一年过后，外包装的盒子突然破裂。一开始，很难理解盒子破裂是由于“质量凋谢”导致的。后来，中国的供应商谴责自己的供应商。为什么？因为这家供应商的盒子供应商采用了与原来外包装不一样的替换材料，而替换材料的质量比原来的外包装材料的质量要差。

第二个例子是米德勒亲自经历的案例。他从中国一家铝品制造企业进口用于商业高层建筑的铝质产品。这种产品要能支撑成吨水泥的压力，关键是必须达到特有的稳定性指标。米德勒让一家从事设计系统工程关键部件的美国企业（拥有多项专利）帮助抽样检验该产品是否达到质量指标。结果是令人失望的：从那家中国铝品制造企业进口的一种产品，重量还不到规定重量的 90%。那么，重量跑到哪去了？进了那家企业老板的腰包了。老板为了降低成本。

“质量凋谢”就是这样发生的。

米德勒认为：对于进口方，个别中国制造企业的“质量凋谢”成了

“压倒骆驼的最后一根稻草”。

对于这种缺乏责任感的事件，按法律办都很难处理。在美国，当一个产品被召回时，进口方要承担所有的费用和成本。但在中国，很难采取法律行动。对于劣质产品，对供应商进行诉讼，成功的案例不多。

有人可能认为，中国是发展中国家，中国的产品质量随着国家的发展，自然一定会提升的。

米德勒认为，“上述这种观点似乎是合乎逻辑的，但实际上不是这样。质量不是一夜就能提升的，就像中国的历史所表明的一样。

“在 19 世纪末，西方人蜂拥购买中国漂亮的丝绸产品。随着需求量迅速扩大，新的制造商进入这个市场。竞争不断激烈，制造商开始杀价和降低产品质量以获取市场份额。最终结果是中国的丝绸产品很快被挤出市场，中国产品成了低质量的代名词。

“到了 20 世纪初，贸易商找到了替代中国丝绸的产品，那就是日本的丝绸。因为日本的产品持续保持高质量。到了 1930 年代，日本的丝绸出口量已经是中国的两倍。”

米德勒认为，“解决中国制造企业的产品质量问题，并不是没有希望。日本在几十年前也制造过劣质产品，但是他们改变了这种局面。关键是要从文化上改变，进而在行为上改变。不过，中国好像还没有在这方面表现出任何兴趣来。”

“质量凋谢”在建筑行业，特别是在房地产行业也时有发生。媒体报道的有些“豆腐渣”工程，如桥梁倒塌、道路断裂、管道爆裂等，正是“质量凋谢”的不诚信行为所导致的结果。有购买房子经历的读者，也一定或多或少遇到过“质量凋谢”的问题。当顾客入住时，往往会发现自己所购买的房屋与当时看到的样板房有很多地方不一样。由于顾客是弱势一方，很多人只能忍气吞声。当然，也有极少部分顾客会拿起法律武器与开发商交涉。但一般情况下，获得赔偿的成功案例很少。

变更与诚信

我认为，中国企业必须改变经商时的坏习惯。比如随意改变合同条款，不按照合同条款履行自己所承诺的职责，不及时通知客户关于变更产品（供货）的内容，不及时解决客户提出的因变更造成的问题等。

在当今全球化大潮中，当中国企业与国外企业打交道时，任何质量管理问题都很容易被上升到诚信问题的高度。

2010 年，英国电信从华为公司采购产品。由于华为公司的一个产品事业部没有及时向英国电信发布产品变更通知（PCN：Product Change Notification），进而导致英国电信非常不满意并投诉。2011 年，华为某产品事业部由于一个电子元器件的外壳颜色改变而没有及时向日本客户 KDDI 发出产品变更通知，导致该客户极为不满并投诉。

下列这些质量问题往往是造成客户不满意和投诉的源头：①产品缺陷率高；②产品交付周期长；③产品变更没有通知客户；④没有兑现合同中的承诺；⑤响应客户的投诉慢；⑥对客户提出的问题没有快速应对和解决。

上述问题如果不及时解决，往往会使客户的不满逐步上升到诚信问题的高度。客户往往会从对一般质量问题的不满意，上升到对你的态度不满意，进而认为你的能力有问题，最后认为你的诚信有问题。

诚信是质量的基础，是契约文化的基石。虽然东西文化中各自沉淀的价值观对契约文化有着不一样的解读，但本质是一样的。

中国企业要想走出去，第一关就是要按契约办事。企业要把改进产品质量或服务质量的工作上升到公司战略层面和诚信高度来重视。否则，很难在国际市场上站住脚。

毒地板事件

2015 年 3 月发生在美国的毒地板事件，根源却与中国企业密切相关。

美国哥伦比亚广播公司（CBS）电视新闻王牌节目“60 分钟”于

2015年3月初播放了一期针对美国地板销售连锁商Lumber Liquidators公司的调查节目，称其销售的中国厂家生产的层压木地板甲醛挥发物超标，高含量的甲醛可能引发诸多健康问题，比如癌症。

Lumber Liquidators公司是北美最大的木质地板销售商，在美国的46个州拥有360家连锁店，年销售额达十几亿美元，其每年销售给美国家庭的廉价层压地板已经超过一亿平方英尺。Lumber Liquidators公司虽然是美国公司，但其销售的大部分木质层压地板却是中国制造。截至2015年3月底，公司资产负债表中有价值2270万美元的库存为中国层压木地板。

"60分钟"报道称，在2015年3月其首次报道Lumber Liquidators公司销售的产品可能无法满足健康安全标准，因为这些产品所含有的甲醛远远超标，可能会致癌。但是，Lumber Liquidators公司却坚持说中国制造的木质层压地板是安全的。

随着客户投诉数量不断增加，质量安监部门介入以及第三方质量调查结果公布，Lumber Liquidators公司已经无法自圆其说。公司危机管理处于混乱状态。媒体对其的负面报道曝光后，公司股价暴跌83%。

2016年4月，Lumber Liquidators公司宣布，公司首席财务官丹尼尔·特瑞尔将于6月1日离职。2016年5月22日，公司宣布首席执行官（CEO）罗伯特·林奇已经"意外"辞职，现任董事会主席汤姆·苏利文将暂时代行首席执行官一职，直到寻找到继任者。公司股价随后一度大跌超过14%。

2016年2月22日，美国疾病控制中心（CDC）的监测报告显示：从中国进口的地板可能会导致每10万人中有6 ~ 30人患癌。根据美国相关法规，该公司将接受约1300万美元的罚款，并在公司加强整改措施，强化质量保障体系。

这场毒地板事件直到2016年3月1日由Lumber Liquidators公司新上任的CEO约翰·普瑞斯利在《今日美国》（USA Today）报纸上用了一整版刊登道歉信后才算基本收场。当时我正在美国出差，偶然读到了这封道歉信。其内容翻译成中文如下。

致我们的宝贵客户：

对于 Lumber Liquidators 公司来说，我们的使命就是为您提供美观、耐用、结实，但最重要的还是安全的地板。

最近，媒体关于我们销售的产品的报道，以及疾病控制中心（CDC）的报告都导致了一定的困惑，并产生了一定的影响。

澄清事实如下：

1. Lumber Liquidators 公司现在没有销售疾病控制中心报告中所提及的任何产品；

2. 疾病控制中心的报告只涉及中国制造的层压地板，而自从 2015 年 5 月之后，Lumber Liquidators 公司再也没有销售这类产品；

3. 疾病控制中心的报告不涉及我们销售的其他类产品，如竹类、硬木类、瓷砖类、工程类地板。疾病控制中心的报告也不涉及我们正在销售的由北美厂家制造的层压木质地板。

Lumber Liquidators 公司拥有严格的质量保障制度以确保我们销售的每一件产品都是安全的，并符合规范要求。在公司整个董事会，我们已经非常重视这些制度的落实。我们承诺用诚信运营企业，并向您和您的家庭提供最好、最有价值的地板。

您生活在我们的地板上。我们把您的生命放在我们的心中。20 年来您信任我们的价值，我们把您的信任当作无价之宝。谢谢！

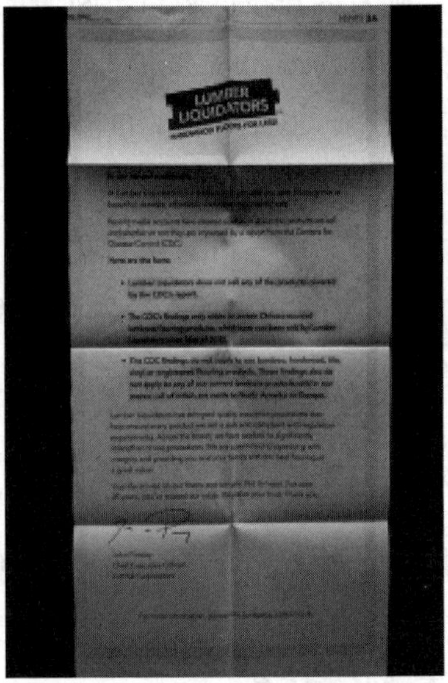

Lumber Liquidators 公司新 CEO 的道歉信

约翰·普瑞斯利

CEO

Lumber Liquidators 公司

这封道歉信看似诚恳和由衷，但是，我认为有几个问题没有讲清楚。

第一，中国制造的层压木质地板到底怎么通过中美两国海关检验的？第二，在美国销售或出库之前，Lumber Liquidators 公司自己是否有检验流程？第三，Lumber Liquidators 公司为什么能将不合格的产品在市场上销售？第四，Lumber Liquidators 公司在美国各专卖店中销售的中国产层压木质地板上都贴有符合“CARB 2”的标签。难道这么一张标签就能成为“毒地板”逍遥法外的“通行证”？

所谓 CARB 标准是美国针对板材甲醛释放含量的法规，目前该法规是关于复合木制品甲醛释放量的最严格标准之一，自 2009 年 1 月 1 日起，没有通过 CARB 认证的复合木制品和含有复合木制品的成品都不能获得进入美国加州的“通行证”。

Lumber Liquidators 公司把自己的责任推得干干净净。美国大众读者看完此封道歉信后，可能会有三种印象。

第一，中国企业制造了毒地板。中国制造很差。

第二，北美生产的木质地板安全。

第三，Lumber Liquidators 公司也是受害者，它只不过是销售了中国制造的产品。Lumber Liquidators 公司已经停止销售中国制造的产品并道歉了。请美国消费者放心吧。

这场毒地板事件，实际上是让中国和中国企业背了黑锅？

我进一步查阅了相关报道，遗憾地发现，并非如此。

丹尼·拉森（Denny Larson）是全球社区监控者（Global Community Monitor）的执行董事。这是一家公益环保组织。他和环保律师理查德·德鲁里（Richard Drury）共同对 Lumber Liquidators 公司发起诉讼。

在“60 分钟”中，他们表示自己在加州商场内购买了共 150 盒复合木地板并交由三家认证实验室进行检测，只有从家得宝（Home Depot）及美国劳氏（Lowe's）购买的地板符合甲醛标准，而这些合格产品的产地均是美国本土。其余所有中国生产的复合木地板均出现超标。

热衷并善于维护自身权益的美国人不会放过一家对甲醛超标加以欺

瞒的地板公司，两位激进的原告声称要求 Lumber Liquidators 公司拆除所有不合格的复合木地板，并表示："你知道吗？我不在乎这会花掉他们多少钱。"

维权者为什么有底气？原来"60分钟"节目组曾穷追不舍。他们采用隐秘拍摄方式暗访过向 Lumber Liquidator 公司供货的三家位于中国常州的工厂，并通过"60分钟"节目的视频向美国社会曝光。中国常州三家工厂人员均坦诚承认地板不达标。据一家工厂经理透露，那些被贴上符合"CARB 2"标签的木板实际上并不符合这一标准。不合格的产品，使得这三家工厂处在风口浪尖！

4 / 质量战争

> 第一次质量战争是美国企业与日本企业在20世纪70～80年代展开的。第二次质量战争将会在21世纪20～30年代在中国制造业与美国制造业、日本制造业之间展开。第二次质量战争将会比第一次质量战争将更加惨烈，因为中国企业要开辟两个战场。
>
> 作 者

中国制造2025

2015年最热门的话题之一应该是《中国制造2025》。《中国制造

2025》已经名正言顺地成为中国国家战略。

《中国制造2025》明确了9项战略任务和重点。(1)提高国家制造业创新能力;(2)推进信息化与工业化深度融合;(3)强化工业基础能力;(4)加强质量品牌建设;(5)全面推行绿色制造;(6)大力推动重点领域突破发展，聚焦十大重点领域：①新一代信息技术产业，②高档数控机床和机器人，③航空航天装备，④海洋工程装备及高技术船舶，⑤先进轨道交通装备，⑥节能与新能源汽车，⑦电力装备，⑧农机装备，⑨新材料，⑩生物医药及高性能医疗器械;(7)深入推进制造业结构调整;(8)积极发展服务型制造和生产性服务业;(9)提高制造业国际化发展水平。

“我国已经建成了一个门类比较齐全的工业体系，大约占世界制造业20%的份额。但我国制造业大而不强是不争的事实。”工信部部长苗圩在一次接受媒体采访时说道。

如何理解当前的中国制造业大而不强？我认为可以从下列五个维度来度量。

①规模（员工人数、营业收入）大，但效率低（人均）、成本高、利润低；追求大而全的思维在一些政府官员和企业老板头脑里仍然“顽固”。

②全球品牌企业和全球品牌产品少；一些政府官员和企业老板的全球品牌战略意识弱。

③中国企业（国有企业和民营企业）整体上还没有建立起现代企业质量管理体系；无论是政府官员还是企业领导目前还没有看清楚从质量管理到卓越运营管理的发展路径。人们总是想走捷径，总是想绕过“从国家质量战略到企业质量战略需要一场质量革命”这个门槛。中国没有经历过像美国和日本那样的质量革命，但是质量革命这个“门槛”是不能绕过去的，必须面对。

④研发投入少（从国家层面看，研发投入占GDP比例低；从企业层面看，研发投入占企业营业收入比例少）导致可持续发展能力弱。

⑤创新机制和创新环境弱。群体企业（特别是国有企业）创新能力弱。

我仔细阅读《中国制造2025》后，产生了两个惊喜和两个担忧。

第一个惊喜是发现在“战略任务和重点”第四项提出了“加强质量品牌建设”，但令我担忧的是在对“加强质量品牌建设”的解释中，多次错误地认为质量是技术而不是管理，不断强调“推广先进的质量管理技术和方法”“提升质量控制技术”“组织开展重点行业工艺优化行动，提升关键工艺过程控制水平”，而不是强调在中国企业中建立和优化质量管理体系（质量保障体系）。

如果不强调建立预防性的现代质量管理体系，到头来的结果仍然是重大质量事故频发，产品质量得不到提升，管理者到处“救火”。

第二个惊喜是政府已经清醒地认识到制造业是中国未来产业发展的重点之一。因此，由工信部牵头，会同国家发展改革委、科技部、财政部、质检总局、工程院等20多个国务院有关部门，组织50多名院士、100多位专家编制了《中国制造2025》。有人把《中国制造2025》比作类似德国工业4.0的国家战略。

我认为，《中国制造2025》国家战略与德国工业4.0的国家战略相比，显然起步就不在同一个起跑线上。因为，中国制造业的短板仍然很多。

工信部部长苗圩在接受媒体采访时承认：“我国制造业发展也有短板。首先，技术上还缺少对创新持之以恒的投入和创新引领发展理念；第二，在产品质量方面还存在不少问题。中国制造还没完全意味着是一流品质，一流的产品质量；第三，结构还不够优化；第四，面临的资源环境约束越来越强烈；第五，新的劳动红利缺失。”

令我担忧的是一旦谈到质量短板时，人们总是在谈产品质量问题，但没有人谈如何提升和优化质量管理体系。真正的短板是缺乏现代企业质量管理体系！

汉德工业4.0促进基金创始人蔡洪平认为：“中国工业缺得太多了，中国的工业实际上平均水平只有2.0的阶段，还没有实现完全工业自动化的4.0。世界范围的工业4.0革命，美国以互联网技术发动，德国从高端制造业端发动，正出现联合包抄之态势。中国的制造业如果不能找到升级突破之路，未来将面临挑战。”

我倒没有蔡洪平先生这么悲观。但是，我们必须清醒地看到，中国制造比德国制造业还要多跑一段路程，那就是“质量改进与提升”，因为德国制造业已经完成了建立和优化企业质量管理体系这段历程。

虽然德国没有像美国和日本一样发起过质量革命，但是，德国企业在20世纪90年代初期，已经全面学习日本丰田的精益管理思想和方法。德国人骨子里重视技术的工匠精神，再加上精益思想和方法，使得德国企业在全球品牌数量上一直处于领先地位。

我的担忧可以归纳如下。

在中国，改革开放40多年来，人们总是喜欢购买西方的所谓先进技术，但是很少甚至根本不愿意学习西方的先进管理思想，特别是质量管理体系。到今天还有人认为质量管理是一门技术，而不是管理。

就拿《中国制造2025》这个热门话题来说，很多专家学者认为中国制造业升级就是加强以下三个方面的工作：一是在工厂和车间增加机器人（这个主题已经铺天盖地。各地政府亲自出马，规划和开发机器人产业园）；二是更新设备、厂房、改变生产环境；三是购买新技术、新装备和新生产线。但是，很少有专家或学者提及如何实施管理升级，特别是质量管理体系升级。

我认为，第一，要想实现《中国制造2025》中的“加强质量品牌建设”目标，就必须首先在中国完成一场质量革命（关于质量革命，将在本书的第二章中详细描述）。第二，在《中国制造2025》中，将任务四“加强质量品牌建设”提升到首要任务。第三，在实施《中国制造2025》国家战略的过程中，中国制造业将会与美国制造业、日本制造业展开一场质量战争。中美贸易战背后实际上是一场质量战争。我把这场质量战争定义为第二次质量战争。第一次质量战争是美国企业与日本企业在20世纪70～80年代展开的。第四，如果《中国制造2025》的“加强质量品牌建设”任务不能按期完成，很有可能影响《中国制造2025》整体战略的实施，最终导致中国制造业升级的目标难以实现。这值得引起人们的高度关注。

第二次质量战争

质量战争是一场没有硝烟的战争。

第二次质量战争将是中国制造业与美国制造业和日本制造业之间的质量战争。第二次质量战争将会比第一次质量战争更加惨烈。因为中国企业要开辟两个战场。

改革开放近40年来，中国加快了工业化进程。截止到2014年底，中国已经初步迈入全球制造大国的行列。从规模上看，中国可能已经是全球第一；但从质量上看，中国还不是一个制造强国。

我认为，中国企业要想在第二次质量战争中获胜，就必须首先完成一场质量革命。

观察美国质量革命和日本质量革命的成功经验和失败教训，我认为，进行一场质量革命必须具备4个要素。

第一，精神支柱；第二，驱动力；第三，方法论与工具；第四，全员参与。

但是在中国，要想进行一场质量革命，必将面临巨大挑战。

第一，精神支柱。美国人进行质量革命的精神支柱是著名质量专家戴明的质量哲学。从20世纪80年代到今天，戴明的质量哲学一直是美国企业提升质量的指南。

中国需要质量方面的精神支柱。戴明、克劳士比、朱兰这些西方质量专家的思想能否被国人接受将是一个巨大挑战。比如，克劳士比的“一次就把事情做对”和“零缺陷”思想，对于国人“差不多”文化和习惯就是一个挑战。戴明的持续质量改进哲学、“质量改进是持续的、永远的持续”思想也很难改变国人挂在嘴边的“搞定”文化。

第二，驱动力。质量革命的驱动力来自内部和外部。我认为，中国近期GDP增长率下行将是质量革命的一个外部驱动力。实施《中国制造

2025》国家战略则是质量革命的内部驱动力。如果这两个驱动力能够相互作用和共同发力，将对中国的质量革命起到巨大的推动作用。

第三，方法论与工具。此处包含两个方面。

一是国家层面，要建立统一的质量管理体系审计体系，建立统一的评估质量水平的国家质量奖体系。

目前，我国已有两套国家质量奖评测体系，一个是中国质量协会设立的“全国质量奖”，另一个是国家质量监督总局设立的“中国质量奖”。这两套体系都是参照和学习美国国家质量奖（马尔科姆·波多里奇国家质量奖，Malcolm Baldrige National Quality Award）的评估体系，即卓越绩效评估体系。

我认为，这两套体系虽然有很多优点，但是也存在一定弱点。特别是对于中国企业来说，它不是为中国企业量身定制的。因此，在现阶段，对于提升中国企业的质量管理体系不完全合适。这就要求政府、行业、企业一起开发适用于中国特色的国家质量奖体系或模式。但是目前，在国家层面上同时存在两套质量奖模式，就说明从顶层设计上就出现了不统一的认识。

二是企业层面。全球质量改进的方法论和工具有很多，无论是六西格玛方法，还是持续质量改进法等，基本上都是在戴明环的基础上发展起来的。戴明和克劳士比都认为：80% 以上的质量问题是管理者造成的，不是员工造成的。不过，在大多数中国企业内部，质量培训的主要对象还是员工，而高级管理者（特别是企业的一把手）却很少参与。高级管理者们总认为，质量是一门技术，不是管理。因此，在思想上就设置了一道排斥参加的障碍。

“只有当企业一把手脸面丢尽时，这家企业才开始重视质量。”这是我多年来总结的经验。无论是韩国的三星公司，还是中国的海尔公司、华为公司，所经历的质量变革历程完全一样。

因此，要想让企业重视质量培训，使用统一的质量改进方法和工具，将是一大挑战。

第四，全员参与。此处所提及的“全员”有两个含义。

一是国家层面，指政府、行业协会、管理咨询顾问公司、企业和质量专家等社会资源。以上各方都要达成共识，即质量不只是企业的事情，而是全体国民的事情，政府部门也包含在内；质量是参与社会经济活动中所有参与者的职责，政府部门也不例外。因此，无论从顶层设计质量审计与评估体系（卓越绩效）、建立国家质量奖模式，还是建立透明的质量奖基金或从民间筹集经费，以及促进企业、民间组织和质量专家志愿者参与等，都会为中国的质量革命奠定成功的基石。

二是企业层面，全员参与（全面质量管理模式）。目前，大多数中国企业对全面质量管理模式还没有全面清晰的认识。在企业中推广和应用全面质量管理是一大难题。

可喜的是，华为公司在第二次质量战争全面爆发前就已经获胜。华为公司近 20 年来在实施全球化战略过程中，不断进行质量变革，不断向全球卓越企业学习质量管理。华为公司作为中国制造业的成功案例，可以为中国制造业其他企业树立坚定的信心。

总之，只有完成了中国的质量革命后，中国企业在第二次质量战争中才能有作战的“核心武器”。这样，中国企业至少在“武器装备”方面能与美国企业、日本企业平起平坐，胜算就会增大。

历史的经验和教训值得吸取。对第一次质量战争的回顾，或许对未来的中国质量革命有一定的参考价值。

“失败至少对于成功是有教育意义的。”这是《质量战争：美国商业的胜利与失败》一书的作者杰瑞米·曼（Jeremy Main）在该书前言中所强调的一句话。

第一次质量战争

世界上第一场质量战争实际上是发生在 20 世纪 70 ~ 80 年代末期的美国企业和日本企业之间的质量战争。

在这场质量战争的前期，美国企业节节败退。

在与日本企业的低价格、高质量产品的竞争中，美国企业从一度横跨全球、不可一世的霸主地位开始退缩。

但是，到了后期，这场质量战争发生了逆转。被日本企业敲响“警钟”的美国企业奋力反扑，顽强抵抗。20世纪80年代末期，美国企业在全球的整体质量水平有了极大的提升。到了20世纪90年代中期，美国企业总算基本上保住了其全球“老大”的优势地位。

在美日两国企业之间的质量战争中，双方使用的“核心武器”是一样的。只不过是美国人最先掌握了这种“核心武器”的使用方法，并在第二次世界大战中取得了胜利。但具有讽刺意义的是，二战后，美国人竟然把这种“核心武器”全盘传授给了日本人。正是美国人手把手地教会了日本人改进质量，可真所谓“养虎为患”。

那么，这种用于质量战争的“核心武器”是什么呢？

早在19世纪，美国电报电话公司（AT&T）所建立的电信网络系统需要一套完整的质量控制体系。AT&T的制造工厂西电公司（Western Electric Company）为此建立了一套昂贵的质量检验体系，覆盖了设计、设备安装和检验供应商的来料等环节。西电公司的质量检验部门最后演变为AT&T公司的贝尔实验室（Bell Telephone Laboratories）。1924年，贝尔实验室的物理学家沃尔特·休哈特（Walter A. Shewhart）向他的老板递交了一份可以追踪和减少生产过程中各种变化的统计控制图。

休哈特提出的理论是：质量不是通过检验来改进的，而是通过监控和改进流程来改进的。

这个方法不仅可以减少检验人员，而且可以使用更低的成本确保更好的质量。它是为了从源头上消除缺陷，而不是去检验已经生产出来的半成品或成品。

第二次世界大战爆发后，美国陆军和海军需要采购高质量的装备和武器。休哈特发明的统计质量控制方法有了用武之地。美军武器和装备的优良表现，就应归功于这种统计质量控制方法。

1945 年第二次世界大战结束，战后的日本千疮百孔，遍地废墟。占领日本的美军为了让日本企业为其生产军火，特别是通讯设备，专门从民用通讯局总部调遣了 3 名工程师帮助日本恢复其瘫痪的通讯网络。在这 3 名工程师中，就有 AT&T 公司贝尔实验室的专家弗兰克·波金霍恩（Frank Polkinghorn）。早期由美国专家援助而获益的三家日本企业中就有 NEC 公司和索尼公司。

二战后，美国军方对美国企业的军工产品需求大大下降，导致美国企业降低或丧失了继续追求质量改进的动力。

1950 年，美国通用电气公司（General Electrics）首席质量官阿曼德·菲根鲍姆出版了《全面质量控制理论》（Total Quality Control）一书。菲根鲍姆强调：质量是每一位员工的事情，而不只是质量部的事情。次年，约瑟夫·朱兰发表了《质量控制手册》（Quality Control Handbook）。

二战后，爱德华兹·戴明被日本科学家和工程师联盟（JUSE: Japanese Union of Scientists and Engineers）邀请到日本，专门给日本企业传授统计过程控制和统计采样法。1954 年，朱兰也前往日本教授全面质量控制方法。非常巧合的是，戴明、朱兰这两位质量专家都有在美国西电工厂工作的经历。他们的质量管理思想一脉相承，都贯穿有如下核心精髓。

> 质量是一门管理方法，而不是一门技术。
>
> 质量是每一员工的事情，而不只是质量部门的事情。
>
> 质量不是靠增加检验来提升的，而是靠优化流程和控制流程质量来提升的。
>
> 质量是“一把手”工程。
>
> 质量改进不仅在产品和服务领域中；质量改进存在于企业的所有活动中。
>
> 质量改进是持续的、永无止境的。

戴明、朱兰和菲根鲍姆的质量思想在20世纪60～70年代初的美国几乎默默无闻，影响力很小。但在日本，他们的质量思想被奉为“圣经”。特别是戴明，被日本企业供奉成为“救世主”。日本政府甚至把日本国家质量奖命名为戴明奖。日本企业获得了戴明等质量专家传授的“核心武器”后，企业生产效率大大提升，产品和服务质量大为改进。

与此同时，日本也培养了大批自己的质量专家。在戴明质量改进方法的基础上，日本人也在不断提炼和加工“持续质量改进”这一质量哲学，并使其更加适用于日本企业的文化，改造日本企业员工的行为。

日本企业以低价格、优质产品的竞争策略，大举进攻海外市场，包括美国市场。在日本企业的强大攻势下，美国企业节节败退。日本人使用美国人发明的“核心武器”不断在美国人的地盘上攻城略地。在20世纪60～80年代，日本企业在汽车、电子、办公设备、建筑、相机、造船、钢铁等多个领域几乎击败了美国企业。

1979年，正当美国企业家为找不到对付日本企业猛烈攻势的良药而苦恼时，另外一位美国质量专家横空而出。这位质量专家就是菲利普·克劳士比（Philip Crosby）。克劳士比的《质量免费》（Quality Is Free）一书为美国企业指明了提升质量的方向。

克劳士比的质量思想就是“零缺陷”或“第一次就把事情做对”。他对质量的定义是：质量就是满足要求，100%地满足要求。

克劳士比的质量哲学与美国企业推崇的价值观如出一辙。很快，这一质量管理理念响彻全美。

1980年，戴明被美国企业家重新发现，并被带回到美国开始发力。戴明被安排上美国全国广播公司（NBC）访谈节目。他的“如果日本可以，为什么我们不可以？”（If Japan Can...Why Can't We?）访谈一炮走红。随后，戴明不断被美国企业邀请担任质量顾问或进行质量管理培训。

此刻，在美国全国上下，真正展开了一场质量革命。

1982年，摩托罗拉公司开发了具有里程碑意义的质量体系评审或质量体系审计（QSR：Quality System Review）方法论和工具。1986年，摩托罗拉公司 CEO 高尔文采纳了六西格玛方法。从此，摩托罗拉在全公司展开了落实和应用“六西格玛”的计划。

1987 年，美国国家质量奖（The Baldrige Award）建立。该质量奖的评测方法和奖励模式极大地刺激了美国企业提升质量的欲望。同年，美国政府颁布了《1987 年国家质量改进法案》。

美日之间的第一次质量战争对中国的启发，可总结如下。

第一，要想实施《中国制造 2025》这一国家战略，首先要在中国建立国家质量战略和完成一场质量革命。不能回避这一事实，即中国大多数企业还没有建立起现代企业质量管理体系；建立和优化现代企业质量管理体系，就需要一场质量革命。

第二，把“加强质量品牌建设”从《中国制造 2025》的第四任务提升到第一任务。其优先级最高。因为如果没有质量这个基础作为“因”，就不可能有制造业各类品牌这个“果”。

第三，第二次质量战争不可避免。第二次质量战争将在中国制造业与美国、日本制造业之间展开。第二次质量战争将比第一次质量战争更加惨烈，因为中国企业要开辟两个战场。因此，在实施《中国制造 2025》之前，中国制造企业要做好质量战争的战前准备工作。

第四，质量革命必须全员参与。即使是由工信部牵头，会同国家发展改革委、科技部、财政部、质检总局、工程院等 20 多个国务院有关部门，组织 50 多名院士、100 多位专家编制《中国制造 2025》，仍然显得“势单力薄”，更应让全中国真正具有实战经验的专家和在企业常年作战的企业家参与。只有全员参与，才有可能制定出切实可行的应对第二次质量战争的国家战略规划。

第二章

质量哲学与质量革命

> 现在是美国人该采纳新的哲学的时候了。
>
> 戴 明

20 世纪 80 年代初期，在全球市场和美国本土市场上，美国企业被日本企业的高质量、低成本产品冲击得一败涂地。美国商界和政府心急如焚，美国企业的领袖们急于找到还击日本人的锐利武器。

虽然美国企业已经知道，日本企业的质量管理水平高于美国企业的原因是采用了美国质量专家戴明等人的质量哲学和方法，但是在美国质量革命的初期，很多企业的一把手对戴明等人的质量哲学却不屑一顾。

1980 年戴明被请回到美国后，很多企业蜂拥而来请教戴明，想快速找到捷径并解决美国企业的质量管理问题。企业领袖渴望能从戴明那里找到一种灵丹妙药或一种锐利武器，能够立刻提升美国企业的产品质量和服务质量，进而提升美国企业的生产力，最终就能快速与日本企业展开全面竞争。

其实，传授日本企业灵丹妙药的美国质量专家还有很多，不止戴明一人。另外两人的作用也很突出，也就是约瑟夫·朱兰和阿曼德·菲根鲍姆。他们传授给日本企业的"灵丹妙药"的理论基础是一样的，都是来自统计过程控制质量的方法。

虽然各自表述的方式不一样，例如，戴明出版的《转危为安》一书通过 14 个要素来强调质量管理是一个完整的系统工程，朱兰出版的《质量控制手册》一书强调的是质量就是满足客户需求，菲根鲍姆出版的《全面质量控制》一书则是全面质量管理（TQM）的前身，但归根结底，他们的方法论都是一种持续质量改进法（CQI：Continuous Quality Improvement）。这种方法论可以上升到哲学的高度。

美国企业领袖们想快速复制日本企业质量改进的成功模式，就急于请教戴明，想得到质量改进的方法论和工具。另外，一些美国企业派出大量的专家和代表到日本企业取经、参观和学习，希望快速学到日本企业先进的质量管理方法。

有的美国企业代表在参观日本企业时，看到大量日本企业的基层员工自发成立了质量改进小组（QCC：Quality Control Circle）或叫质量圈后，就非常感兴趣，并把这种方式当成提升质量的关键手段。其实，在戴明看来，这只不过是日本人在理解了他的质量哲学，把他的持续质量改进理念融入骨髓和血液后，推广应用朱兰介绍的一个质量方法的成功案例而已。

对于美国企业领袖们这种不愿意放下身段、不虚心学习、总想找捷径的做法，戴明感到非常遗憾。在戴明看来，美国企业领袖们的需求层面太低。

在美国质量革命初期，戴明不断地提醒美国企业领袖们，质量改进是一套科学、系统和完整的管理体系。这套体系包含质量价值观、理念、文化、方法论和工具等，是一套完整的管理体系。最重要的是，任何国家、企业和个人，如果没有理解、认同、接受和"信仰"持续质量改进的价值观，即哲学，只对学习所谓的方法和工具感兴趣，那就不可能真正学会提升和改进质量的方法。

因此，戴明劝告美国企业领袖们："现在是美国人该采纳新的哲学的时候了。"

1979年，另外一名美国质量专家菲利普·克劳士比在他的著作《质量免费》中，首次提出"第一次就把事情做对""零缺陷"的理念。这个理念与戴明的持续质量改进如出一辙。只不过是克劳士比用了更简单、更易懂的语言，把这套质量哲学描述得更生动，更能打动美国的企业领袖们。

无论是戴明、朱兰，还是菲根鲍姆，或克劳士比，这些质量专家的理论和思想的最高点就是持续质量改进的质量哲学。这套质量哲学用通俗的语言可以描述如下：质量是一门管理方法，而不是一门技术；质量是每一员工的事情，而不只是质量部门的事情；质量不是靠增加检验来提升的，而是靠优化流程和控制流程质量来提升的；质量是“一把手”工程，80%以上的质量问题是管理者造成的；质量改进不仅只在产品和服务领域中，质量改进存在于企业的所有活动中；质量就是“第一次把事情做对”“零缺陷”；质量改进是持续的、永无止境的。

随着美国质量革命的演进，很多美国企业领袖开始接受这一质量哲学。他们一旦接受了这个质量哲学，就会马上采取行动。

1979年，美国一家纺织公司 Milliken & Company 派了三位总经理到日本考察和学习，目的是想找到日本人提升质量的秘诀。他们在采访报告中写道：日本企业用了比我们陈旧两代到三代的设备，却能制造出高于我们10倍质量的产品。它们的生产率比我们高3.5倍。

随后，这家公司又派了第二个更庞大的代表团队去日本考察，想验证这三位总经理的报告是否属实。结果是，第二个代表团队发现，这三位总经理低估了日本企业的实力。

1980年，Milliken & Company 的 CEO 罗杰·米利肯（Roger Milliken）在圣诞节度假期间看到了《质量免费》一书。当他读懂了“第一次就把事情做对”和“零缺陷”这一质量哲学，同时结合日本考察团队的报告后，立即停止了度假赶回公司，并购买了300本《质量免费》发给全公司高层管理者，开始了公司质量变革的征程。

戴明们的质量哲学不仅对企业提升产品质量和服务质量具有划时代的意义，对提升社会治理的质量水平，提升政府部门的工作效率，提升个人的素质同样具有重要意义。

实践证明，采纳了质量哲学和建立了预防性质量管理体系的企业或其他组织会体现如下特征。

企业可以提高生产率、降低成本，改进产品质量和服务质量，进而提升客户满意度，增加市场份额，最终增加企业的利润，提升企业品牌。

社会团体和组织、学校（幼儿园、小学、中学、大学）等可以避免发生重大踩踏事件；交通运输等公共事业单位可减少翻船、车祸、爆炸等重大伤亡事故；医院可以减少发生患者和医生的正面冲突；政府部门可以改进因百姓上访与居民抗争拆迁而造成的死伤事件。

个人更可以提高自身素养。职业经理人可以提高企业管理水平，职业球员可以提高自己的竞赛成绩，学生们可以提高考试分数。就连全球畅销书《高效能人士的七个习惯》，实际上也是采纳了质量哲学的思想来帮助个人提高综合素质和改变不良习惯。

质量哲学在改变着世界。

1 / CQI

质量管理的灵魂是持续改进，而持续改进是一种世界观和方法论。当人们不断修炼自身的质量意识时，就会惊奇地发现其实质量改进法是一种哲学。

作　者

爱德华兹·戴明，这位美国的著名统计学家、教授、管理顾问，他的计划（Plan）、执行（Do）、学习（Study）和行动（Act）管理思想是如此精辟，以至于被行业命名为戴明环（PDSA 环）并广为流传。

但戴明谦虚地认为，由他的老师休哈特发明的 PDCA 环，才是持续质量改进的起源。戴明的 PDSA 环只不过是在休哈特的 PDCA 环基础上的改进版。

在戴明环流行的过程中，日本人热衷于 PDCA。其实，戴明本人对 PDCA 做过修正。他认为 PDSA 是他的本意（见图 2-1）。为此，戴明学院

（Deming Institute）还在其官网上做了专门的声明。2016 年 5 月，我因业务往来，与戴明学院的执行总裁凯文·爱德华兹·柯希尔（Kevin Edwards Cahill）先生在开电话会时还专门进行了确认。柯希尔是戴明先生的外孙，他领导的戴明学院目前正在全球全力推广其外祖父的遗产，即戴明质量哲学和方法论。

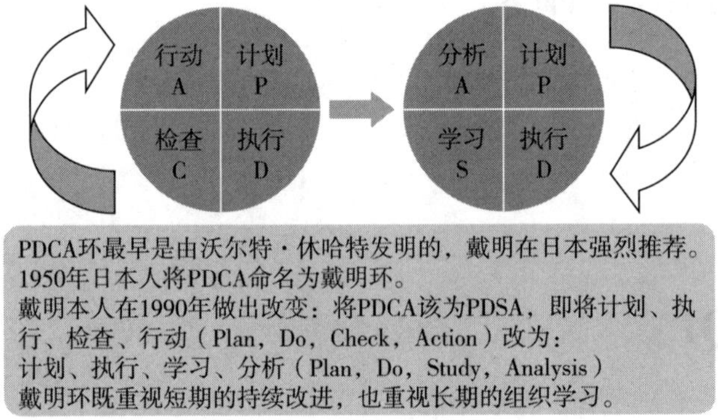

图 2-1　戴明环的演变

戴明的质量哲学就是持续质量改进法（CQI：Continuous Quality Improvement），而戴明环（PDSA）正是 CQI 的基础。

有人认为，戴明改变了人们的生活。

那么，戴明带给我们的是什么？戴明带给我们一种做人和做事的哲学。

无论是德国人的工匠精神，日本人的精益思想，还是美国人崇拜的“零缺陷”（或“第一次就把事情做对”）文化，归根结底，都是崇尚着一种做事的哲学。中国文化中那种“够好了”“差不多就可以了”或“搞定”文化，长期以来影响了一代又一代中国人的做事方式。关于中国传统文化中的质量要素与持续质量改进的质量哲学的冲突与分析，本书第十章（质量文化）中有详细解读。

对于个人和组织，无论是从家庭到学校，还是从政府到大型企业，戴明带给我们的是一种哲学和方法论。这种哲学和方法论就来自于戴明环。

这种方法论可以使我们从计划开始，不断地改进业务流程、产品和服务，更重要的是可以改进我们做事的具体方式。

戴明质量哲学的核心之一就是合作和持续改进，而不是指责出错。它重新定义错误，并把错误当作机会来改进。

质量管理学界的专家们把戴明环的内容演绎成四步法、五步法、七步法等，以便人们能掌握和应用。我在吸取了 TL9000 的行业质量改进精髓后，总结出了图 2–2 所示的“四环”持续质量改进法应用。

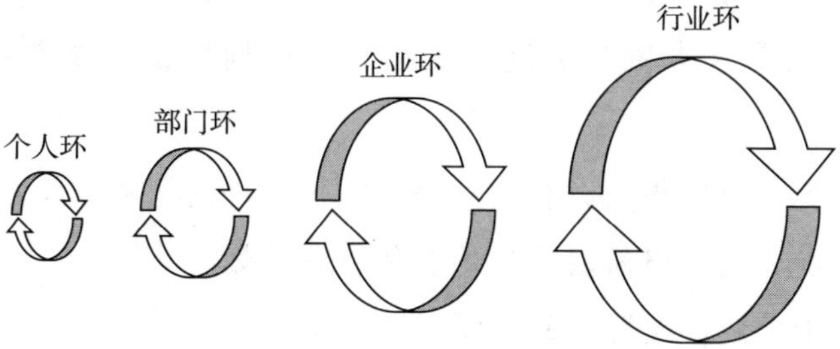

图 2-2 “四环”持续质量改进法应用

日本人喜欢用五步法，美国人喜欢用七步法，而七步法正好与摩托罗拉公司开发的六西格玛方法相一致。我曾经在摩托罗拉公司工作过 8 年多，所以更愿意把持续质量改进的哲学和方法论用七步法来理解。如图 2–3 所示。

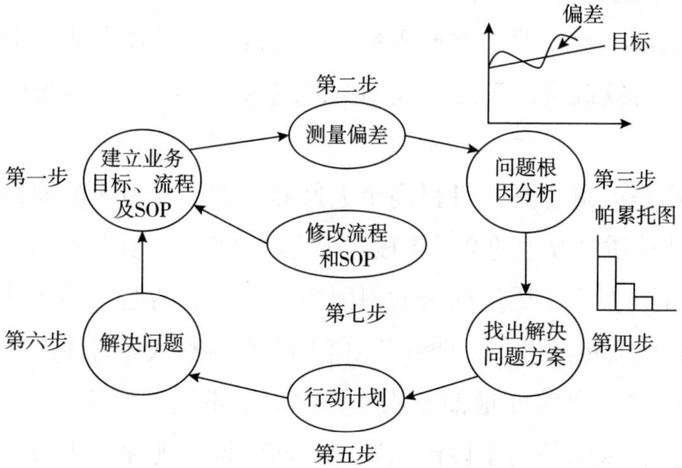

图 2-3 持续质量改进（CQI）七步法

持续质量改进法（CQI）的七个步骤如下。

第一步　做任何工作，都首先要建立目标、规程、流程。

第二步　在实现目标的过程中不断地度量或检查偏差或变异（检查是否偏离了目标，找出没有遵从规程和流程而导致的偏差）。

第三步　根据偏差，进行根因分析。为什么没有到达目标或没有按规程要求去做？在进行根因分析的同时，还要总结学到了什么。

第四步　根据根因分析的结果，找出解决问题的方案。

第五步　制定出解决问题的具体行动计划。

第六步　解决实际问题。

第七步　在解决问题的过程中，发现规程或流程出了问题，应组织管理层立即修改流程，并将修改后的流程固化到规程中，便于在组织中进行知识分享，同时避免其他人员重蹈覆辙。

在现实中，人们要真正理解和应用上述质量哲学和方法论，并用七步法工作，往往感到非常困难。

根据我的体会，要想掌握质量哲学的核心，必须先从三个方面去着手。第一，持续改进。第二，找到偏差或变异。第三，不断优化流程和体系。

持续质量改进也是一种提高个人修养的方法和做人的原则；寻找偏差，则是持续质量改进的必要手段。没有找到偏差，如何改进？而改进的过程中往往会发现，质量问题的根因要么是人的问题，要么是流程的问题。为了持续质量改进，管理者必须不断优化流程或完善体系。

寻找偏差，也叫度量偏差或变异。对于不同的组织（政府、企业）和个人，其获取偏差的手段能反映出不同的价值观和行为来。

对于企业而言，寻找偏差（发现质量问题）的手段很多。但是，聆听客户的声音，是寻找偏差的最佳手段。对于企业高管而言，经常走访客户，聆听客户的反馈，参加各种客户、供应商、合作伙伴的会议，获取改进质量管理的第一手数据，就是找偏差的最好方法。对于政府部门而言，聆听上访百姓的呼声，或者到基层走访群众和调研，就是寻找偏差的最好方式。

我认为，在现代企业中，建立客户服务中心（或 Call Center）是获取客户心声的最佳渠道之一。企业建立客户服务中心的目的就是要获取客户的反馈，便于企业及时改进其产品质量和服务质量。

下面两个例子是很有代表性的聆听客户声音、寻找偏差的案例。

2 / “定时炸弹”

笔者浏览《商界评论》（2013 年 11 月刊）时，看到一篇文章题为“亚马逊：暴君搭配角斗士”（作者：Brad Stone，《彭博商业周刊》）的文章。该文章讲述了亚马逊公司创始人杰夫·贝索斯（Jeff Bezos）的客户服务价值观。

贝索斯在亚马逊公司设了一个公开的总裁电子邮箱。亚马逊的顾客可以直接向这个总裁邮箱发投诉邮件。贝索斯不仅亲自阅读很多顾客投诉邮件，还把这些邮件加上一个问号，转发给相关的亚马逊高管（见图 2–4）。

当亚马逊高管看到贝索斯带问号的电子邮件时，就像发现一颗定时炸弹。他们只有几个小时来拆除炸弹：彻底解释事情原委，采取经过多名经理审查的补救措施，然后把结果回复给贝索斯。

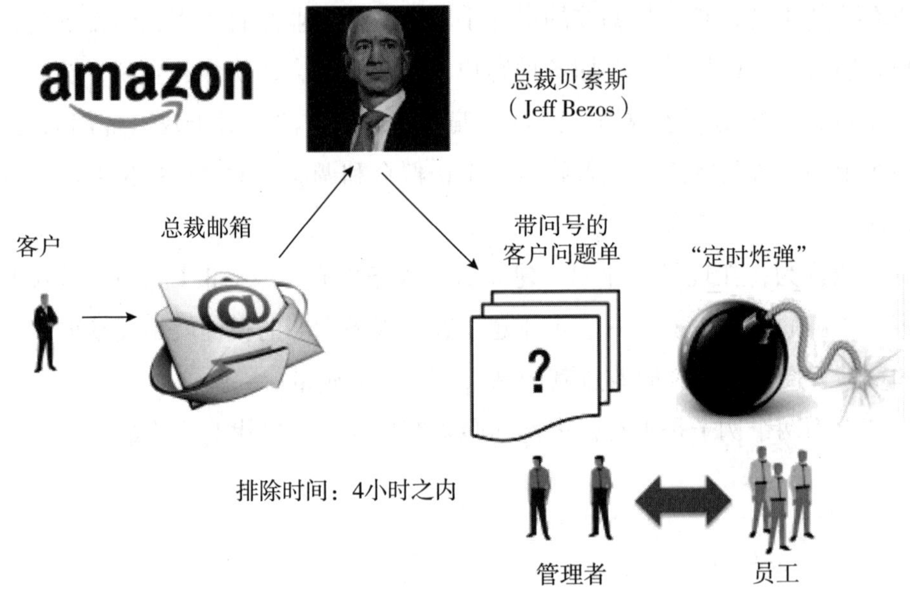

图2-4 亚马逊公司的"定时炸弹"示意图

加问号转发顾客投诉电子邮件，是贝索斯确保公司内部人员持续聆听顾客声音的一个有效手段。

亚马逊的管理者已经深深理解老板的意图。当一位员工不理解地提问道："为什么整个团队必须立刻放下手里的所有事情，去解决一个问号邮件投诉呢？"一位管理者回答："顾客讲述的每一起事情经过都很重要，因为它会告诉我们流程中存在的问题。这是顾客对我们进行的稽核。我们把它当作宝贵的信息来源。"

这位管理者一语道破天机！

顾客能帮助亚马逊发现它的流程存在什么问题，以便亚马逊能及时解决。这正是质量哲学的持续质量改进方法中第二步"度量或找出偏差"的关键所在。

如果没有这个聆听顾客声音的环节，亚马逊怎能知道顾客的真实想法呢？贝索斯怎能知道亚马逊的管理者是否及时优化了业务流程呢？这正是质量哲学的关键之处。

我们再看看以色列派勒丰（Pelephone）电信公司客户服务理念的案例。

1996年，笔者率领一个中国移动集团高层代表团访问了以色列派勒丰电信公司。代表团由7位省移动公司总经理和集团公司主管网络维护的管理者组成，他们主要来自中国移动集团公司总部和北京移动、上海移动、山东移动、四川移动、浙江移动等分公司。该代表团访问以色列派勒丰电信公司的目的就是学习当时世界上最先进的移动通信网络的维护技术和质量管理体系。

中国移动代表团除了参观和现场观摩了以色列派勒丰电信公司CDMA移动网络的维护活动外，还深度参观了该公司的客户服务中心并聆听了客户服务理念。这是该代表团获得深刻印象的部门之一。

派勒丰电信公司客户服务中心的工作时间是7×24小时，全天候不间断服务。公司鼓励终端用户随时拨打免费的服务热线电话，鼓励用户随时报告他们在使用派勒丰电信公司的移动网络时发现的各种质量问题，如掉话、噪音、接通不畅、覆盖不到位等。

一旦派勒丰电信公司的客户服务中心接到用户的投诉电话，就会立即采取改进措施，进行网络维护的排除障碍和解决问题行动。拨打热线的用户还可以得到一定的免费通话奖励。

为什么要这样奖励用户呢？因为派勒丰电信公司想找偏差！

只有知道了网络存在的问题，才能及时进行根因分析，找到解决方案，并及时处理问题。这样才能保证网络高质量地为用户提供最佳服务。派勒丰电信公司已经深深地理解和掌握了持续改进的核心和质量哲学的本质。

像以色列派勒丰电信公司这样，通过客户服务中心主动聆听客户声音的案例有很多。比如笔者于2006年负责在中兴通讯公司建立的全球客户支持中心、于2009年负责在华为公司建立的全球客户支持中心，都是主动寻找偏差的有效渠道。

中兴通讯、华为这两个全球客户支持中心每天都要收到全球电信运营商的成千上万个客户提出的问题。全球客户支持中心的专家们根据客户问题的分类（如：重大问题、严重问题、一般问题和咨询问题），快速响应，解决客户问题，最终确保客户满意。

在解决客户问题的过程中，更能发现企业自身内部存在的各类问题，并对业务流程进行持续优化。这就是持续质量改进哲学的最佳实践。

聆听客户的声音，是一个组织寻找偏差、度量偏差最直接的方法。但是，这一理念往往很难被人们理解。

下面这个例子可以说明，对“寻找偏差、聆听客户声音”的理念不认同，会有严重的后果。

2013年11月28日，《南方周末》发表“上访者杀死截访者岂止两个人的悲剧”一文，摘要如下。

多次被截访者强行送回原籍后，11月14日晚，河南鹤壁进京上访者巩进军再一次被从马家楼救济中心“接走”，强行塞进一辆面包车开上通往河南的高速路。次日凌晨，车行至河北饶阳县境内，他用水果刀将身边的“保安”刺死刺伤各一名。

这个悲剧说明，截访者并不希望上访者说出自己的声音。上访者除了上访，好像就没有其他途径。为什么不多给上访者一些投诉的渠道呢？这与质量哲学的核心价值是背道而驰的。不愿意聆听上访者的声音，如何找到偏差？

2014年2月26日，国务院办公厅印发了《关于创新群众工作方法解决信访突出问题的意见》，并发出通知，要求各地区各部门结合实际认真贯彻执行。

该通知指出，为深入贯彻落实党的十八大和十八届三中全会精神，推动信访工作制度改革，解决好人民群众最关心最直接最现实的利益问题，进一步密切党同人民群众的血肉联系，巩固和扩大党的群众路线教育实践活动成果，夯实党执政的群众基础，促进社会和谐稳定，现就创新群众工作方法、解决信访突出问题提出如下意见。

一、着力从源头上预防和减少信访问题发生。

二、进一步畅通和规范群众诉求表达渠道。

虽然该通知没有具体的操作步骤，势必给具体执行者带来困难，但可以看出，政府正在改变观念，已经知道上访渠道不畅通将是一个严重问题。

其实，早在 2005 年 1 月 5 日国务院就颁发了《信访条例》。规范了上访渠道。疏通上访渠道的目的，就是能知道偏差的存在，并找到偏差。这正是质量哲学的核心价值观之一。

3 / 契约文化

信仰质量哲学的前提是要以契约文化为基础。

什么是契约文化？简单一句话，契约文化就是诚信文化。

契约文化是政府、企业和个人生存的基础。对于企业来说，契约文化意味着企业要遵从与客户、合作伙伴、员工签订的合同。对于企业员工来说，契约文化意味着要遵从企业制定和颁布的各种标准工作规程（SOP：Standard Operating Procedure），执行企业的业务流程，为客户提供优质服务。对于一个社会来说，无论是政府还是公民（包括企业公民），契约文化意味着政府和公民都要遵守国家制定和颁布的各种法律和法规。

那么，质量哲学与契约文化有什么关系呢？让我们先分析企业要

“信仰”的质量哲学的本质是什么。

在企业中，为了确保产品或服务质量能满足客户要求，必须建立质量管理体系（QMS），而质量管理体系中最重要的内容之一是建立下面的“游戏规则”。

①为了让员工能高质量地完成业务目标，满足客户需求，就必须制定业务流程。

②为了让员工能高质量地执行业务流程，必须制定标准工作规程。

③员工在工作中发现业务流程和标准工作规程存在问题时，应及时反馈给企业相关责任人或部门，由相关责任人或部门及时优化或完善业务流程和标准工作规程。

④员工和负责管理流程（标准工作规程）的相关责任人或部门要持续不断地重复①到③的步骤。

⑤企业的质量部门要组织公司内外的专家定期对各业务部门的流程建设、优化和标准工作规程的执行进行质量审计。

另外——

①企业设计和制定业务流程或标准工作规程时，必须始终以客户为中心、以客户需求为导向。

②为了确保企业的业务流程和标准工作规程的权威性，企业在设计和优化流程、制定标准工作规程前，必须任命流程和标准工作规程的责任部门或责任人。

③流程和标准工作规程责任部门或责任人必须邀请流程的利益相关者参与流程的设计、优化。流程的利益相关者是指与流程（特别是跨部门、跨业务的流程）有关联的部门和人。这些部门和个人也是该流程的执行者。

④企业的业务流程和标准工作规程的制定、发布和执行要具备标准性、权威性、唯一性。任何人或部门未经公司授权不得私自或随意发布流程或标准工作规程。

⑤中国部分企业喜欢沿用红头文件，这是受政府的行政管理模式影

响。企业如果是继续使用红头文件发布企业的重大规定、制度和政策，千万不要忘记把红头文件中的内容转换成企业相对应的业务流程或标准工作规程中可操作的规范动作，否则，员工执行力一定会很差。这种转换必须及时进行。

如果员工不遵从流程怎么办？不遵从标准工作规程怎么办？这就需要在公司内部建立起一种文化，即契约文化（或遵从流程的文化）。

契约文化提倡和鼓励员工主动自觉地遵从流程和标准工作规程，确保高质量地完成业务目标。当然，对于严重违反规定、不执行业务流程或标准工作规程的行为，公司必须要有相应的惩罚制度（但这已经是被动的措施了）。

所以，可以毫不犹豫地讲，质量哲学的本质就是建立质量文化，而质量文化的基础就是契约文化。

一个企业执行力差的主要原因有很多，但不外乎如下几种。

①没有流程，或有流程但流程很烂，形同虚设，标准工作规程很差，导致员工无法按流程和标准工作规程完成业务。

②企业有流程，但企业文化（特别是质量文化）宣传不到位，员工没有全心接受企业的核心价值观，工作态度有问题。员工不按流程和标准工作规程完成业务，导致执行力差、客户满意度下降。

③企业有流程，但流程或标准工作规程文档资料没有及时更新。员工使用的是过时的、没有修改和完善的流程或标准工作规程，所以仍然无法高效地和高质量地完成业务。这种现象的原因是企业的管理者没有把流程优化工作落实到责任部门或责任人。

④企业的高级管理者本身就不按流程或规章制度办事。员工看在眼里，记在心里。领导既是流程的制定者，又是流程执行的破坏者，最终导致“上梁不正下梁歪”。更可怕的是企业中一旦形成“作假”文化，如做假账、报销假发票、提供假数据甚至欺骗客户等，其后果不堪设想。

⑤员工缺乏技能培训，业务能力差。员工即使想高效地执行业务流

程，无奈技能差而无法满足客户要求。

同样，一些政府部门颁布和执行法律法规以及公民执行法律法规过程中存在的问题，与企业的质量管理模式有相似之处。

①政府相关部门在制定法律法规时，没有邀请所有利益相关者参与。此处利益相关者不仅仅是指政府部门自己，还应包括其他公民代表。政府部门有必要广泛征求各方面的意见。但是，必须承认，征求意见这种模式往往导致利益相关者的参与度太低。

②有些地方政府在发布行政法规时，没有以公民的利益和宪法为导向。

③法律法规的制定、颁布、优化和完善远远落后于国家的经济发展速度，导致很多工作无法可依。

④一些政府制定法律法规的部门或负责人本身的知识结构与能力跟不上经济发展的要求，导致很多年前颁布的法律法规仍然在使用而没有及时更新和完善。有些过时的法律法规已经远远无法满足社会进步的要求。

⑤政府相关部门制定的一些法律法规可操作性差。

⑥执行力问题。政府部门存在有法不依的现象。

一个现代企业需要契约文化，一个现代文明的社会更需要契约文化。但是，社会的契约文化不是一年半载就能建立起来的，可能需要几代人的努力才能建立和完善。

我根据多年的实践和领悟，总结出图2-5和图2-6，从中可以清晰地了解质量哲学与契约文化的本质和内涵。

总之，质量的哲学对于企业来说就是建立流程、执行流程、优化流程和审计流程。最关键的是企业领导首先应带头遵从流程。最终还是要建立以契约文化为基础的质量文化。

同样，质量哲学对于社会来说就是要政府建立法规、执行法规、完善法规和审计法规。最关键的是政府的各级领导者首先要成为遵从法规的标杆。最终还是要建立以契约文化为基础的法治文化。

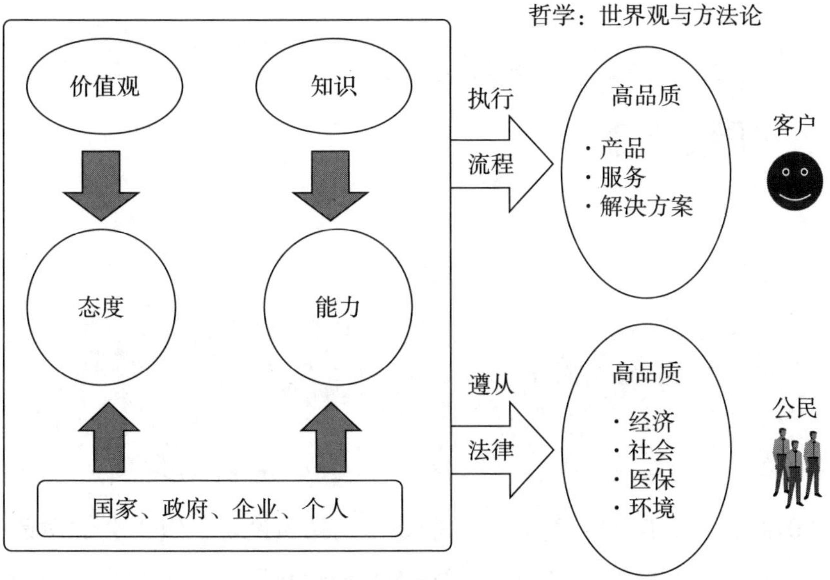

图 2-5　质量的哲学（流程与法规）

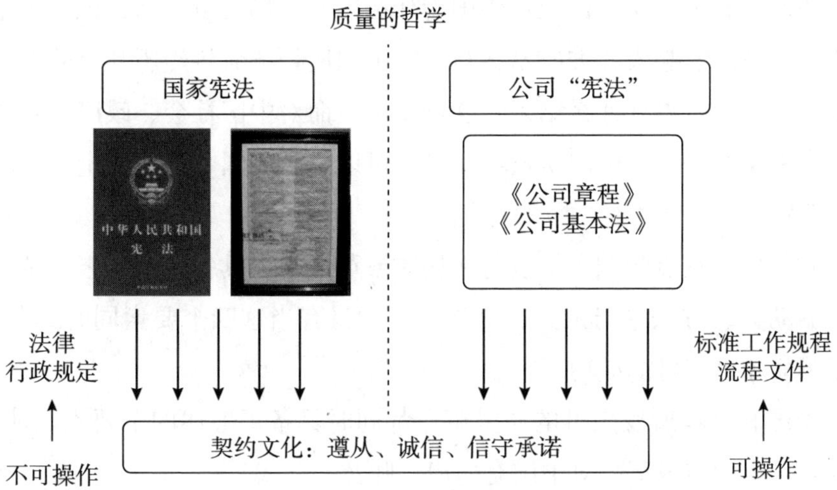

图 2-6　质量的哲学（可操作与不可操作）

从质量哲学到质量文化，再到预防性质量管理体系，这三步是现代社会、企业和个人提升质量、走向高效和文明的必由之路。

4 / 质量革命

> 中国需要一场质量革命。
>
> 作　者

2014 年 3 月 14 日，笔者应“全球华人品质论坛”组委会的邀请，在香港城市大学举办的“第二届全球华人品质论坛”上作了题为“中国需要一场质量革命”的主题发言。

我的主题发言主要涉及：中国为什么需要一场质量革命，谁应该是这场质量革命的发起人，谁应是参与者？中国质量革命将经历几个阶段，预计多长时间，将得到什么结果？这场质量革命对中国社会、政府、企业和个人带来什么好处？中国质量革命是否可以借鉴美国、日本质量革命的成功经验？

我的发言重点强调了要进行一场质量革命必须具备四个要素：精神支柱、驱动力、方法论与工具、全员参与。只有当这四个要素同时具备时，质量革命才更有可能成功。

美国和日本所发生过的质量革命都同时具备了上述四个要素。那么，美国和日本的质量革命对中国有何启示呢？

日本质量革命的启示

日本的质量革命似乎为日本带来了无穷无尽的好处。

第一，日本几乎所有的大企业一把手都参与了戴明的质量培训。这些企业高层人员后来成了推广质量哲学的“传教士”“布道者”和企业质量变革的发起人。

第二，日本人学会了“要改进质量，必须从高层开始洗脑”的逻辑和实用法则。日本人尝到了质量变革必须“自上而下”的甜头，认识到除了加强对各级员工的质量培训外，更要对企业高层进行质量培训的好处，并特意开发了一套专门为企业总裁进行质量管理培训的课程，即质量哲学。

第三，日本企业界、学术界和政府在戴明手把手地训导下，培养了一大批自己的实战型质量专家，并结合日本文化，开发了适应本土企业的质量管理方法和工具。例如 KAIZEN（改善）、精益制造、JIT（Just In Time）、因果分析图等。是日本的质量专家最早在美国质量专家提出的全面质量控制（TQC）理论基础上发展出全面质量管理（TQM）体系，并在日本企业中全面推广和成功应用。这也导致美国企业在 20 世纪 80 年代初不得不派出代表到日本参观和学习，向日本企业请教他们应用 TQM 的成功经验。

第四，日本人发现质量革命必须由政府主导。由日本科学家与工程师联盟（JUSE）制定的国家质量战略，成为二战后日本《国家重建计划》中最关键的内容之一。在国家质量战略的指引下，通过质量革命，集中全社会的资源办大事，并产生了“群狼”效果。例如，日本企业在进攻全球市场时往往采用步步为营、各个击破的策略，一旦在一个行业取得成功，立即在其他行业复制成功的经验。20 世纪 70 年代，日本在光学、照相机、电子、半导体、汽车行业质量改进的成功经验，立即复制到了其他行业，如服务业。

第五，日本人善于学习和模仿。日本企业结合其文化特点，成功地应用了美国人发明的质量圈（QCC）概念。几乎所有日本企业的基层员工皆可以自发成立改进质量工作小组，而这种由美国人发明的质量组织在美国企业却非常难以推广和应用。当然，也有例外。例如，美国摩托罗拉公司的 TCS 小组就是类似的 QCC。我在摩托罗拉公司工作的 8 年中，就体验过TCS的好处，并亲自领导“长城TCS小组”以改进和提升中国移动集团公司的网络维护质量，取得了成功。

第六，日本企业从戴明那里学会了建立和完善质量管理体系，并在骨子里认可了质量管理体系是质量提升的最基本保障。日本人把全面质量管理（TQM）演绎成为适合日本企业的预防性质量管理保障体系。TQM并不是最完善的质量管理体系，但是已经足以成为日本企业冲击全球一流质量管理水平的核心武器。

日本质量革命取得的成功，对于美国人来说，经历了由不相信、否认、恐惧、震惊、虚心向日本人学习、自我创新、恢复信心、全力反击这样一个过程。

美国质量革命的启示

在20世纪80年代中期，对于美国发生的多起重大死亡事故和产品质量问题，美国的企业界和政府部门一开始总是持有不屑一顾的态度，或定性为偶然事件，或以罚款处理了事。直到美国的质量革命进入后期时，美国人才恍然大悟：所有重大质量事故最根本的原因，原来就是缺乏一套系统的、科学的预防性的质量管理体系。

案例 2.1　航天飞机爆炸重大事故

1986年1月28日，美国“挑战者”号航天飞机发射失败。航天飞机起飞73秒后发生解体和爆炸，机上7人全部遇难。这是美国航天历史上巨大的耻辱。

美国总统委员会负责调查这起重大事故。初步调查结论是：

“右侧固体火箭助推器的O型环密封圈失效，使得原本应该是密封的固体火箭助推器内的高压高热气体泄漏。这批气体影响了毗邻的外储箱，在高温的烧灼下结构失效，同时也让右侧固体火箭助推器尾部脱落分离。”

总统委员会进一步调查发现：

“O型环密封圈的设计本身就存在问题。负责火箭助推器的人员曾向高层反映过可能存在隐患，但美国国家航空航天局（NASA）的管理人员根本不听。NASA的管理人员经常故意回避安全规定，以让计划可以准时按照日程来进行。”

但是，《质量战争》的作者杰瑞米·曼认为，总统委员会的调查并没有找到真正的根因。真正的根因是，NASA的质量管理体系存在严重问题，缺乏一套预防性质量管理体系。

案例 2.2　铁路出轨翻车重大事故

1989年5月12日，美国南太平洋铁路公司一列运输天然碱材料的列车发生出轨翻车重大事故。

火车在圣波纳迪诺（San Bernardino）下山时，制动失灵，冲入居民区，造成多人死亡（包括2名儿童）、多所居民房屋被毁坏，并随后引起地下天然气爆炸。

美国国家安全交通局（NTSB）负责对这起事故的调查。

美国国家安全交通局调查后得出的结论如下。

“南太平洋铁路公司这列运输天然碱材料的列车由69节车厢和6台火车头组成。火车头在头部有4台，尾部有2台。但是，头部4台中有1台没有动力和制动（制动装置是坏的）。这个问题机组人员在出发前就已经知道，但既没有维修或更换，也没有向上级汇报。管理运输的工作人员错误地计算了整车的重量，导致列车超载。特别是在下坡时无法制动，反而加速。”

美国国家安全交通局进一步的调查结论如下。

“南太平洋铁路公司是质量管理出了问题。员工缺乏责任感。对员工缺乏机车制动方面的培训。缺乏部门之间的沟通。”

但是，上述调查结论都没有找到真正的根因。真正的根因是“南太平洋铁路公司缺乏完整的质量管理体系”，劳埃德·辛普森（Lloyd Simpson）说道。

谁是劳埃德·辛普森？劳埃德·辛普森就是南太平洋铁路公司负责质量的副总裁。这位副总裁后来反省道，这起重大质量事故虽然由多种原因造成，但是，所有原因归纳在一起，就是管理层出了问题。我们缺乏一套质量管理体系！

案例 2.3 医疗设备质量问题导致病人死亡

在 1979 年到 1986 年的 7 年间，由美国辉瑞公司下属的 BS（Bjork-Shiley）子公司生产的心脏瓣膜装置已经在全球市场上销售了近 86000 件。

但是，由于 BS 公司存在质量管理问题，导致该公司研制的心脏瓣膜装置植入病人心脏后，发生了大比例的死亡事件。295 位病人安装的心脏瓣膜装置出现了质量问题，其中 178 位病人死亡。

该公司后来又研制了另外一款心脏瓣膜装置，但是未经美国食品和药品监管局的批准，就开始在海外销售。结果，94 位病人安装的新款心脏瓣膜装置又出现了质量问题，其中 70 位病人死亡。

美国政府处理该重大质量事故的方法是：对辉瑞公司罚款 3 亿美元，强迫辉瑞公司将 7500 万美元投入到心脏瓣膜装置的研发部门。

随着美国质量革命的深入，美国政府部门已经认识到，仅靠政府罚款这种庭外解决问题的方式，解决不了美国企业的真正质量管理问题。

美国国会众议院议员约翰·丁戈尔（John Dingell）认为，尽管辉瑞公司被监管部门罚款，甚至知道自己的产品存在质量缺陷，但是为了能在市场上获得暴利，就对此置之不理。利益的诱惑和驱动，使得一些企业敢铤而走险。

因此，解决美国企业的质量问题必须从根子上找原因。根子上的原因就是美国企业缺乏一套完善的、科学的预防性质量管理体系。

在此期间，美国每年发生的重大质量事故举不胜举，最终，美国人找到了自己的软肋。

第一，政府派出的调查组往往没有找到重大质量事故的真正根因，找到的只是表面现象。

第二，重大质量事故的处理方式往往是对责任组织罚款、处理责任人等；但是事故过后，没有人关注如何从建立预防性质量管理体系入手，并采取相应的行动。

第三，既然建立预防性质量管理体系如此重要，那么这种预防性质量管理体系如何建立，由谁来建立？

随着美国质量革命的深入，上述问题迎刃而解。

美国质量革命的启示如下。

第一，美国质量革命经历了 15 年。美国人经历了从傲慢、轻视，到惊讶、恐惧，再到虚心学习、下决心奋起直追、全力反击，最后凯旋的过程。这场质量革命使美国人找回了信心，美国企业领袖由此深信，美国企业还可以再次回到全球质量管理一流水平的地位。

第二，美国人重新找回了属于自己的质量哲学和精神支柱。由戴明、朱兰、菲根鲍姆、克劳士比等美国质量专家提出的质量哲学，不仅对日本企业适用，对美国企业同样适用。

第三，美国人意识到，不能完全复制和照搬日本企业的质量改进模式，还应继续创新。虽然全面质量管理（TQM）在日本企业应用得很成功，但 QCC 在美国企业中却很难落地。TQM 在美国企业中成败互现，美国企业骨子里具有的创新基因必须继续发扬光大。

随着质量革命的推进，美国企业不断开发和创新质量管理方法。摩托罗拉公司开发的六西格玛质量改进法和质量体系审计方法（QSR），以及后续由美国政府主导开发的美国国家质量奖（卓越绩效：PE1000）评估法等。PE1000 后来成了日本乃至全球很多国家学习和效仿的标杆。

第四，美国人在质量革命的初期走了一段弯路。美国人认为，二战后美国军工企业的质量水平一直在全球处于领先地位。美国企业领袖们的傲慢思维导致了任何质量变革在美国企业都很难实现。美国企业的一把手认为，质量改进是专家和基层员工的事情，质量改进可以“自下而上”。美国企业领袖们的这种傲慢情绪是如此“嚣张”，以至于戴明都认为，他犯了一个严重错误，就是只给美国企业的中层和基层员工提供了质量培训，而没有首先对企业一把手进行质量培训。不过，到了质量革命的中期，美国企业领袖们开始转变意识，亲自领导企业进行质量变革。

第五，政府是主导质量革命的关键要素。戴明在 20 世纪 80 年代被请回美国后，几乎默默无闻。美国质量专家们提出的质量哲学、方法论和工具一开始在美国并没有多少人理睬。直到戴明的《日本人可以，为什么我们不可以？》由美国主流媒体 NBC 在全国广为播放后，政府才开始意识到美国经济危机的严重问题必须从根子上得以解决。于是政府开始组织全社会资源（政府部门、行业协会、企业、质量专家等），并由美国商务部部长马尔科姆·波多里奇（Malcolm Baldrige）亲自牵头，开始真正推动美国质量革命的进程。

第六，美国人建立的预防性质量管理体系是以国家质量奖（波多里奇奖）为基础的。在国家层面，通过颁布《1987 年国家质量促进法案》和执行国家质量战略，推动各个行业（政府部门、制造业、服务业、医院、学校等）卓越绩效；在企业层面，通过建立预防性质量管理体系，进行质量变革，推动企业自身进行质量管理体系的审计。

表 2-1 是笔者对日、美、中三国质量革命的多维度分析和比较。

美国与日本质量革命的成功经验和失败教训，或许对未来的中国质量革命有一定的参考价值；但是，中国质量革命的敌人不是美国人，也不是日本人，而是中国人自己。

表 2-1　　日美中三国质量革命比较

国家	日本	美国	中国
质量革命发生年代	20 世纪 50 ~ 80 年代	20 世纪 80 年代 ~ 90 年代中期	预计 2020 年 ~ 2035 年之间
质量革命时间长度	30 年	15 年	15 年（预计）
质量革命的发起人	戴明	比尔·康威、戴明	暂时无（笔者自愿成为发起人之一）
质量革命的代理人	石川一郎。日本科学家和工程师联盟总裁（政府代理人）	马尔科姆·波多里奇。美国第 26 任商务部部长	暂时无（笔者建议国务院副总理或某个部长）
质量革命第一要素：精神支柱	戴明的质量哲学	戴明、克劳士比等的质量哲学	未形成统一认识（需要研讨）
质量革命第二要素：驱动力	内部驱动力：战败国、重建国家决心；外部驱动力：美军装备需求	内部驱动力：GDP 增速放缓、企业经营萎缩；外部驱动力：日本企业带来的竞争压力、国际市场丢失	内部驱动力：《中国制造 2025》、GDP 增速放缓、企业经营萎缩；外部驱动力：中美贸易战，欧美日企业竞争压力
质量革命第三要素：统一方法论与工具	TQM 和 CQI：全面质量管理，持续质量改进法	TQM 和 CQI：全面质量管理，持续质量改进法	没有统一的方法论和工具。目前政府和企业仍推崇 ISO9001 认证
质量革命第四要素：全员参与	政府推动：政府、行业、企业、质量专家等全社会资源	政府推动：政府、行业、企业质量专家等全社会资源	政府认为企业是质量的主体。政府部门与行业协会还没有就由政府推动质量革命达成共识
国家质量战略	有	有	无（只有《质量发展纲要》）
国家质量奖颁奖级别	政府最高官员参与颁奖	由美国总统、国务卿亲自颁奖	目前由国务委员颁奖
国家质量法	不详	《1987 年国家质量促进法案》	无（只有《产品质量法》）

中国需要一场质量革命。但是很可惜，中国目前还没有完全具备发起质量革命的四个要素。第一，就“精神支柱”而言，在中国各级政府和企业一把手中，有多少人信仰戴明们的质量哲学呢？第二，就“驱动力”而言，当前 GDP 增速放缓，部分行业产能过剩（如钢铁、光伏等），导致一

些国有企业亏损。另外，民营企业经营环境改善缓慢、中美贸易战导致的中美关系紧张等因素可能成为中国质量革命的驱动力。但是，这些力量还显得单薄。第三，就“方法论与工具”而言，TQM、QMS（含 ISO9001）、六西格玛、精益方法、持续质量改进等方法论和工具在中国已经推广和应用了多年，但有的成功，有的失败。特别是，中国企业还没有真正认识到 ISO9001 并不能解决质量问题。政府监管部门并没有真正理解卓越绩效（PE1000）和美国国家质量奖方法的真实本质。因此，在中国会出现两个全国范围的国家质量奖：一个是中国质量奖，由国家质检总局负责；另一个是全国质量奖，由中国质量协会负责。这两个国家质量奖造成了重叠和重复的混乱局面，增加了评奖成本且无法突出重点。政府与行业协会之间的观点和认识仍然处于不统一阶段，由于没有顶层设计，很难建立全国范围的统一的预防性质量管理体系的方法论与工具。目前，中国还没有真正掌握和开发出适合现阶段中国企业的具有中国特色的质量审计体系。第四，就“全员参与”而言，目前政府主导着国家的质量发展规划。但是，政府并不认为自己也是积极参与质量改进的利益相关者，很难在全国范围内调动起全员资源，即政府、行业协会、管理咨询与顾问公司、企业和质量专家等共同参与的社会资源，来开发适合中国的质量审计体系。

国家“十三五”规划中没有提出国家质量战略（关于国家质量战略将在本书第三章中详细论述），中央深化改革委员会的顶层设计方案中也没有出现国家质量战略。笔者认为，“全员参与”活动中，政府的作用最大。仅靠行业协会、企业、社会团体、咨询顾问专家的参与，还无法集中全社会的资源来推动中国的质量革命。政府在很多领域集中资源办大事，但还没有在制定国家质量战略和推动国家质量革命方面形成共识。

因此，目前在中国很难发起一场质量革命，虽然中国太需要一场质量革命了。

怎么办？笔者只能以本书作为一个“种子”或“星星之火”，看看能否在未来 3 ～ 5 年起到燎原之作用。

5 / 中国质量危机？

中国的质量危机来临了吗？我认为已经来临了，这可以从下列两个方面来论证。

第一，缺乏预防性的质量管理体系。

改革开放40年来，我国经济取得了突飞猛进的发展，在规模上已经成为全球第二大经济体（按GDP计算）。特别是基础建设发生了巨大的变化，现代化的高铁、城铁、地铁、高速公路、机场和码头等基础设施不断建设和投入运营。在一线城市（甚至二线城市），一座座摩天大楼拔地而起。

如果把国家的基础设施比作硬件，而把政府和企业的管理体系称为软件，那么，政府和企业的管理"软件"还跟不上经济发展的速度。从管理体系的成熟程度来看，整体的质量和运营管理水平与发达国家和全球优秀企业相比还有很大的距离。

自2010年以来，中国集中爆发了多起重大恶性事故，特别是2015年爆发了多起重大、特重大恶性质量事故。8月12日，天津塘沽港口发生危险品大爆炸；6月，武汉商场发生电梯"吃人"事件；5月，重庆邮轮在长江翻船造成200多名游客死亡；元旦，上海外滩发生恶性踩踏死人事件。这些事故背后的真正原因就是缺乏预防性质量管理体系。它们本应再一次向人们敲响"中国社会和企业必须立即建立预防性质量管理体系"的警钟，但是，这个警钟的声音太弱、太小，被其他的声音所淹没。

中国近几年如此频繁地发生重大恶性质量事故，绝对不是偶然。

我认为，重"硬件"而轻"软件"是导致重大恶性质量事故的直接原因之一，而各级管理者，特别是高层管理者不重视质量哲学的宣贯、不重视建立预防性质量管理体系，则是最直接的原因。

那么，重“硬件”而轻“软件”的现象背后到底隐藏着什么呢？

我认为，国人传统文化中的质量要素就是“差不多”文化和“搞定”文化，而不喜欢建立预防性的质量管理体系。举国上下还没有意识到建立质量管理体系就是建立“终身”的预防体系。

还有，国人喜欢搞运动，用搞运动的方式对待质量管理。发生了如此多的重大恶性质量事故，相关政府职能部门和相关监管部门仍然喜欢搞“质量大检查”或“安全生产突击检查”等运动，而没有开始组织民间和官方的资源或质量专家建立预防性的质量管理体系。不建立起预防性的质量管理体系，运动过后，重大恶性质量事故仍不可避免。

重“硬件”、轻视“软件”的案例有很多，其中“电梯吃人”应是最典型的案例。根据2015年7月15日《经济参考报》题为“电梯‘吃人’惨剧频发暴露维保市场黑洞”的报道，可以看出社会和企业的管理“软件”是多么薄弱：

2015年3月23日上午，青岛市市北区营口路32号的7天连锁酒店内，两位乘客在6楼乘坐电梯时发生坠落身亡；2015年3月9日凌晨，上海浦东新区环林东路799弄杉林新月小区发生电梯将女子头部夹扁，致其当场死亡的惨祸……由于安全主体责任不明确、维保市场恶性竞争等原因，全国各地电梯尤其是大量老旧电梯年久失修故障频发的问题时有发生，各类电梯事故造成的人身死亡案例不断刺激高层建筑居民的神经。

这是典型的跨部门管理职责不清、没有建立标准管理规范，只顾建楼而不顾建立管理“软件”的案例。

管理“软件”就是预防性的质量管理体系。质量管理体系是一种集体（组织中的各级人员）参与的计划、活动和事件。这些集体的计划、活动和事件能保障各类组织（政府、企业、学校、医院、团队等）的生产、流程和服务能满足客户的要求，同时也能确保安全。

轻管理“软件”会带来很多风险。笔者预测，未来 10 ~ 20 年，中国一、二线城市基础设施（地铁、高铁、机场、高速公路、摩天大楼、居民楼等）的维护和维修成本将不断增加，运营成本将会高得惊人。更严重的是，管理“软件”弱，势必造成恶性事故频发，质量成本急速增加。

第二，缺乏道德底线。

由于质量哲学没有得到社会和企业认可，因此，就会出现一些社会组织和企业丧失契约文化的底线。由于缺乏对质量哲学的宣传，必然就会出现整体社会的诚信危机。一些企业不遵从商业合同（与客户、供应商、合作伙伴、员工等签订的合同）；一些企业故意造假；一些企业（特别是建筑行业）偷工减料或偷梁换柱；一些政府相关部门或官员有法不依或知法犯法。

突破诚信道德底线，就是丧失了契约精神。这会让消费者丧失忠诚度，最终这些没有道德底线的企业将会失去信誉和品牌。

这也就是这些年来有大批中国游客愿意到欧美购买化妆品和奶粉等消费品的原因。其实，中国游客购买的不只是产品，更是信誉、全球品牌和一种质量文化的体验。而支撑一个企业能讲信誉、具有全球品牌，能给客户带来质量文化体验，核心就是这个企业所建立的预防性质量管理体系。

由此可见，中国质量危机主要体现在两个方面：第一，管理“软件”弱，即缺乏预防性的质量管理体系；第二，诚信道德底线被突破，即契约文化缺失。

那么，管理“软件”弱与丧失道德底线的解决方案是什么？解决方案只有一个，就是国家质量革命和企业质量变革。二者都要从三个层面进行。一是从意识上、灵魂上得到洗礼，让人们真正接受质量哲学的核心价值观。二是从行为上、行动上彻底改变，用持续改进的方法和工具从事工作。三是从体系上、组织结构上建立预防性的质量管理体系，确保人人遵从规程和流程。

具体解决方案如下。

第一，要在全社会建立和完善法治，对违法乱纪的行为依法严加制裁和打击。但是，法律不是万能的，文化和价值观的影响力更重要。第二，“洗脑”。社会的管理者和全体公民都要进行质量意识“洗脑”，企业的管理者和全体员工也都要进行质量意识“洗脑”。“质量不是一项任务或工作，而是信仰。信仰是关于人们心灵和灵魂的事情。”那么用什么“洗脑”呢？当然是用质量哲学。我认为，首先应被“洗脑”的是企业各级管理者和政府各级领导。而“洗脑”就是培训和“布道”。因为，在理念和思维上的转变必然导致行为的转变。企业中首席质量官所扮演的角色之一就是“传教士”和“布道者”，就是帮助 CEO 给全体员工进行“洗脑”的助手。“洗脑”实质上是质量革命的一部分内容。质量革命首先要从质量文化上开始变革。第三，建立和完善质量管理体系和运营管理体系。这里所说的质量管理体系，不是简单地指 ISO9001 体系，而是系统地建立中长期的预防性质量管理体系。

根据全球质量管理体系的演进，我们要真正学会建立预防性质量体系的本质、方法论和工具。图 2–7 为从质量管理到卓越运营的演进过程（不按时间顺序）。

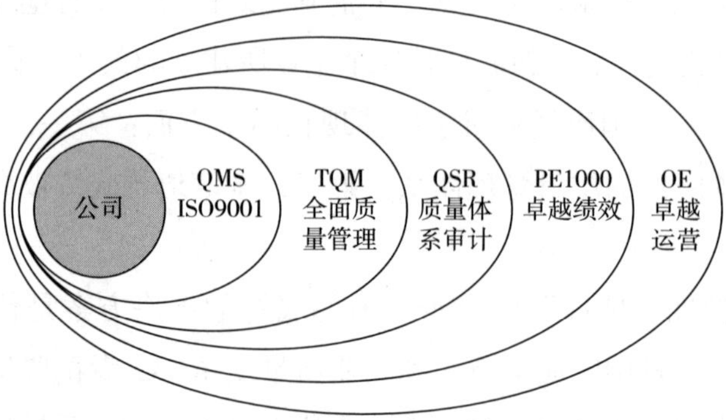

图 2-7　从质量管理到卓越运营

从质量管理到卓越运营的演进过程，特别是建立预防性质量管理体系的实用方法，将在本书第六章中详细介绍。

综合中国的经济发展路径、质量管理水平的现状和对质量革命所需四要素的分析，笔者预言，中国在未来 5 ～ 10 年内需要发起一场质量革命。

第三章

国家质量战略

1 / 日　本

美国人帮助自己的敌人（日本）提升质量管理水平从而打败自己的动机至今是个谜。

作　者

获取真经

日本在第二次世界大战战败后，戴明应美国军方的邀请，帮助日本完成一项人口普查（统计）项目。

戴明在质量控制领域的丰富经验被日本相关部门所赏识，他的专家背景正好吻合了日本战后重建计划，即邀请西方专家帮助日本恢复经济和发展。

戴明随后被日本科学家和工程师联盟（JUSE）邀请去为日本的企业高管和学者讲授质量控制的概念、统计过程控制、如何改进业务设计、产品质量、测试和销售。当时聆听过戴明“布道”的日本企业高管中，就有索尼公司的创始人之一盛田昭夫等。

戴明最著名的“布道”是教会了日本企业如何建立预防性的质量管理体系，提高产品质量，降低成本和提高生产力。西方质量管理界的学者认为，正是戴明的“布道”，帮助日本企业的产品大举进军国际市场。日本企业的全球市场份额得以不断扩大。

尽管戴明对日本贡献很大，并被日本人视为英雄，但是在美国，戴明的名字并不为人注意。直到戴明于 1993 年去世后，美国政府才于 1997 年为他追授“美国国家技术奖”。第二年，美国政府又向戴明追授了“美国国家科学奖”。

仔细研究日本的质量发展历程，在三个层面对我们有参考价值。

第一，在企业层面，我们可以学习企业如何建立和提升质量管理体系和企业质量培训体系。

第二，在国家层面，我们可以借鉴日本在制定和执行国家质量战略过程中遇到的问题和解决方案，特别是全国统一的质量审计体系、互补的国家质量奖励体系。

第三，在行业协会层面，我们可以学习如何定位质量行业协会的作用、与政府之间的关系以及对全社会提升质量所扮演的角色。

日本的国家质量战略起始于 1946 年，占领日本的美国将军道格拉斯·麦克阿瑟向日本公众承诺帮助日本恢复经济建设。当时，在北美洲国家眼中，日本人也只能生产手工制作的玩具和质量很差的照相机。

美国人为什么要帮助日本恢复经济建设？根据美国学者的观点，有几种考虑。首先是政治因素。美国扶持日本是出于冷战需求，帮助日本恢复经济实力以协助美国对抗共产主义阵营。其次是经济因素。二战后，美国经济处于下滑后即将复苏的阶段，美国需要日本市场。其三是公众形象。美国向日本投了两颗原子弹后，日本人经历了历史上最悲惨的时刻。工厂被毁，失业工人躺在满是弹坑的街上。日本民众谴责美国人的残暴行径。为了挽回人道面子，杜鲁门政府决定以帮助日本恢复经济来补偿对日本的惩罚。

麦克阿瑟将军曾写道：“历史上从来没有一个国家和民族被这样更彻底地摧毁过”（Never in history had a nation and its people been more completely crushed）。

麦克阿瑟将军将 29 岁的美国人霍默·撒拉松（Homer Sarasohn）招募到日本，担任占领军的民用通讯局工业分部的负责人。撒拉松的主要任务是帮助恢复日本民用无线电、电话、电报设施，并保证工业生产的质量。他最先建立了一个培训日本企业总裁的质量管理系列课程，并针对日本企业、大学和政府机构开设了一系列管理培训研讨会，包括战略规划、组织原理、管理政策模式、产品创新和质量保障。

在 1949 年到 1950 年之间，撒拉松和另外一名美国工程师查尔斯·普劳茨曼（Charles Protzman）向来自日本通讯界的企业高管进行了为期 8 周的系列企业管理培训。参加过撒拉松培训的日本企业人士，很多后来都成了日本大企业（如松下、索尼、夏普、东芝）等的高管。撒拉松还帮助日本人建立了电子测试实验室（Electrical Test Laboratory）。

1949 年，来自美国贝尔实验室的阿曼德·菲根鲍姆成了撒拉松和普劳茨曼的顶头上司。菲根鲍姆和撒拉松向日本人讲授了如何开办现代制造企业。1950 年，撒拉松返回美国，他邀请戴明接替了自己在日本的工作。

在日本科学家和工程师联盟（JUSE）的协助下，戴明在 1950 年开始通过研讨会的方式向日本企业的管理者提供统计质量控制（SQC：Statistical Quality Control）的培训。JUSE 的董事总经理小柳贤一对在日本的推广和传播戴明的思想起到了关键作用。1950 年，JUSE 在日本建立戴明奖（日本国家质量奖）。

1950 年 6 月朝鲜战争爆发后，美国需要更多的军用卡车，开始要求日本汽车企业（如丰田公司等）按照美国的军标生产卡车。这一举动也使得戴明的工作更有价值。1952 年，日本 NEC 公司董事长小林宏治成为首位获得戴明质量奖的个人奖得主。

1954 年，约瑟夫·朱兰在 JUSE 的协助下，向日本企业提供了全面质量控制（TQC）的培训。朱兰向日本人介绍了质量控制（QC）、质量控制圈（QCC）和质量审计的概念，使日本人对质量管理的理解更上一层楼。

1968年，日本全面质量控制（TQC）之父石川馨在戴明和朱兰的质量管理培训的基础上，发明了根因分析图。

石川馨认为，影响质量的四个主要因素是材料、设备、流程和度量（如图3–1所示）。

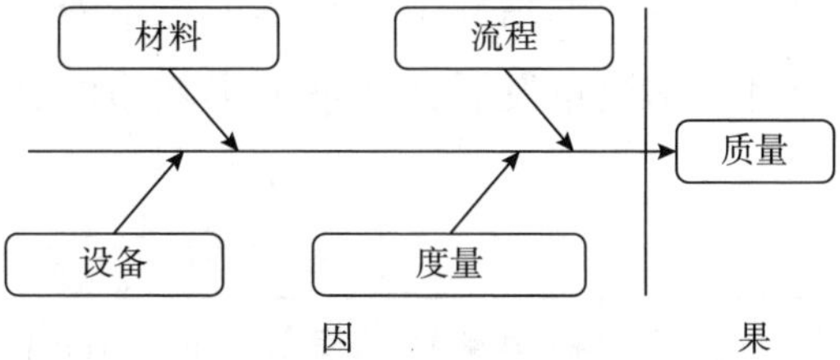

图3-1 石川馨的根因分析图

石川馨于1949年加入JUSE，成为该组织质量控制研究组的成员，于1960年成为日本东京大学的全职教授，出版了多部关于质量控制圈（QCC）的著作，有的还被翻译成英文。

概括起来，影响日本质量发展的美国质量专家有：霍默·撒拉松（Homer Sarasohn）、查尔斯·普劳茨曼（Charles Protzman）、弗兰克·波金霍恩（Frank Polkinghorn）、W.S. 马基里（W.S. Magill）、爱德华兹·戴明（W. Edwards Deming）、约瑟夫·朱兰（Joseph M. Juran）、阿曼德·菲根鲍姆（Armand Feigenbaum）。也有西方学者认为，向日本人"布道"统计质量控制（SQC）的第一人并不是戴明，而应该是美国AT&T质量工程师W.S. 马基里。

对日本质量发展起到重要作用的组织有两个：一个是日本质量协会（JQA：Japan Quality Association），另一个是日本科学家和工程师联盟（JUSE）。

日本质量协会负责日本企业的ISO9000认证。日本人清醒地知道，ISO9000认证并不能保证企业的质量能得到真正改进。它只是为日本企业的产品出口到欧洲而使用的一张证明而已。日本行业协会要求日本企业的质量标准要远远高于ISO9000，甚至高于美国的军标。

日本科学家和工程师联盟（JUSE）对日本质量发展起到了关键作用。

截至1991年，JUSE的注册会员达33万多。日本全国质量圈（QCC）人员超过250万。JUSE每年能提供200门质量管理课程、5种供企业总裁学习质量管理的课程、10类供企业中层学习质量改进的课程和全系列供企业各类技术人员的质量培训课程。

在戴明等美国质量专家的指导下，日本人也培养了一批自己的质量专家。我所获得的对日本质量发展具有极大影响力的日本质量专家名单如下。

石川馨：博士、日本科学家和工程师联盟（JUSE）成员，石川一郎之子。根因分析图发明者。

田口玄一：统计学家、工程管理专家，创造了田口方法（Taguchi Method），日本品质工程的奠基者。

新乡重夫：日本质量专家，曾提出“零损坏”是品质要求的最高极限，1988年在美国获犹他州立大学管理博士。

今井正明：日本持续改善方法之父，曾在日本常驻美国生产中心任职。

大野耐一：丰田生产方式（精益生产）创始人。“日本复活之父”“日本生产管理教父”。

狩野纪昭：日本质量专家。1979年提出“质量的保障因素和激励因素”。1984年提出卡诺模式。

小林宏治：日本NEC公司董事长，首位戴明质量奖个人奖得主（1952年）。

政府撑腰

美国质量专家在前台表演，日本政府在后台撑腰。

石川一郎是日本科学家和工程师联盟（JUSE）的创始人和第一任总

裁，也是日本联合经济组织（FEO：Federation of Economic Organizations）的第一任总裁。FEO是一个日本经济团体联合会，包括有750家大型企业和100多个全国性的贸易联盟。表面上，FEO是个工业贸易组织，实际上FEO是一个权力机构，有时候好像在行使首相发布的国家变革指令。

JUSE的董事总经理小柳贤一曾领导着一个组织，该组织是落实日本政府的《重建日本计划》的主要力量。

西方质量界学者认为，戴明和石川一郎一道为日本企业设计了整体的质量发展战略，并制定了管理层职责的基本原则。

1950年到1970年间，JUSE为14700名工程师提供了统计质量控制方法的培训。

日本的产品质量从1950年起突飞猛进，1954年开始占领欧美市场。

戴明曾向日本高层两次建言，日本人诚恳地接受了戴明的建言并认真落实。

第一次建言。①高层必须认识到，消费者是生产线上最重要的一部分。日本企业管理者必须关注产品质量。②为了能向消费者提供高质量的产品和服务，日本企业必须与供应商建立互信和忠诚的关系，提高原材料质量均一性和可靠性。③要注意设备维护、工作指标和度量（测量）。

第二次建言。戴明认为有四个要素会驱动日本的产品质量得以大幅度提升：①日本的劳动力结构；②日本管理者对工作所具备的知识和热爱；③日本管理者能胜任他们的职责及执行力；④日本科学家和工程师联盟（JUSE）能提供大量的质量培训作保障。

戴明的建言彻底消除了日本管理者的心理障碍。起初，日本人认为日本企业的产品质量与欧美相比差距太大，没有信心。但戴明预计，不出5年，日本的高质量产品将会出现在全球市场，并能与欧美企业的产品并驾齐驱。

1950年6月朝鲜战争爆发后，美国开始在日本大量采购军用设备，使得日本从中得益。美国的军事采购占了当时日本总出口贸易额的27%。

二战后成立的日本国际贸易和工业部（MITI）的职责之一就是重建日本的制造业。在政府的重建计划下，日本在二战前的军工企业开始转向生产民用产品。例如，原来生产机关枪的企业转而生产缝纫机，战前生产光武器的企业转向生产照相机和双筒望远镜。

MITI 与日本民间商业财团有着密切的联系。日本国家银行和地方银行不断向民营财阀“输血”。开发银行 83% 的贷款流入战略产业，如造船、电力、煤炭和钢铁企业。财阀之间交叉持股，有效地避免了日本企业被外国企业兼并和收购的风险。

与此同时，日本政府制定了进入全球市场的长期战略（20 到 50 年）和详细的获取市场份额的计划。该计划的做法是先引进新产品和高质量的产品，然后逐渐对产品进行消化和升级。开始时，仿造德国先进的照相机，如徕卡和禄来；持续地升级和磨练自己的技术后，日本人就会把产品的质量和技术提升到与德国人同等水平，或者超过德国人。

在不到 20 年的时间里，使用这种有长远战略计划的管理方式，日本人在全球照相机市场上获得了极大的份额，并逐渐把占照相机市场主导地位的德国人赶出了市场。

当日本人成为这一巨大市场的主力后，他们就利用已经掌握的先进的光学技术开始进军其他领域，例如小型复印机、摄像机、硅芯片蚀刻设备。日本人至今仍然把持着这些领域。

紧步德国人后尘的是美国人。20 世纪 70 年代初，美国企业开始在全球市场上遭到日本企业的冲击。美国企业一般只做 24 个月（两年）的战略规划，而日本企业的战略规划一般覆盖 5 年、10 年或 20 年。

从制定中长期战略规划的时间长度看，日本企业家前瞻全球市场的“野心”比其他国家的企业家似乎都要大。

值得深思的是，2013 年 9 月《商业周刊（中文版）》中有一篇报道，讲述的是巴西著名企业家若热・保罗・雷曼（Jorge Paulo Lemann）曾经率团于 1989 年到日本取经，专门拜访了日本松下电器的创始人松下幸之助。当他希望松下幸之助展望未来时，让他意想不到的是，松下幸之助给雷曼一行人讲述了松下电器未来500年的战略规划。

国家质量奖

日本早期只有一个国家质量奖，即戴明奖。日本科学家和工程师联盟（JUSE）于1950年建立了日本国家质量奖，并以戴明的名字命名。

戴明奖分为三类：①戴明个人奖；②戴明应用奖；③制造业（工厂）质量控制奖。其中，第二类奖（戴明应用奖）主要是奖励私营和公立组织、小企业、大公司的部门、海外企业。目前已经有143家组织获得过戴明应用奖，其中只有一家非日本企业获得此奖——1989年，美国佛罗里达电力与照明公司获奖。

当美国国家质量奖的卓越绩效（PE 1000）体系在全球的影响力不断增大时，日本政府发现戴明奖已无法满足市场的要求，所以设立了第二类日本国家质量奖。1995年，日本生产力中心（JPC）建立了日本质量奖（The Japan Quality Award）。日本质量奖推广部负责修改、更新和颁布该奖的评测体系。日本质量奖推广部内部还建有一个委员会，每年系统地发布该奖的年度计划。该组织目前已经有170多家会员，包括24家地方组织。

日本质量奖与戴明奖的区别和关系在于：①该奖更注重奖励那些在全面质量管理方面最具有自我创新力、持续给企业带来价值和展现出卓越管理活动的日本企业。②该奖的组织者更关注的是，获奖企业在获奖后的三年内，其卓越管理活动的“最佳实践”能否在行业起到“领头羊”的作用。③该奖采纳了美国国家质量奖（波多里奇奖）的卓越绩效指标作为基础，经过修改和完善后，形成了适用于日本企业自我评估的质量审计体系。

日本质量奖与戴明奖之间是互补关系。这两个奖的评奖指标和关注重点基本没有重叠。这两个不同类型的国家质量奖对全国各个行业质量提升可以起到相互补充、相互促进的作用。

2 / 美 国

戴明坦言，自己“花去了一生，努力避免美国自杀。”

言下之意，我戴明救不了美国，能救美国的是美国人自己。因为你们不相信我的理念。

作 者

大觉醒

20世纪70年代初，美国的汽车工业和电子工业受到了日本企业的巨大挑战。由于产品质量大幅度提升，日本逐渐处于全球质量领导者的地位。这引燃了美国的质量危机。

那么，美国人是怎样觉醒并开始酝酿反击日本人的呢？

美国《财富》500强中有一家企业名叫纳舒（Nashua）公司。该公司的CEO比尔·康威（Bill Conway）在一次去日本出差时，在理光公司遇见了美国的著名统计学家戴明。康威决定把戴明带回美国，并安排戴明到自己的公司工作。从此，康威与戴明建立了长期的合作关系。有人认为康威与戴明是美国质量革命的发起人。

戴明在日本被奉为英雄，但在美国此时还是一个既无名声又无威望的统计质量控制专家，美国人并没有真正发现其巨大的价值。

自从戴明加入公司，公司的董事会会议室就变成了戴明先生与美国三大汽车巨头会面的场所。

克莱尔·克劳福德-梅森（Claire Crawford-Mason）是NBC电视台的一名新闻记者和节目制作人。1980年6月24日，她为戴明在《白皮书》节目上安排了一个15分钟的题为“如果日本人可以，我们美国人为什么不可以？”的专访。在访谈中，戴明回答道：“我认为人们期待奇迹发生。美国企业的管理者认为他们只要从日本企业拷贝质量管理就可以了。但是，他们不知道拷贝什么。”

正是这次媒体的组织与传播，戴明才真正被美国人所发现。这个电视节目非常成功，第二天，戴明办公室的电话被打爆了。

为什么会有如此多的美国人开始对戴明感兴趣呢？因为在1980年，正赶上美国的经济发展处于减速时刻，大多数美国企业经营艰难，还有很多企业深陷亏损泥潭。这些企业的高管为找不到解决方案而发愁。戴明的出现，让他们仿佛找到了救星。

戴明发出的声音像警钟一样，把美国工业界从睡梦中敲醒。全美国上下的企业高级管理者开始思考戴明的质量哲学。

最早被敲醒的美国企业有：福特汽车公司（Ford），凯玛特超市（K-Mart），美国医疗公司（Hospital Corporation of America），佛罗里达电力与照明公司（Florida Power & Light）。

福特汽车公司是美国汽车企业里第一家邀请戴明帮助其进行质量管理变革（即转变成为以质量为导向）的公司。受益于戴明的质量哲学，20世纪80年代，福特汽车公司的质量水平远高于其他美国汽车公司。福特的一款品牌车Taurus后来在质量和销售量上均超过了竞争对手日本本田汽车的雅阁。

佛罗里达电力与照明公司是第一家在日本获得戴明奖的美国企业。

从此，戴明的质量哲学开始被美国企业所接受，成为美国质量革命的精神支柱。在20世纪80年代，这个精神支柱出现在成千上万家美国企业。

戴明晚年，曾有人问他：“您想让美国人如何铭记您？”

“我大概根本不会被人记住的。”他回答道，停顿了片刻后，他又说：

“或者人们会说，这个人花去了自己的一生，努力避免美国自杀。”言下之意，我戴明救不了美国，能救美国的是美国人自己。

1983 年康威先生退休后，创立了康威管理公司（Conway Management）。他和戴明在这家公司为全美的企业高管提供质量管理咨询和培训。戴明在一年中花了 6 个星期，每天向康威讲授关于持续质量改进的知识。康威在戴明的质量哲学影响下，深刻理解了质量管理的真谛。

康威后来在接受媒体的一次采访中说道：“质量不只是一个任务或一份工作，而是一种信仰。”（Quality is not a task or a job——it’s a religion.）

康威认为，首先要对此信仰深信不疑。其次，要遵循下面五条原则。①做正确的事。②管理者要接“地气”（要多往一线跑）。③不要怕出错，但要承认错误。④在传递质量哲学或信仰时，要关注企业的 CEO 和那些愿意学习的员工。⑤不要在那些不愿意改变理念和转变理念极慢的人身上花时间。

正当美国人为能领会戴明的质量哲学而感到庆幸时，另一位美国质量专家正悄悄地从幕后走向前台。他就是菲利普·克劳士比。

克劳士比在第二次世界大战中曾在美国海军服役，也参加过朝鲜战争。1957 年，克劳士比加入马丁公司担任质量控制经理，并参与了马丁公司的“潘兴”导弹计划。在马丁公司，克劳士比提出了著名的“零缺陷”概念。

克劳士比于 1979 年成立了克劳士比咨询公司（Philip Crosby Associates）。同年出版了《质量免费》（Quality Is Free）一书。此书一出世便非常流行，并成了推动全美国制造业进行质量革命的驱动力之一。

此时美国企业正遇到日本企业的激烈挑战。日本企业的整体产品质量已经远远高于美国企业的整体产品质量。美国企业领袖们急于找到解决方案，即质量改进的精神支柱、实用的方法和工具。

1980 年，美国纺织制造企业米利肯公司的董事会主席兼 CEO 罗杰·米利肯（Roger Milliken）在科罗拉多度假时，阅读了克劳士比的《质量免费》一书。在该书的引导下，米利肯随后就将公司带上了质量变革的大道。1981年，米利肯将克劳士比招募到自己的公司，聘请他担任顾问，帮助公司进行质量变革，以确保公司的质量管理水平提升到一个新的高度。

其实，米利肯早前就非常重视质量。1979年，他是第一个将公司高管送到日本体验和学习日本企业质量管理模式的美国公司CEO。米利肯公司的高管们发现，日本人虽然在机器设备上比他们落后了2～5年，却能高效率地生产出成本低、质量高的产品来。

虚心向日本人学习质量管理，对于美国人来说，已经不是什么丢人的事。

1979年，美国施乐公司发现已经无法阻挡自己在美国市场份额不断下滑的局势，市场份额已从20世纪70年代初的90%下滑到13%左右。究其原因，是被日本企业的复印机产品不断挤压。董事长彼得·麦克劳（Peter McColough）从施乐（欧洲）公司召回了弗兰克·皮波（Frank Pipp）并任命他为施乐公司的制造事业部总裁。皮波率领一个管理团队访问了施乐在日本的合资企业富士—施乐公司，他发现日本企业是如此“震惊和令人眩目”，以至于皮波不得不决定再派一队高级工程师团队访问日本。他们发现，日本理光公司出产的复印机不仅生产周期只有施乐的一半，而且成本也只是施乐的一半。理光复印机在美国的销售价格低于施乐的生产成本。即便如此，日本理光公司还有利润。

从此，施乐开始了一场著名的质量变革，并取得了成功。1982年初，施乐的市场份额开始回升。

美国企业组团访问日本“取经”的远不止上述两家公司。

1986年6月，美国威斯康星州立大学的质量与生产力提升中心与AT&T公司贝尔实验室联合组团访问了日本。这次访问的目的是学习日本的质量培训和质量提升方法，特别是统计质量控制方法在工业企业、流程设计和制造中的应用。该访问团的赞助者是美国国家科学基金（National Science Foundation）。

该代表团花了两周的时间访问了日本7家高科技制造企业、3家贸易公司和3家专业机构。被访问的日本7家高科技制造企业是：日本电装公司，丰田汽车，夏普，富士通施乐，德州仪器（日本分公司），理光。被访问的三家专业机构是：日本中央质量协会（CJQCA），日本标准协会，国家计量研究实验室（NRLM）。

这个美国访问团最后得出的结论如下。

第一，日本企业非常重视质量培训。无论是企业总裁、中层管理者还是基层员工和工程师，都有专门的质量培训。日本中央质量协会每年培训约10万多人次。

对企业总裁级管理者，设有专门的质量培训，如质量哲学培训；对于中层管理者，设有质量管理基础培训课程和流程设计等课程；对于基层员工，设有质量改进七大工具、质量控制圈（QCC）等课程；特别是对于工程师，设有30天的质量培训课程，包括流程设计等。

第二，质量涉及多维度的概念。日本的工业成功有着多方面的因素。并不是日本成功的所有的东西都需要美国学习和拷贝。但是，无论如何，我们需要学习新的理念、采纳有用的东西。日本质量管理方面的成功，经过修改后美国是可以采用的。同时，美国应继续发挥自己的强项。

政府出手

1980年11月，时任美国总统里根提名马尔科姆·波多里奇为美国第26任商务部部长。波多里奇是质量管理的倡导者，长期致力于国家的繁荣和实力增强的工作。

在波多里奇的倡导下，《1987年国家质量促进法》得以颁布和执行。他对早期起草美国国家质量奖的框架文件起到了关键的作用。为此，美国国会以波多里奇的名字命名美国国家质量奖——波多里奇国家质量奖。1988年12月，里根政府还向波多里奇颁发了“自由总统奖”。

美国国家质量奖诞生的真实背景值得我们认真研究。

1987年，美国生产力和质量中心（APQC：American Productivity &

Quality Center）的创始人杰克·格雷森（Jack Grayson）组织召开了首届白宫生产力会议。格雷森也是美国国家生产力顾问委员会（National Productivity Advisory Committee）的主席。这些组织前瞻性地提出了国家质量奖计划，目标就是要将美国的质量提升到世界一流水平。

“波多里奇质量奖计划”的执行董事是库尔特·莱曼博士（Dr. Curt Reimann）。由他与国家标准和技术学会（NIST：National Institute of Standards and Technology）的人员一起起草了实施框架文件、评奖方案和提名流程。在国家标准和技术学会的协助下，前三届波多里奇质量奖的评选和颁奖活动由美国生产力和质量中心与美国质量协会（ASQ）联合举办。

美国人是这样评价波多里奇奖带来的收益的。

①在国家和私人企业的共同努力下，这项奖励计划确已获得了巨大的成功。

②每年国家投入的资金大约在 500 万美元左右，但这只是一个杠杆，私人企业以及全国和地方性组织投入的资金超过了 1 亿美元，其中由私人企业赞助的捐款超过 1000 万美元，还有数百家大型私人企业自愿贡献了他们的时间和精力。

③政府与私人机构的通力合作也许是该项奖励审核管理当局的最好收获。每一年，都有超过 300 名来自工业界、教育界、非营利机构及政府部门的专家自愿参与此项活动。他们实地考察，提供书面报告，帮助企业改进；同时，审核管理局也已经就质量管理、过程改进及有关波多里奇国家质量奖的问题进行过上千次讲解。

④波多里奇国家质量奖的获得者（企业和个人）已经成为质量的真诚倡导者，他们努力向其他企业和组织传达着这样的信息：使用波多里奇国家质量奖框架和标准所获得的益处远远超过他们最初的预期。到目前为止，获奖者就此发表的讲演和介绍已经超过 3 万次。

自 1988 年首次波多里奇奖颁发到 2013 年，美国已经颁发了 102 项个人奖和 96 项组织奖。1500 家组织申请了该奖。其中有 6 家企业两次获得波多里奇奖。获得波多里奇国家质量奖的企业有摩托罗拉公司、施乐公司、AT&T、IBM、KARLEE、波音公司等（见图 3–4）。

在 2003 年波多里奇颁奖仪式上，布什总统曾发表简短讲话，高度肯定和评价了波多里奇奖的重要作用。布什指出，波多里奇奖给予了取得卓越绩效的美国商业、学校和医疗卫生组织很高的荣誉。这些组织体现了它们的价值、卓越领导和对员工、合作伙伴及社会的承诺。

美国原商务部长唐纳德 · 埃文斯（Donald Evans）在评论 2003 年波多里奇奖获得者时说道：“（获奖者）为我们国家的强大与繁荣做出了重大贡献。他们对卓越及道德的承诺以及责任心是增强我们所有企业竞争力的关键，也是美国安全保障及成功的基础。”

2013 年 11 月 13 日，美国商务部部长宾妮 · 普利茨克（Penny Pritzker）在波多里奇奖颁奖典礼上讲道：“美国国家质量奖已经对全球成千上万的组织和我国的经济产生有形的影响。今天所颁布的获奖者无疑将会延续他们的传奇，并在医疗和教育领域对他们的同行起到模范作用。” 2013 年获得波多里奇奖的组织都来自医疗保健和教育部门，分别是：威斯康星州皮沃基市皮沃基校区（教育类）；得克萨斯州普莱诺市贝勒区域医疗中心（医疗保健类）；加利福尼亚州戴维斯市萨特戴维斯医院（医疗保健类）。

质量奖的7大指标

1.领导力
2.战略规划
3.专注客户
4.度量、分析和知识管理
5.专注人力资源
6.运营
7.经营结果

涉及六大行业

1.制造业
2.服务业
3.小企业
4.健康医疗业
5.教育
6.非营利组织（含政府）

图 3-2　美国国家质量奖指标与涉及的行业

奋起反击

1947 年，美国摩托罗拉公司开始生产电视机，到了 1974 年，摩托罗拉公司不得不把电视业务卖给日本的松下电器公司。

20 世纪 80 年代，日本公司像洪水般地涌入了美国市场。日本企业低价格、高质量的产品把美国企业逼到了墙角。在电子和通信行业，如半导体、芯片、移动电话、传呼机、汽车电子等，摩托罗拉公司早期一直处于领先地位。虽然与日本企业在竞争中吃了几次败仗（摩托罗拉几乎要被迫退出传呼行业），但摩托罗拉并没有怯场，而是与日本公司展开了硬碰硬的“肉搏战”。

在与日本企业的竞争中，摩托罗拉公司的战略主要包括两个方面。

第一，首先向日本人学习，然后与日本人竞争。摩托罗拉公司的策略是：先不理睬他们，然后诉讼他们，最后向他们学习。摩托罗拉公司曾游说美国政府对日本向美国出口的传呼产品和蜂窝移动电话征收高额关税，最高可达 106%。1982 年，摩托罗拉公司说服了美国政府向日本施加压力，并以反倾销的名义阻止日本人的进攻。同时，逼迫日本政府向外国企业开放本国的传呼市场。

第二，摩托罗拉在公司上下开展提升质量计划，并要求各级管理人员学习日本企业在生产制造领域的质量控制方法。公司曾派遣高级管理者到摩托罗拉在日本的分公司参观、学习和了解如何与日本人竞争的知识，同时也学习日本企业的成功质量管理和运营能力。

1981 年，鲍勃·高尔文（Bob Galvin）成为摩托罗拉的 CEO。摩托罗拉公司从此拉开了“质量大觉醒”（Great Quality Awakening）的大幕。

为了让企业更加关注客户满意度和质量，1982 年，摩托罗拉公司成立了公司质量委员会（MCQC：Motorola Corporate Quality Council），开发了具有里程碑意义的质量体系评审或质量体系审计（QSR：Quality System Review）方法论和工具。

QSR 的发明具有划时代意义。广义上讲，使用 QSR 质量体系审计方法，任何组织可以自我评测或请外部质量专家评测自己组织（不分行业、不分营利组织或非营利组织）的质量管理体系成熟度。

QSR 的发明不仅帮助摩托罗拉公司上下可以进行质量体系审计，更重要的是 QSR 为美国国家质量奖的评测体系奠定了基础。

1984 年，刚从亚利桑那大学毕业并获得博士学位的麦克·哈里（Mikel Harry）加入了摩托罗拉公司。哈里的上级主管就是“六西格玛之父”比尔·斯密（Bill Smith）。1985 年，斯密写了一份内部质量报告。哈里在斯密的质量报告的基础上开发了“六西格玛”方法论，即定义、度量、分析、改进、控制（DMAIC：Define，Measure，Analyze，Improve，Control），也叫 DMAIC 原理。

当 CEO 高尔文正在为找不到提升质量的最佳解决方案而苦恼时，斯密和哈里的“六西格玛”方法论如雪中送炭一样呈现在他的面前。

1986 年，摩托罗拉公司 CEO 高尔文采纳了六西格玛方法。从此，摩托罗拉在全公司展开了落实和应用“六西格玛”的计划。随后，六西格玛方法被大量的美国企业所采用。1993 年初，我加入摩托罗拉公司时，六西格玛质量管理方法是我入职后必修的第一课。

1995 年，美国通用电气（GE）的 CEO 杰克·韦尔奇（Jack Welch）正式宣布在 GE 公司全面实施六西格玛方法。

六西格玛方法就像一种能繁殖的生物一样，在欧美企业开始生根、开花、结果。只有企业的一把手理解和掌握了六西格玛方法，并且真正认可了这一质量管理哲学思想，这家企业才有可能真正地应用好六西格玛方法。

例如，由杰克·韦尔奇在 GE 培养的三位弟子（事业部总裁），无论是继任韦尔奇的职位，还是跳槽到了新的企业后，都继续采用六西格玛方法来提升企业的质量。原 GE 航空动力发动机事业部总裁詹姆斯·麦克纳尼（James McNerney）跳槽到波音公司任 CEO 后，仍然继续推行六西格玛方法来提升波音公司的质量。原 GE 动力系统事业部总裁罗伯特·纳德里（Robert Nardelli）跳槽到家得宝公司任 CEO，后来又跳槽到克莱斯勒汽车公司任 CEO，仍然继续推行六西格玛方法来提升企业的质量。不过，纳德里先生在家得宝公司推行六西格玛并没有获得成功。

原 GE 医疗设备事业部总裁、后继任韦尔奇职位担任 GE 公司 CEO 的杰佛瑞·伊梅尔特（Jeffrey Immelt），当然坚定不移地继续在 GE 公司推行六西格玛方法来提升 GE 公司的质量。在 GE 公司内部，应用六西格玛最成功的事业部之一是 GE 金融（GE Capital）。

1988 年，摩托罗拉公司获得美国国家质量奖波多里奇奖。

除了戴明、朱兰、波多里奇、菲根鲍姆、克劳士比等著名质量专家外，还有下列人士对美国质量革命和发展具有较大贡献和影响力。

比尔·康威（Bill Conway）：第一个发现戴明才华的美国 500 强公司 CEO。康威管理公司创始人、CEO。

詹姆斯·哈灵顿（H. James Harrington）：前美国质量协会主席，哈灵顿管理公司 CEO，参与制定 ISO9000。

马克·布拉兹博士（Dr. Mark L. Blazey）：质量专家，美国国家质量奖架构设计师。

库尔特·莱曼博士（Dr. Curt W. Reimann）：美国国家质量奖委员会董事，美国国家标准技术研究院主任。

哈里·赫兹博士（Harry Hertz）：美国国家质量奖卓越绩效计划项目主任。

比尔·斯密（Dr. Bill Smith）：美国六西格玛之父，摩托罗拉质量专家。

麦克·哈里博士（Dr. Mikel Harry）：六西格玛联合发明者之一，摩托罗拉质量专家。

3 / 中 国

> 如果没有国家质量战略和建立预防性质量管理体系，一个国家的整体质量水平提升要走漫长的道路。
>
> 作 者

如果按时间划分，我将中国质量发展路径分为三个阶段。

第一阶段：迷失阶段（生活资料匮乏，没有追求品质的机会）。

1949年后的30年，国家为了迅速摆脱贫穷而走上了计划经济的道路。在这个阶段，意识形态和政治运动是其主要特征。大跃进、反右倾等运动，再加上自然灾害，使得国家工业化进程一度停滞不前。由于各类物资极度匮乏，生活用品很难满足人们的基本需要。社会、企业和个人追求质量的机会极少。

第二阶段：初醒阶段（物质资料逐渐丰富、质量意识增强）。

“文革”结束后，国家开始迈上改革大道。随着改革开放的深入，国家逐步从计划经济体制向市场经济体制转型，并进入到一种半计划经济半市场经济的混合经济体制中。在此阶段，社会生产力得到解放，企业生产率大为提升。社会所需产品逐渐丰富起来，质量一跃成为社会生活的中心话题。国人的脑海中慢慢地有了质量意识。

改革开放40年来，无论是吃穿、住房，还是环境保护等，质量已经成为全国人民日常生活中必不可少的内容。特别是近年在山东、华北、北京等地区长期出现的雾霾天气，已经使人们认识到要想提高生活质量，光靠企业提供优质产品和服务是无法实现的，而要靠全社会（政府、行业协会、管理咨询顾问机构、企业和质量专家等）的资源，靠深化改革的力量，并从顶层设计质量变革，才有可能过上高品质的生活。

第三阶段：奋起直追阶段（实施一场质量革命，立法保障质量成果）。

我认为，在第三阶段，政府首先要制定出国家质量战略。通过顶层设计和立法，如颁布国家《质量法》，在全国各级政府和企业建立以预防为主的质量管理体系和质量审计体系。

国家《质量法》与《产品质量法》不同。国家《质量法》主要涉及如何在全国范围内制定和执行一套可自我评估或利用外部专家资源评估的质量审计体系。国家《质量法》应面向全社会的组织，包括政府、企业、非营利组织等，相互合作、共享资源，在全社会建立起预防性质量管理体系（包含质量管理审计体系）。

另外，要鼓励各级政府和企业加大对各级人员的质量培训力度和培训资金的投入。还应利用专业机构（如管理咨询与顾问公司）对各级政府、企业、非营利组织的高层管理者进行质量哲学和质量意识的“洗脑”培训。

未来15年是中国质量发展的关键阶段。

从图3–3可以看出，在第一阶段，由政府主导，喊出了质量口号、举办了质量活动。但是，没有关注质量立法和建立预防性质量管理体系。

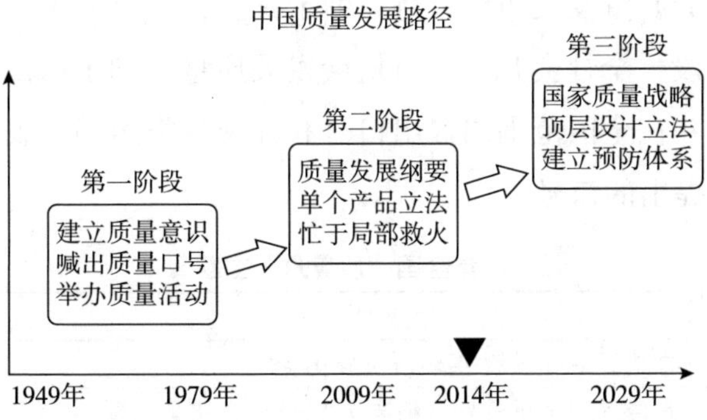

图3-3　作者提出的中国质量发展路径

到了第二阶段，由政府主导提出了《质量发展纲要》，颁布了《产品质量法》，但是仍然没有上升到国家质量战略的高度来重视。

《质量发展纲要》中没有明确的国家质量战略举措，没有关注在全社会（包括政府、企业和非营利组织）建立起预防性的质量管理体系。在第二阶段，政府与企业已经醒悟，但仍然处于到处“救火”的被动状态。

今天与未来，是奋起追赶的第三阶段。第三阶段需要全社会参与质量改进。政府相关部门应先制定国家质量战略，并加快质量立法，即颁布国家《质量法》。确保在全社会（包括政府、企业和非营利组织）建立预防性的质量管理体系，并持续完善适合中国特色的质量审计体系（包括顶层设计高效的国家级质量奖评选模式、社会全员参与的持续质量改进机制）。

在第三阶段，最重要的是，首先要在全国掀起一场质量革命，并与“中国制造2025”国家战略齐头并进。中国质量革命的成功，将会为第二次质量战争的中国企业奠定坚实的基础。中国制造业企业应充分准备，与美日企业打好这场“两翼”质量战争。

口号与运动

回顾中国的质量发展历史，将有助于我们制定未来的国家质量战略。

在第一阶段，全社会几乎没有机会发展质量。到了第二阶段，政府开始重视质量，并在全国范围内提出口号和开展各类运动。表3–1为历年全国“质量月”提出的口号。

表3-1 历年全国“质量月”主题

年份	口号
2013	打造经济升级版 实现质量强国梦
2012	宣传贯彻《质量发展纲要》推进建设质量强国
2011	建设质量强国 共创美好生活
2010	抓质量水平提升 促发展方式转变

续表

年 份	口 号
2009	全员全过程全方位参与 全面提高质量安全水平
2008	质量安全是社会和谐的基础
2007	质量安全 共同的责任
2006	创新提升质量 名牌促进发展
2005	奉献优质产品 构建和谐社会
2004	人人创造质量 人人享受质量
2003	坚持以质取胜 提高竞争实力
2002	讲诚信 保质量
2001	新世纪 新质量 新生活
2000	质量——新世纪的呼唤
1999	创造高质量 迎接新世纪
1998	质量振兴 人人有责
1997	让《质量振兴纲要》深入人心
1996	走质量效益型道路 向集约型转变
1995	质量——名牌——效益
1994	向质量要效益
1993	以高质量的产品和服务迎接复关
1982	求实际效益 让用户满意
1979	努力生产一等品和优质品 向国庆三十周年献礼
1978	生产优质品光荣 生产劣质品可耻

从1978年的口号到2013年的口号，可以看出中国质量发展的轨迹。1978年8月31日，第一次全国“质量月”广播电视动员大会在全国政协礼堂召开；1979年9月1日，第二次全国“质量月”广播电视大会在人民大会堂召开。在上述两次“质量月”会议上，据说国务院的7位副总理均到场参加。例如，在第二次“质量月”会议上，国务院副总理李先念、余秋里、方毅、王震、薄一波、姚依林、康世恩等在大会主席台上就座。除了国务院有关部委和北京市相关部门的一千多位代表来到人民大会堂出席大会之外，全国各地有组织实时收听收看大会实况转播的干部群众逾千万。

在第二次全国“质量月”会议上，当时主管石油工业的国务院副总理康世恩对第一次质量月以来的工作进行总结。他在讲话中指出，全国第一次“质量月”活动，对于加强质量管理的基础工作，整顿和提高产品质量，起了很大的作用。“百年大计，质量第一”。

康世恩代表国务院号召各条战线再接再厉，乘胜前进，继续大打提高产品质量的攻坚战，把我国的产品质量和工程质量提高到一个新的水平。但遗憾的是，就在第二次全国“质量月”召开后两个多月，即1979年11月25日，“渤海2号”钻井船在渤海海面上翻沉，72人遇难，直接经济损失3735万元。

为了防止各类重大恶性质量事故的发生，确保安全生产和个人生命安全，政府相关部门和主管质量的质量监管部门经常联合发起多种临时的运动，如：“3·15”活动，“质量月”“质量万里行”“质量强市”“质量强省”“安全大检查”等。搞这些活动是必要的，但更重要的是要建立预防性质量管理体系，因为运动只能管一阵子，但管不了一辈子。要管一辈子，就要建立预防性质量管理体系。既然建立预防性的质量管理体系能管一辈子，那为什么不去建呢？主要有以下四大原因。

原因一：政府和企业不知道怎么建立质量管理体系，或缺乏相关的知识和技能。例如，错误地认为ISO9001认证就能建立好质量管理体系。

原因二：质量管理体系是舶来品，国人一直错误地把质量划入到技术类，而不是管理类，导致政府与企业的领导者不重视建立预防性的质量管理体系。企业的管理者很少参与质量培训。更没有把质量当成“一把手”工程。几乎90%的企业内部质量培训都是针对员工的。

原因三：由于错误地认为质量不是管理而是技术，因此，在制定的《质量发展纲要》中就缺失了建立预防性质量管理体系和加大全社会质量管理培训的战略举措。整个社会缺乏针对中高层管理者的质量培训专家和教材。

原因四：由于错误地认为质量不是管理而是技术，有些政府部门就会错误地认为质量只是企业的事情、质量以企业为主体，而没有把政府在制定和执行国家质量战略、推动国家质量革命、颁布实施国家《质量法》等方面的主导作用和主要职责分析清楚。

政府主导？

> 质量管理是一种社会活动，是全社会的事情，不只是企业的事情。
>
> 作 者

2012 年 2 月，中国质检出版社出版了《质量发展纲要（2011—2020 年）》（简称《纲要》），该纲要起草工作始于 2010 年 3 月。

《纲要》制定了 2015 年和 2020 年产品质量、工程质量、服务质量的发展目标，但是没有提出一套可执行的国家质量战略。

我认为，国家质量战略最起码应包含五个要素。

第一，明确国家未来 20 年质量发展的路径，制定出国家质量战略举措。明确中国是否需要一场质量革命，何时颁布《国家质量法》，制定具体的行动计划。

第二，制定建立国家和企业预防性质量管理体系的目标与举措。

第三，指导如何建立一套具有中国特色的质量审计体系，特别是如何建立一个全国性的由政府质量监管部门、民间组织、行业机构、企业、质量专家参与的全社会质量提升的“生态环境”。

第四，规定这套质量审计体系应具有的对各类组织（政府、企业、学校、医院等）进行自我审计、外部质量专家审计、行业机构专家审计等功能。

第五，清晰定位全社会对提升质量管理的分工和职责。这是非常重要的部分，应避免政府主导且职责过多但责任不清晰，民间参与少的现象发生。未来 20 年，负责质量的相关政府部门的主要任务之一就是制定和执行好中国国家质量战略。

我认为，中国国家质量战略至少应包含下列四个战略举措：一是在中国发起一场质量革命；二是尽快颁布中国国家《质量法》；三是在《中国制造 2025》国家战略指导下，提前准备好应对第二次质量战争的具体行动计划；四是继续在全国范围（政府、企业、非营利组织）建立和完善适应中国国情的预防性质量管理体系（含质量审计体系）。

从中国质量发展历史看，影响中国质量发展方向的主要有两类人员，一类是政府专家，另一类是学者、技术专家。这两类专家往往是参与国家质量发展纲要制定的主力。

中国缺乏从企业一线干起来的实战企业质量专家，我将此类专家称为第三类专家。

从美国、德国、日本等发达国家的质量发展路径和方向看，具有长期企业实战经验的企业质量专家或顾问（第三类专家），如戴明、朱兰、菲根鲍姆、克劳士比等，往往是国家质量战略的重要资源。这些专家能提出更具有前瞻性、变革性、实用性的建议和解决方案。

20 世纪 50 年代起，我国实行的是计划经济，所以国家没有培养企业质量专家的基础。改革开放 40 多年来，跨国公司和外资企业（含港台资企业）的进入，给中国带来了一些先进的质量管理思想、理念和方法。但是，从这些企业走出来的质量专家，还没有形成能参与制定的国家质量战略管理专家或顾问资源。

在一些国有企业和大多数民营企业中，质量管理还没有形成完整的体系。对于企业来说，如何建立高效的预防性质量管理体系，是多年来面临的一大挑战。即便是中国最具有代表性的现代企业，如华为公司、海尔公司等，其先进的质量管理体系也是花重金从西方管理咨询公司学来的。这些优秀企业培养出的质量专家，也没有形成参与国家质量战略制定的资源。

因此，政府一直在主导着国家质量发展的进程。政府需要在主导作用上转变方式，具体可分为长期主导和短期主导两类。

第一，长期主导。组织上述三类专家，制定 10 ~ 20 年的国家质量战略，并发起一场质量革命。在 10 ~ 15 年内彻底提升中国企业的整体质量水平，确保中国企业的产品、品牌和市场竞争力能在全球处于领先地位。

第二，短期主导。首先解决全国性的三类质量问题：公共场所踩踏事故、电梯“吃人”事故和滑坡事故。

如何预防，如何建立预防性质质量管理体系？我认为，缺乏关注、缺乏投入、缺乏资源往往是政府短期主导缺失的根源。

徘徊与纠结

1979 年，经刘源张先生的鼓动和参与，中国成立了质量管理协会。2001 年，中国质量协会设立了一个“全国质量管理奖”。2006 年，该奖改名为“全国质量奖”。

中国质量协会自从 1979 年成立以来，为中国质量的发展做出了巨大的贡献。协会每年举办全国性的六西格玛大会等会议；根据中国质量协会的统计数据，2013 年全国注册 QC 小组已达 158 万个，累计注册 3412 万个，年创经济效益 465 亿元，累计 7456 亿元；全国六西格玛黑带考试累计注册 10 万次，参加者 2 万余人。但是，中国质量协会在前进和发展的道路上仍然遇到很多挑战和痛点。

2014 年，我与中国质量协会国际交流部部长李文成先生交流时，他坦诚地认为：“我们多年来注重开展对质量管理方法论和工具的推广与培训。但是，对于预防性质量管理体系的建设和质量审计体系的建设，专注不够、投入太少。”

从中国质量协会的成长历程看，虽然其影响力远远大于刘源张教授个人，但仍然没有影响到政府主导质量管理、游说政府主管部门来联合社会资源（行业、企业和其他质量专家）一起形成一股驱动中国质量变革的动力，也没有强势推动寻找国家质量战略和建立全国预防性质量管理体系（含质量管理体系的审计体系）的解决方案。更没有力量去推动建立国家《质量法》。当然，也更没有能力领导中国发起一场质量革命。

2013 年 7 月，中国国家质量监督总局又设立了一个“中国质量奖”。

“全国质量奖”是由政府下属的协会组织操办，属半官方性质，目前协会已经改革成为非官方性质的民间组织了。“中国质量奖”则是由政府操办（官方性质）。

2014 年获得首届中国质量奖的企业有中国航天科技集团公司和海尔公司，获得首届中国质量奖的个人为刘源张院士。获得首届中国质量奖提名奖的组织有共 43 个，个人有 3 名。华为公司是被首届中国质量奖提名奖的 43 个组织之一。2016 年，华为公司获得第二届中国质量奖。

我注意到，无论是“中国质量奖”还是“全国质量奖”，其评奖标准的基础框架都是模仿美国国家质量奖波多里奇奖的模式（卓越绩效模式，PE 1000）。当然，实际上这两种评奖标准和评奖过程与波多里奇奖，还是存在一定差异的，但是这两个国家质量奖彼此有雷同和重复之嫌。在国家层面的顶层设计就没有达成共识，导致国家资源浪费，国家整体质量战略无法聚焦，整体社会关注质量提升的重点开始发散。

全球大约有 82 个国家设有国家质量奖，基本上都采用了卓越绩效模式。但各国的质量评奖体系的基础，基本上都沿用了质量体系评审（QSR）的核心框架。

QSR 的核心价值是组织（政府、企业、非营利组织等）可以借用质量评测体系进行自我审计，并持续改进。QSR 可以利用内外部质量专家定期审计企业质量管理体系（QMS）的成熟度，最值得重视的是采用 QSR 审计后的量化结果。

QSR 的核心内容包括六个方面：①审计体系的通用性；②自我审计与外部审计相结合；③定期审计；④可以量化的审计结果；⑤有时间限制的改进要求；⑥定期汇报改进结果。

无论欧洲质量奖（由欧洲质量管理基金 EFQM 资助），日本质量奖（日本的另外一个国家质量奖，不是戴明奖），还是美国的波多里奇奖，都采用了质量体系评审或质量体系审计（QSR）思想、方法论和工具，因此，全社会（包括政府、企业、社区等）都受到鼓励，把重心转移到自我审计和持续改进上。

评奖不是目的，自我审计和持续改进才是终极目标。大批企业通过应用质量体系审计方法，不断提升质量管理体系的成熟度，并通过民间组织的各种交流活动，分享最佳实践、质量改进知识和经验，从而带动了整体社会的质量水平提升。

评选国家质量奖产生的力量是巨大的。

2001 年，一份美国市场调查数据显示，推广和应用美国国家质量奖的卓越绩效模式，产出与投入比是 207：1，而为国家质量奖评选活动高效运作和发力“保驾护航”的是国家《质量法》。

分析表明，一个国家能高效发挥国家质量奖的作用，有两大支柱。其一是国家质量奖评选模式；其二是国家《质量法》，它是保障国家质量奖评选模式高效运营的规则。

我认为在中国质量发展的第三阶段，还需要在以下 6 个方面继续加强：①把设立国家质量奖与制定国家质量战略相结合；②要整合与利用全社会的资源来提升质量；③政府、行业协会、企业和其他管理咨询顾问机构（质量专家）应联合形成一股驱动力，在中国发起一场质量革命；④找到建立国家质量战略与建立全国范围预防性质量管理体系（含质量管理审计体系）的解决方案；⑤颁布国家《质量法》来保障国家质量奖的建立、评选和运作；⑥在全社会加大质量管理的培训，纠正“质量是技术，而不是管理”的错误理念，提升全民质量意识和质量素质，培养质量文化和契约精神。

西学为体

> 对于友好国家，除了美国的管理不能出口外，其他东西都可以出口。
>
> 戴　明

美式企业管理在近代一直处于领先地位。由于政治原因，一般来讲，美式管理不会被直接传递到中国企业。根据我的调查，可以肯定的是戴明到过许多国家讲学，但是从来没有到中国大陆向中国企业家传播他的质量管理思想。不过，他去过中国台湾短期讲学。

中国的企业家没有机会聆听戴明的讲座，也没有机会参加他的培训班。那么，年轻的中国企业如何才能学到高深的质量哲学和先进的质量管理方法呢？在中国，有一家企业真正学到了美式管理，包括质量管理。这家企业就是华为公司。

华为公司总裁任正非在2013年回答西方媒体采访时讲道："过去10多年来，华为投入60多亿元人民币（10亿美元）向西方学管理，邀请IBM等多家世界著名顾问公司，开展管理变革。"

任正非所说的管理变革包括质量变革。

作为一家中国的民营企业，华为公司真正做到了西学为体，即把美式管理体系直接镶嵌到华为公司的管理体系中，而且不打折扣。任正非告诫华为全体员工，对聘请西方专家帮助华为公司设计和建立的各级业务流程，要坚持"先僵化、再固化、后优化"的原则。

2016年6月9日，任正非首次接受新华社记者采访。下面是记者采访的一段完整记录：

记　者：华为每年花上亿美元请IBM顾问团队来帮助管理企业，为什么要花这么大的价钱改进管理？

任正非：你们知道吗？丰田的董事退休后带着一个高级团队在我们公司工作了10年，德国的工程研究院团队在我们公司也待了十几年，才使我们的生产过程走向了科学化、正常化。从生产几万块钱的产品开始，到现在几百亿美元、上千亿美元的生产，华为才越搞越好。我们每年花好多亿美元的顾问费。

质量管理的哲学、方法论和工具都是西方舶来品，所以很难被人们正确吸收和彻底消化。另外，在实际应用中，一些政府部门和企业只重视"搞定"问题或"救火"，而不重视建立契约文化和预防性质量管理体系。根本上说，戴明们开发的质量管理体系是个“套餐”，不要以为在这份“套餐”中只挑选自己喜欢吃的就可达到质量提升的目的，这还远远不够。我们不仅要彻底“吃透”这套套餐，更重要的是要学会二次创新。修改、完善、优化和融合这套质量管理体系，最终建立起适合自己的质量管理体系。

我认为，我们需要从四个方面反省“西学为用，中学为体”给我们带来的“错位思考”的影响。特别是在质量管理方面，“西学为用，中学为体”对我们真正理解和掌握质量哲学和方法论带来巨大障碍：①不重视建立预防体系的知识；②政府主导的职责和定位不清晰，民间资源参与少；③搞临时运动多，缺乏建立预防体系的意识；④缺乏建立国家质量战略的资源和视野。

什么是美式管理？让我们先从戴明发明的“戴明环”开始，再到当今《财富》500强企业中所采纳的质量管理体系和卓越运营模式，来分析质量发展的历程中演绎过的7个阶段：

（1）戴明环，即持续改进法
（2）全面质量管理
（3）国际标准组织9001质量标准（ISO9001）
（4）六西格玛
（5）质量体系审计
（6）卓越绩效
（7）卓越运营

戴明“害怕”别的国家学会美国人的管理，即便是对于美国的友好国家，戴明认为也不能把美国的管理“出口”给他们。具有讽刺意味的是，戴明在二战后花了多年的时间向日本人手把手地讲授质量管理方法论和工具。纵观质量发展的历史，中国人几乎没有机会参加全球的质量体系模式的开发。这很遗憾，但又是事实。

从中国质量发展历史的另一个角度上看，中国人似乎“不擅长”、不喜欢或也不愿意建立“质量体系”。

张之洞当年提出“中学为体，西学为用”的本意是反对接受西方资产阶级政治伦理学说。但是，这一观点很有可能影响到我们学习西方质量管理体系。我认为，不管质量管理体系是谁开发的，只要对我们有用，就应虚心学习。西方的公司比我们多走了二三百年的路，拿来主义更实用。但一定要彻底学会，并结合自己的实际情况进行二次创新，而不是学着就变味了。

1987 年，美国创立了国家质量奖，并开发了卓越绩效体系（PE 1000）。卓越绩效体系在美国的运营是靠《1987 年质量法》来支撑的。这部质量法是国家质量管理体系的一部分。

日本和中国都在学习美式的质量管理体系。

先看日本。1951 年，日本设立戴明质量奖。这是一种自有的、独特的评奖模式。1995 年，日本设立了日本质量奖（非戴明奖）。采用了美国的卓越绩效体系模式。根据有关信息，日本上述两个国家级质量奖都有相关法律来支撑和保障。

再看中国。2001 年，中国质量协会设立了全国质量奖，采用了卓越绩效体系模式。2013 年，中国政府部门（国家质检总局）设立了中国质量奖，也采用了类似卓越绩效体系的模式。中国目前还没有相关法律来保障上述两个国家级质量奖能发挥其真正的作用。我们还没有认识到建立国家《质量法》的重要性和实用价值。

与日本人相比，我们学习西方的先进质量管理体系时，还往往不彻底、不深入、不系统。我认为，中国如果没有建立国家《质量法》，就容易导致全社会的质量管理流于形式。目前已经成立的两个国家级的质量奖励体系（中国质量奖、全国质量奖），只能算是“西学为用”，而没有镶嵌到自己的体系中。

4 ╱ 印 度

> 除了西方国家之外，对中国压力和影响最大的国家将是印度。
>
> 安雅·曼纽尔（Anja Manuel）
>
> 美国前国务卿赖斯咨询公司顾问

模仿日本

继日本质量专家在20世纪90年代向美国企业和德国企业提供质量顾问服务后，21世纪初，大批日本质量专家涌入印度，帮助印度制造企业进行质量变革，特别是协助印度政府推动其国家质量战略和制造业转型升级。

早在1998年，应印度工业联合会（CII）邀请，日本质量专家津田义和向印度汽车行业的供应商企业群提供了全面质量管理（TQM）、技术管理和运营管理升级的培训。津田义和的培训帮助三家印度汽车配件供应商获得了日本戴明奖，并协助一大批印度汽车配件供应商启动质量变革管理，一定程度上提升了印度企业的盈利能力和竞争力。

为了表彰津田义和对印度质量改进的贡献，2004年，印度质量协会（ISQ：India Society for Quality）向他颁发了Dronacharya奖。该奖颁发给那些帮助印度社会进步做出杰出贡献的知名专家，以示敬意。2013年，印度工业联合会编辑出版了一本专门介绍津田义和16年来对印度企业质量培训的图书《全面质量管理最佳实践：津田教授的经验》（Best Practices in Total Quality Management–Learning from Professor Yoshikazu Tsuda）。

2005年，在印度总统阿卜杜勒·卡拉姆的要求下，印度构思和出台了一个名为“制造业远见领导者”（VLFM：Visionary Leaders For Manufacturing）的项目。2006 年 12 月，印度总理与日本政府签署了《印度和日本联合技术合作协议》。印度试图通过学习日本制造业的成功经验来振兴自己的工业。

VLFM 项目是一个 10 年战略规划（2006 ~ 2016 年）。为了实施该项目，印度工业联合会与日本国际合作部（JICA）一起制定了具体的实施方案和行动计划。日本质量专家司马正次是该实施方案的首席顾问和设计师。司马正次是日本国家质量奖戴明奖（个人类）的得主，以其突破管理的“5 步发现流程法”（Five Step Discovery Process）而闻名。

日本的精益制造技术和方法出口印度，同样是通过印度工业联合会发起的。通过与日本管理协会（JMA）合作，印度工业联合会第一次将日本精益制造的专家带到印度。

除了津田义和、司马正次外，还有两位日本人对印度质量发展也有一定的影响。他们是：古桥武之，精益制造专家，ChuSanRen 公司（日本工业联合会）咨询专家，印度丰田系统专家；小松研一，东芝集团公司研发部总裁，东芝医疗公司总裁、CEO。

国家质量奖

印度目前是全球设立国家质量奖种类最多的国家之一，共有 4 个国家质量奖，分别是金孔雀国家质量奖、拉吉夫·甘地国家质量奖、印度商人商会 RB 国家质量奖和商业卓越 CII EXIM 银行奖。

印度第一个国家质量奖于 1991 年 2 月由印度的董事协会创立，被命名为金孔雀国家质量奖（GPNQA：Golden Peacock National Quality Award）。该奖主要奖励印度各行业在全面质量改进方面取得最佳实践的政府部门、企业、公共事业、私人企业和各种机构。主要分为 5 类：①上市企业和私营企业；②所有工业、服务业和商业；③政府和准政府部门；④贸易和专业协会；⑤教育、健康、医院和研发机构。

印度第二个国家质量奖是以前总理拉吉夫·甘地的名字命名的。这位年轻总理于1991年5月21日被刺杀身亡，印度政府以他的名字命名国家质量奖，以纪念他对国家的贡献。拉吉夫·甘地国家质量奖主要是奖励那些通过应用全面质量管理（TQM）后成为行业最佳的印度企业，分为5大类行业和14类奖励证书。5大类行业为：大型制造企业；小型制造企业；大型服务企业；小型服务企业；其他行业。14类奖励证书为：生物技术、化工、电子、食品、药业、冶金、纺织、珠宝、教育、金融、医疗、信息技术等。

印度第三个国家质量奖是由印度工业联合会和印度进出口银行于1994联合创立的，命名为商业卓越CII EXIM银行奖（CII–EXIM Bank Award for Business Excellence）。该奖的评奖指标参考了欧洲质量管理基金商业卓越模式（EFQM Business Excellence Model）指标。其目的是帮助提升印度的工业质量，使其达到世界级水平。

印度第四个国家质量奖是由印度商会（Indian Merchants' Chamber）于1996年设立的印度商会RB国家质量奖（IMC Ramkrishna Bajaj National Quality Award）。该奖的评奖指标效仿了美国国家质量奖、欧洲质量奖和日本的戴明奖的评奖指标。此奖以在印度有极大影响力的拉姆·巴贾杰（Ramkrishna Bajaj）先生的名字命名。拉姆·巴贾杰是印度商业领袖和著名企业家。他曾担任印度国际商会国家委员会（FICCI）主席和印度商会（IMC）的主席。他是巴贾杰集团创始人最小的儿子，并继承了家业。1926年成立的巴贾杰集团是印度规模最大、寿命最长的企业之一。

根据印度《商业标准》报道，截至2010年，有21家印度企业获得日本戴明奖，153家印度企业获得日本设备维护协会（JIPM）颁发的TPM卓越奖（TPM是日本设备维护协会开发的全员设备维护管理体系），165家印度企业获得了印度商业卓越CII EXIM银行奖。值得注意的是，在这165家企业中，80%的企业来自制造业。例如，获得日本戴明奖和日本TPM奖的5家印度知名企业是：Sundaram–Clayton，Sundaram Brakes Linings，TVS Motor，Brakes India，Sona Koyo和Indo–Gulf Fertilisers。

我注意到，印度企业以获得日本戴明奖而感到自豪和荣耀。但是，外国企业到印度做生意时，则更关注如何获得印度国家质量奖。

凡是在印度从事商业活动的跨国公司，都希望能获得印度四个国家质量奖中的一个或多个。一些对印度市场和印度文化有深入了解的西方企业以及个别日本企业和韩国企业，曾经分别获得过印度的某个国家质量奖。例如，1999 年，三星电子（印度）公司获得拉吉夫 · 甘地国家质量奖；2013 年，诺基亚西门子通讯网络（印度）公司获得印度国家质量奖（大型制造业类）。

到目前为止，我还没有看到任何关于中国企业获得印度国家质量奖的信息。据悉，华为公司、中兴通讯公司、小米公司在印度都没有设立工厂。华为公司是中国在印度最大的企业之一，华为公司和中兴通讯在印度设有营销组织和研发机构。

政府发力

2014 年 9 月，印度总理莫迪发起和制定了一个“将印度转变成为全球设计和制造中心”的国家战略，起名为《印度制造》（Make in India）。

印度工业政策与推广部（DIPP：The Department of Industrial Policy & Promotion）负责该战略计划的实施，并设计了宣传画和 LOGO。

《印度制造》战略涉及 25 个行业：

汽车	汽车部件	航空	
生物技术	化工	生物技术	
建筑	国防制造	电子系统	
电力机械	食品加工	IT 和业务流程管理（BPM）	
激光	媒体与娱乐	矿业	
药业	港口与造船	铁路	
再生能源	公路与高铁	空间技术	
纺织与服装	热力工程	旅游业	无线通信

制定和实施《印度制造》国家战略的主要目的是鼓励跨国公司和印度本土企业在印度生产制造其产品，使印度在工业制造领域最终赶超美国和中国。

《印度制造》国家战略中所涉及的 25 个行业中有一个行业特别引人关注，即 IT 和业务流程管理（BPM）。印度政府已经把 IT 和业务流程管理当成一个行业，这正是印度的强项。从全球范围看，印度的 IT 外包技术、流程外包产业、IT 人员能力培训产业都遥遥领先于中国。

与中国提升国家制造业水平的国家战略相比，《印度制造》的国家战略有其特点和优势。印度人关注质量的角度和深度略显得比中国人老道和成熟。

第一，流程是所有制造企业的基础和命脉。提升制造业的最终目的是提升产品质量和服务质量，从而达到提升客户满意度和品牌知名度，而质量是建立在业务流程基础上的。质量是设计和制造出来的，不是检验出来的，要通过不断改进和优化业务流程来控制和提升。因此，印度把 IT 和业务流程管理（BPM）单独当成一个行业来提升和加强，势必为其他 24 个行业起到支撑作用。

第二，流程管理体系（BPM）只有在日本、美国和德国企业才会由一个单独设立的组织来管理。华为公司通过学习美式质量管理，在公司总部设立了质量流程 IT 部。全球卓越企业已经认识到了流程管理是如此重要，不得不由专门的组织来管理。这也就是为什么在全球市场上，欧美有很多咨询顾问公司专门从事流程优化和再造服务。

将《中国制造 2025》国家战略与《印度制造》国家战略放在一起比较，让我产生很多思考。

《中国制造 2025》国家战略的 9 项战略任务如下。

①提高国家制造业创新能力；②推进信息化与工业化深度融合；③强化工业基础能力；④加强质量品牌建设；⑤全面推行绿色制造；⑥大力推动重点领域突破发展，聚焦十大重点领域；⑦深入推进制造业结构调整；⑧积极发展服务型制造和生产性服务业；⑨提高制造业国际化发展

水平。

其中，第6项战略任务所涉及的10个重点领域为：①新一代信息技术产业；②高档数控机床和机器人；③航空航天装备；④海洋工程装备及高技术船舶；⑤先进轨道交通装备；⑥节能与新能源汽车；⑦电力装备；⑧农机装备；⑨新材料；⑩生物医药及高性能医疗器械。

在9项战略任务中，第2项“推进信息化与工业化深度融合”应该涉及IT；第4项“加强质量品牌建设”提到了质量但是很笼统，没有把质量、IT和流程管理（BPM）统一起来综合考虑。在10个重点行业中，也没有把流程管理（BPM）单列出来。这就说明我们的专家们在制定国家战略时，对于质量、流程和IT的理解还没有达成统一认识。

我认为，《印度制造》国家战略中强调的IT和流程管理（BPM）的特征，应该引起中国的关注和学习。

赶超中国

> 印度人喜欢讨论中国，除了对54年前那场中印边界战争耿耿于怀，还有他们对中国经济奇迹的羡慕和嫉妒。然而在中国，人们可能从来没有在乎过印度。
>
> 日本早稻田大学博士候选人　谢毅哲

2016年6月，我在网上看到一篇文章，题为“为什么中国绝不能忽视印度？”作者叫谢毅哲。谢毅哲是日本早稻田大学博士候选人，主攻亚洲经济。读博士前，曾供职于韩国企业银行投资证券、高盛集团和住友商社，曾在新德里的智库“印度国际经济关系研究委员会”做访问研究员。

谢毅哲先生在文章的开头写道：“无论是首都新德里的政策制定者，还是经济中心孟买的商界精英，不管是在印度北部的喜马拉雅山脉小镇，还是在印度南部的‘印度硅谷’班加罗尔，‘中国’都是一个茶余饭后的必谈话题。印度人喜欢讨论中国，除了对54年前那场中印边界战争耿耿于怀，还有他们对中国经济奇迹的羡慕和嫉妒。”

我认为，印度不是中国的敌人，而应是合作伙伴和战略联盟。

印度想赶超中国是有道理的。两个国家有很多相似之处。人口、资源、地缘（同处亚洲）、勤劳的劳动力、历史上都被列强凌辱过、愿意承担大国责任的精神等。但是，两个国家也有很多差异，如印度人力资源有极强英语语言优势，组织和个人执行力强，企业流程管理和质量管理文化根深蒂固等。

印度赶超中国既有动力，又有优势。在提升企业质量管理、打造全球品牌，特别是在 IT 服务业领域，印度赶超中国是有基础的。在企业全球化战略和跨国公司管理人才方面，印度已经领先于中国，例如全球《财富》500 强企业中，在西方跨国公司担任高管的印度籍高级职业经理人（CEO 级）人数远远领先于中国。

第三次质量战争

> 这是一场虚构的战争，但是，有可能成为现实。
>
> 作　者

我在本书第一章中谈到了质量战争，在第二章中谈到了质量革命。我认为，一个国家在完成了质量革命后，就会出现大批全球品牌企业和世界级水平的产品和服务，在全球市场上与已经占据霸主地位的国家展开竞争。

第一次质量战争是日本企业花近 30 年（1960 ~ 1980 年）进行质量革命后，于 1980 年到 1990 年，与美国企业在全球市场上展开的全面竞争。

第二次质量战争将会在中国完成质量革命（预计 2017 ~ 2025 年）后，中国企业与美日企业在全球市场上展开全面较量（2026 ~ 2035 年）。

第二次质量战争的前提是中国必须首先完成一场质量革命。中国国家战略《中国制造 2025》中提到了质量的重要性，国家《质量发展纲要

（2011 ~ 2020）》也提出了一些设想和目标，但是，我在国家“十三五”规划中没有看到未来5 ~ 10年或20年的国家质量战略。因此，我建议政府相关部门牵头，组织行业质量专家和企业资源一起参与，推动中国的质量革命早日到来。

中国的质量革命最好发生在2017 ~ 2025年之间，利用8年时间完成。这是我最乐观的设想。质量革命在日本用了近30年，在美国用了近15年。在中国，如果能用8年完成，那么，中国企业将会在第二次质量战争中取得整体优势。

第三次质量战争将会在印度企业与中国企业之间爆发。预计在2035 ~ 2045年之间。如果印度赶超中国的目标和战略得以成功实现（我预计需要10 ~ 20年），印度国家战略《印度制造》从2016年起开始实施，那么印度可能需要用20年时间才能完成。到了2036年，正好是中国企业与美日企业之间的第二次质量战争结束之时。我预计，中国企业将在第二次质量战争中取得全面胜利。中国企业将带着在全球市场获胜的动力，胸有成竹地与印度企业展开第三次质量战争。

但是，印度也有很多优势，例如IT服务业、流程设计与管理、企业国际化管理、人力资源和职业教育等。质量战争不只是拼谁的硬件设施和基础设施强，更要拼的是“软件”，如质量、品牌、流程体系和管理体系等。应对第三次质量战争，中国企业应提前做好全面准备。

第二次和第三次质量战争谁能取胜，完全取决于中国的质量革命是否成功。如果成功，中国企业将会在第二次质量战争中全面获胜。第二次质量战争获胜的经验和竞争优势，必将为中国企业在第三次质量战争中增加巨大的动力和持续的竞争优势。只要中国政府、行业和企业高效配合，虚心学习全球最先进的质量管理理念和方法，结合中国和全球市场不断变化的环境，持续创新自己的质量管理体系，必将能在第二次和第三次质量战争中获胜。反之，风险巨大，将遇到到严峻挑战。

第四章

丢尽脸面是好事

> 企业一把手（董事长或CEO）丢尽脸面之时，是该企业真正开始重视质量之日。
>
> 作　者

为什么有些中国企业的质量改进就那么难？为什么每年都有那么多重大恶性质量事故发生，有些还是重复发生？为什么一些企业对改善产品或服务质量无能为力，甚至熟视无睹？

根据我的观察，只有当企业的一把手（董事长或CEO）丢尽脸面时，该企业才会开始真正重视质量。

1 / 质量从董事会开始

> 质量从董事会开始。
>
> 戴　明

三星董事长大发雷霆

关于产品质量，三星公司在其发展的历史上曾经有过一段刻骨铭心的教训。

20世纪90年代，在国际市场上，三星的产品属于低档产品，在欧美国家的商场里往往被摆放在最不起眼的位置，灰头土脸。1993 年初，当三星总裁李健熙率领三星公司高管一行 23 人到美国洛杉矶参观访问时，顺便参观了当地最大的电子产品商场。这次参观，让李健熙和公司高管觉得脸面丢尽、无地自容，受到沉重打击。

在商场里，美国的 GE 和惠而浦，荷兰飞利浦，日本的索尼和东芝等世界一流产品光彩照人地摆在醒目的展台中央，而韩国三星的产品却灰头灰脸地躲在商场的一个偏僻角落里。

过了两周，在李健熙的授意下，三星公司高管在美国洛杉矶世纪广场饭店召开“电子部门出口产品当地品质比较评价会议”。在会上，三星公司把上述竞争对手的 78 种产品一一摆在会场上，与三星的产品进行比较与评估。竞争对手的产品有摄像机、电视机、冰箱、洗衣机、录像机、微波炉等。看着竞争对手的产品，无论外观、性能、质量还是品牌，三星的产品都只能甘拜下风。

李健熙在会场上对着三星公司高管们大声疾呼：“美国是世界上最大的市场，美国市场的成败决定我们的存亡。看看我们的现状吧，我们的产品在美国蒙上了灰尘。这样做，三星在 21 世纪还能生存吗？

“三星在 1986 年就已经灭亡了，我在 15 年前就已经感觉到了危机。现在不是怎样好好经营的问题，而是生与死的关头。我们的产品与先进国家的产品还有很大的差距，抛弃二流的精神吧，如果不争世界第一，今后将不会有活路。”

李健熙这番演讲，彰显出一位伟大企业家的远见卓识。

看看三星今天的成功（智能手机全球第一，半导体技术全球第一，液晶显示以及数据多媒体技术在全球领先），就不难理解，只有当企业一把手丢尽脸面时，这家企业才会真正想把质量搞好。

华为董事长公开认错

2010 年，华为公司董事长孙亚芳在华为公司的内部刊物《管理优化报》上面向公司全体员工发表了一篇文章。

该文章谈及她对公司在质量管理和客户满意度管理方面存在严重问题，特别是公司在对东南亚一个客户的项目实施上有重大失误而深感不安，并深刻阐述了自己因此获得的教训。

该文还特别讲述了她如何亲自出马处理该客户的投诉和抱怨，并坦诚接受客户对华为公司在质量管理和客户满意度管理上存在问题的批评。她反思道，这件事情真正触及了她的灵魂深处。

华为公司董事长能够有勇气正面承认质量管理方面的失误，并深刻反思，同时要求公司十几万员工吸取教训。这种态度和精神值得敬佩。

这家企业在电信行业能成为全球第一，并能被欧美高端客户接受，足以说明企业的质量管理和客户满意度管理已经处于全球领先地位。我作为华为公司的前首席质量官，对孙亚芳董事长敢于承认错误的魄力也深感敬佩。

慕思CEO怒砸次品床

海尔公司历史上有过董事长带领全体高管一起“砸冰箱”的故事。据说，那把砸冰箱的大锤目前收藏在中国国家博物馆内。

与海尔公司一样，慕思公司为了让企业的管理者和员工从质量困局中大觉醒，2012年夏季，CEO姚吉庆当着全体员工的面怒砸不合格的床具，极具震撼力，给慕思全体员工上了一堂生动的质量意识课。

2012年4月，我开始帮助慕思公司实施为期一年的质量变革项目。该公司经过17年的发展，已经从一家普通的寝具企业发展成为年业务收入达几十亿、在职员工两千多人的中型企业。当企业发展到一定规模时，为了顺利从集体领导期向正规化期过渡，实现更宏伟的目标，并能让产品和服务不断满足国内外客户特别是高端客户的需求，慕思公司决定进行一场质量变革。

为了配合公司提出的全球品牌战略，CEO姚吉庆聘请我为慕思公司的质量顾问，并于 2012 年到 2013 年开启了一场质量变革。

作为顾问，我通过尽职调查，提出了一套完整的质量变革方案，设计了七个质量改进项目组。这七个质量项目改进组基本上覆盖了慕思公司的主要业务：①研发；②采购；③来料检验；④生产；⑤售后服务；⑥客户满意度管理；⑦公司质量管理体系。

慕思公司进行质量变革的驱动力来自公司董事长王炳坤和 CEO 姚吉庆坚定不移的决心。但是，各级中高层管理者和员工固有的传统思维，也形成了一些阻力。这次 CEO 姚吉庆怒砸不合格产品的举动，真正让慕思全体员工从梦中惊醒。只要一把手有决心提升质量，在变革顾问的指导下，通过质量变革项目成员的共同努力，该企业就一定能够实现产品质量和服务质量提升的目标。

慕思公司现在已经成为国内外寝具行业的一流品牌，其高端产品畅销欧美和亚太市场。慕思公司在通往全球品牌的道路上向前迈出了一大步。

摩托罗拉质量危机潜伏已久

1995 年秋，我在美国摩托罗拉公司南美总部（设在亚特兰大）实习两个月后回到了北京。

此时，摩托罗拉公司在中国市场上的业务几乎到达了顶峰，无论网络设备业务销售还是手机业务销售都创造了历史新高。但是，我作为摩托罗拉公司大中国区网络工程部的负责人，在每天与客户打交道的过程中，听到客户的反馈却完全是另外一种声音。

“摩托罗拉，拖拖拉拉。”这是客户给摩托罗拉公司大中国区的称呼。由于移动通信产品在中国区的快速扩张，摩托罗拉公司大中国区的组织结构渐渐庞大，官僚主义盛行，部门壁垒增大，整体运营效率低下。摩托罗拉公司大中国区的客户服务质量已经无法满足客户的需求。快速增长的业务表象掩盖了内部质量管理的严重问题。此外，由于摩托罗拉公司大量派遣亚太区域的中高级管理者进入中国区工作，公司在中国市场的管理本土化战略流于形式。

看到当时的局势，我向摩托罗拉（中国）公司总裁赖炳荣先生发了一份题为《摩托罗拉公司的危机》的信。赖炳荣总裁在接到信后的第二天请我一起吃饭并商谈我反映的情况。

“你提出的这四点危机很中肯，也很重要。我们需要研究一下。感谢你能站在公司的角度反映情况。非常感谢！”

其实，摩托罗拉公司的质量危机潜伏已久。

不仅在中国市场，在全球其他市场上，摩托罗拉公司开发的网络产品已经开始偏离客户的需求。由于投资战略失误，摩托罗拉公司长期没有自己的交换机核心技术和产品。在手机产品的开发领域，摩托罗拉公司长期以工程师的要求为导向，而不是以客户的需求为导向。在模拟技术向数字技术的转变中，公司丧失了市场主动权。

摩托罗拉公司的服务质量也已经不能体现公司的核心价值观，即全面客户满意（TCS）的内涵了。客户投诉处理速度减慢，售后服务质量开始下降。

由于摩托罗拉公司的全球战略失误，到 2000 年末，公司高层虽然试图力挽狂澜拯救公司，并重振公司的昔日雄风，但积重难返，已经回天无力了。

2000 年底，我主动辞职离开摩托罗拉（中国）公司。那时，我已经能感觉到公司危机四伏。有部分员工开始坚持在摩托罗拉过“养老”生活，有部分员工开始在公司内部寻找稳定部门和稳定职位。员工四处求生存的趋势表明了公司离裁员的日子不远了。

2012 年，摩托罗拉公司将自己的手机业务卖给了谷歌公司。2013 年，摩托罗拉公司又将自己的网络设备业务卖给了诺基亚公司与西门子公司合资企业诺西公司。

摩托罗拉公司在 1995 年的鼎盛期时，员工约有 15 万人，到了 2013 年底公司不断裁员后，仅有 6 万人左右。

我在摩托罗拉公司工作了八年多，目睹了一个帝国的兴起与衰落。这个曾经因开发六西格玛质量管理方法而享誉全球，并获得过美国国家质量奖的《财富》500强企业为什么会沦落到这个地步？其成功经验和失败教训值得中国企业深思。

中石化董事长无颜面对

2013年11月23日，中石化董事长傅成玉就“青岛油管破裂事故”道歉。这是一起重大责任事故。事故共造成63人遇难，156人受伤，直接经济损失7.5亿元。

2013年12月21日，是11·22中石化青岛东黄输油管道爆炸事故后的第30天。青岛开发区的居民已经恢复生活，受损坏的学校修复工作已经接近尾声。在泄漏原油的海滩，污染开始显现，居民养殖的螃蟹和鱼虾受污染海水影响开始大量死亡。

中石化公司的质量管理处在什么水平？打开中石化公司的网站，可以看到这样一条内容：

每年4月7日是中国石化质量日。遵循“质量永远领先一步”的质量方针，集团公司各企业健全完善质量管理制度，精心管理，扎实工作，努力实现“质优量足，客户满意”的质量目标，履行“每一滴油都是承诺”的社会责任。

再看一下中石化公司网站上发布的组织结构图，在集团层面是找不到“质量保障管理部”或“质量保障管理局”这样的部门的，只有一个“安全监管局”。该部门的职责应该包括了质量保障管理的工作和职责。

如果“质量”这两个字没有出现在公司层面的组织结构图中，很难想象这家企业的质量管理成熟度有多高。

2014年1月9日，国家安全监管总局新闻发言人黄毅指出，青岛输油管道燃爆事故暴露出四方面的问题：隐患排查治理不认真；应急处置不力；违规违章作业；事故地段规划设计不合理。

2014年1月10日，中央电视台报道，国务院给予中石化董事长傅成玉行政记过处分。如果一家《财富》500强企业在其组织结构上没有质量保障部门，在集团公司和各级分公司没有建立和完善质量管理体系，该企业的董事长将无颜面对其利益相关者（股东、客户、员工、政府等），更无颜面对在本次事故中失去亲人的家属。企业一把手一定要吸取这个血的教训。

2 / 什么是质量

如果一个企业的各级员工连质量的定义都描述不清楚，可想而知质量概念的描述在企业中有多难。

作　者

质量或许是一个十分令人困惑的概念。无论是咨询专家还是企业家对“质量”的定义都尚未达成共识。

詹姆斯·R. 埃文斯（James R. Evans）

《质量管理和质量控制》联合作者

2008年4月，我经过任正非总裁面试后加入了华为公司，担任华为公司的全球技术服务副总裁。2010年8月的某一天，我接到华为公司轮值CEO徐直军打来的电话，受命担任了华为公司首席质量官，并兼任公司客户满意与质量委员会（CSQC：Customer Satisfaction and Quality Committee）副主任，主持CSQC的日常工作。该委员会主任由徐直军兼任。

在一次 CSQC 月度例会上，徐直军讲道："我们公司搞了这么多年的质量管理，竟然在全公司上下没有一个统一的质量定义。请公司质量部负责把质量定义的文字描述在全公司统一发布和宣传。"

这一席表述，当时让我感到非常惊讶和纳闷。为什么徐直军让现在的公司质量部写出质量的定义并在全公司发布呢？为什么在我接手公司质量部之前不做这件事情呢？难道华为这样一家著名的中国公司竟然连质量的定义都没有搞清楚吗？显然不是。只是质量的定义五花八门，公司上下对质量的定义从来没有统一过。

的确，用文字描述质量的定义并非易事，有时候甚至让人很难理解。

拗口的定义

质量的哲学、质量管理的方法论和工具都是舶来品。翻开国际标准组织（ISO：International Organization for Standardization）对质量的定义，就不难理解为什么对于一般中国企业的员工来说，质量定义是多么绕口和难懂。

ISO9001 对质量的定义是这样描述的：Quality is a degree to which a set of inherent characteristics fulfills requirements.

如果直接翻译成中文的意思是：

质量就是一组固有特性满足要求的程度。

还有其他的英文质量定义，如：Quality is the degree to which an object（entity）[e.g., process, product, or service] satisfies a specified set of attributes or requirements

翻译成中文的意思是：

质量是指某一物品或实体（例如流程、产品或服务）满足一定特性或要求的程度。

就这么一个定义，难倒了大批的中国企业。这个"洋玩意儿"的翻译不仅绕口，更主要的是文字描述太学究了。

如果不能真正理解质量的定义，那又怎么能搞好企业的质量管理呢？一个企业的质量管理是否能搞好，企业一把手和高管对质量的理解非常重要。

让我们看看下面两类企业对质量的定义：

类型1

大多数中国企业采用的是从ISO9001翻译而来的质量定义。由于没有深入研究过该定义会给企业的质量管理带来什么问题，这些企业的管理者也就麻木不仁地使用着该定义，也没有人追问为什么该定义会给企业带来问题。

“质量是一组固有特性满足要求的程度。”对于一般员工来说，很难理解其真实的含义。首先，什么是“固有特性”？很抽象。其次，什么是“要求”？客户要求，还是公司要求？当公司的要求与客户的要求不一致时又怎么办？第三，什么是“程度”？达到80%算合格，还是达到90%算合格，或达到99.9%算合格？

摩托罗拉公司为了让员工能理解质量定义中“满足要求的程度”，在开发出提升质量的六西格玛方法论后，又在全公司提出了“五个九”概念，即产品合格率或客户满意度要达到99.999%。

如何对待“满足要求的程度”，也能反映出一个国家或民族的质量文化来。德国人展现的是工匠精神，日本人展现的是精益思想，美国人提倡的是“零缺陷”，而国人文化中则有一种“差不多啦”“足够好了”的口头禅。

随着全球工业的发展，客户对质量的要求在不断提高。例如，20世纪30年代，美国康宁玻璃公司提供给客户的产品如果有1%的缺陷率，客户是可以接受的。到了20世纪80年代，很多领域“满足要求的程度”已经开始用每百万单位（PMP：Per Million Parts）来描述了。这就是六西格玛质量提升方法论对社会的贡献。

1987年，康宁玻璃公司的产品缺陷率达到了0.1%，即每100万件中只有1000件有缺陷，这时才能满足客户的要求。而其竞争对手索尼则可以达到每 100 万件产品中只有 100 件有缺陷。

20 世纪 80 年代后期，德国保时捷公司的供应商提供的零件缺陷率为每 100 万件中有 1 万个是次品（无法使用）。而其竞争对手日本丰田的供应商，提供的零件缺陷率为每 100 万件中只有 100 个是次品（无法使用）。

毫无疑问，采用 ISO9001 的定义往往不仅会给员工带来困惑，更会导致企业的质量管理混乱。为什么？因为按定义，员工很难理解“要求”是顶头上司的要求，客户要求，公司要求还是与你合作的兄弟部门的要求。

一般来讲，公司的要求往往体现在考核指标（KPI）、部门之间的利益博弈和平衡上。有时候，为了公司的 KPI 和部门的利益之争，客户的要求以及公司对客户的承诺会被放在一边或彻底忘掉。这就造成了企业偏离以客户为导向的目标，并会导致公司整体的管理成本增加，客户满意度降低。

不清晰的质量定义，会导致不同的员工有着不同的理解。不同的理解就会有不同的业务行为，不同的业务行为就可能会导致产品或服务的质量下降。

另一方面，有些企业错误地认为，质量的提升与成本的上升是成正比的，即客户对质量的高要求往往会导致企业的成本上升。也就是说，提升质量和提升客户满意度会增加企业的成本。这是一种错误的概念。

公司的 KPI 中往往要求各业务部门降低成本。怎么降？有些企业就采取偷工减料或偷梁换柱的办法或在选择供应商时以价格作为主要指标，报价最低者中标。这样的行为最终可能会导致客户认为你有诚信问题。更严重的后果是丢失客户和市场。

企业提升产品或服务质量和质量管理水平，应从其他方面采取措施，如在流程优化、业务模式改进、人员技能水平提升、采用标准器件等方面下功夫。

当然，也有些企业真正理解了质量的含义后，就把质量直接定义得更加简单明了，易读易懂。

类型 2

“质量就是满足或超出客户的要求。”

这个定义是我与华为各级员工多次讨论后而确定的质量定义。这是一个以客户为中心的质量定义。员工看到此定义就比较容易理解。

关于“满足”，到底要满足到什么程度？当然，员工就容易理解成为要满足到“让客户满意为止”。这个定义的好处是至少把“要求”锁定在客户的要求上。只要满足客户的要求，企业的质量管理方向就不会出错。当然，客户的要求是在不断变化的，也是在不断提升的。这就需要企业对客户满意度进行管理。企业可以通过管理客户的期望值来管理客户满意度。

管理客户期望值就是对第 2 类质量定义的最好理解。

由此可见，在中国，很容易出现对西方管理学习或模仿不到位的现象。要么曲解其含义，或断章取义；要么盲目地接受。

即便在美国，质量的定义照样也难倒了大批企业。

一项研究表明，当向美国东部 86 家企业的经理们提出一个要求，让他们给出质量的定义时，得到的竟是 10 多种不同的答案。

1978 年，美国国家标准研究院（ANSI）和美国质量协会（ASQ）规范了质量术语的定义：

> 质量是表征产品或服务满足给定需要能力的特征和特性的总和。

这又是一个多么苦涩绕口的学者范儿的定义啊！

我注意到，1978 年，正值美国企业领袖们为找不到提升质量的有效方法论和工具而苦恼，全国上下笼罩在被日本人不断进攻而节节败退的低落情绪之中，此时美国国家标准研究院和美国质量协会给出的质量定义显然不能让美国企业的领袖们信服和满意，反而增加了企业对质量管理的烦恼。

令美国人欣慰的是，1979 年美国质量专家菲利普·克劳士比在其《质量免费》一书中给出了质量的定义，才让美国的企业领袖们看到了希望并重新找回了信心。

让我们学习一下美国质量专家们对质量的实用定义吧。

质量专家对质量的定义

①戴明的定义：如果某项产品或服务足以对客户有价值，并且拥有市场——既好用又可长久，它就是有质量的。也就是说，质量就是满足客户与市场的需求。

戴明认为，质量是设计和制造出来的，不是检验出来的。通过持续不断地改进生产和服务系统，才能改进质量和生产率，从而不断降低成本。同时，质量必须从客户的观点出发加以考虑。质量是从客户的观点出发，加强到产品上的东西。

②朱兰的定义：质量就是满足要求。100% 地满足。

朱兰认为，产品在使用期间能满足使用者的要求就是质量。

③克劳士比的定义：质量就是第一次就把事情做对。零缺陷。

克劳士比认为，质量就是符合要求（产品和客户的要求），而不是好。质量不是工人的职责，很多低质的产品来自管理者设定的标准。大部分质量问题是管理层的错误而并非工作层的技巧问题。总的来说，他认为管理层控制的缺陷占所有质量问题的 80% 还要多。

克劳士比非常想让人们知道：质量的体系是预防，而不是检验和救火。

④笔者的定义：质量就是满足或超出客户的需求。

这个定义就是让客户定义你的产品质量或服务质量，让客户来驱动你的产品质量或服务质量的改进。既然质量的定义如此重要，那么在企业中，由谁来负责此项工作呢？显然是公司质量部和首席质量官。

首席质量官的首要任务是要在企业上下发布一个统一的质量定义的文字描述。该文字描述显然能起到在全公司上下统一认识，统一概念，提高沟通效率的作用。

这也就是 2010 年华为公司副董事长、轮值 CEO 徐直军让我负责向十几万华为员工发布统一的质量定义的原因吧。

真可谓“英雄所见略同”，当我在 2012 年翻阅埃文斯的《质量管理和质量控制》一书时，发现该书对质量的定义与我的定义极为相似。《质量管理和质量控制》一书称，20 世纪 80 年代末，美国开始采用一种更简洁、更有力的客户驱动的质量观，它可以表述为：

质量就是满足或超越顾客的期望。

期望（expectation）与需求（requirement）在字面上的含义有所不同。期望可以高可以低，但需求只有一个。如果客户的期望值高于需求，则即使你的产品或服务质量达到了需求，也不一定能让客户感到满意。如果客户的期望值低于需求，则你的产品或服务质量达到了客户需求时，那么客户肯定满意。

这就说明，质量管理的重点是要管理好客户满意度，而管理好客户满意度的基础是管理好客户期望值。由此看来，质量的定义包含很多内容，一个简单的定义却蕴藏着深刻的思想和逻辑。

作为本章的总结，我提醒企业的一把手们，行动起来，你自己或让你的首席质量官或质量总监立即明确质量的定义，并在全公司以文字描述正式发布和实施。这个行动将会给企业带来巨大的价值和益处。

第五章

全面质量管理

全面质量管理不仅是个管理工具，正像其通常应用的那样，全面质量管理已经成为不可缺少的提高质量水平的管理哲学。

杰瑞米·曼（Jeremy Main）

《质量战争》（Quality Wars）作者

现代质量管理的方法论诞生于美国AT&T公司。

20世纪20年代，质量的种子播种于AT&T公司的贝尔实验室。

统计过程控制（SPC：Statistical Process Control）之父、戴明的老师沃尔特·休哈特在贝尔实验室首次提出用统计过程控制方法来提升质量。这位美国物理学家和工程师播下了质量管理的种子。

“质量保障”（Quality Assurance）是贝尔实验室负责开发统计质量控制（SQC：Statistical Quality Control）方法的团队首次提出的。这个团队成员由沃尔特·休哈特、哈罗德·道奇、乔治·爱德华兹和爱德华兹·戴明等组成。

20世纪50年代，来自贝尔实验室的阿曼德·菲根鲍姆提出了全面质量控制（TQC：Total Quality Control）的概念。到了20世纪70年代初，全面质量管理已经在日本生根、发芽、开花和结果。日本人接受了菲根鲍姆的理念，并认为是自己把全面质量控制（TQC）演绎和升级成全面质量管理（TQM）。1981年，石川馨出版了《什么是全面质量控制？日本模式》。他是日本科学家和工程师联盟（JUSE）成员、根因分析图发明者。

石川馨对全面质量控制的定义如下。

全面质量控制的目标就是要在研发、设计、生产和服务领域以最经济、最实用的方式让客户满意。要实现这个目标，企业中的每个人必须参与和倡导质量控制，包括企业的高层、各个部门的主管和所有一线员工。

石川馨认为，通过全员（包括总裁）参与的全面质量控制，任何企业都可以创造更好的产品和服务，并可以增加销售，提升利润，能使企业成为优良的组织。

全面质量控制的概念是在企业各个部门的努力下，建立一个集成的质量计划、质量维护、质量改进体系。这个体系能使企业的产品和服务在完全使顾客满意的前提下获得最佳经济效益。

其实，全面质量控制还是小质量概念。随着日本人对全面质量管理的实践不断深入，石川馨给出了日本人关于全面质量管理的定义。

全面质量管理（TQM）是全公司性质的综合质量管理，是全员参与的质量管理，进而是经营的质量管理。

日本人认为，质量管理应该是“全公司范围的质量控制”，并从五个方面进行了实践：①对质量的重视延伸到了市场分析、产品设计和客户服务，而不是只限于产品的生产阶段。②每个部门的工作，从高层主管到基层文秘都要重视质量。③质量是每个人和每个部门的职责，而不只是质量部或检验部的工作。④客户定义你的产品质量。只有客户满意和被激励，客户才有可能重复购买你的产品。⑤除了最终客户（消费者）外，在全面质量管理理念下，内部客户也应是服务对象。每个原材料、零部件、半成品对应的每一个内部客户（个人或部门）在完成了该道工序、向下道工序传递时，对待下游个人或部门要像对待终端客户一样重视。

日本人不仅真正理解了全面质量管理的概念，而且可以清晰地定义出全面质量管理的方法。而真正令美国人惊讶的是，在日本企业中，所有部门和人员的业务活动与日常行为，如市场推广、销售、客户服务、供应商管理、生产与制造、研发、人力资源、财务、行政、后勤等，都在应用全面质量管理的方法进行工作。

图 5–1 为一家日本企业的 TQM 图示。

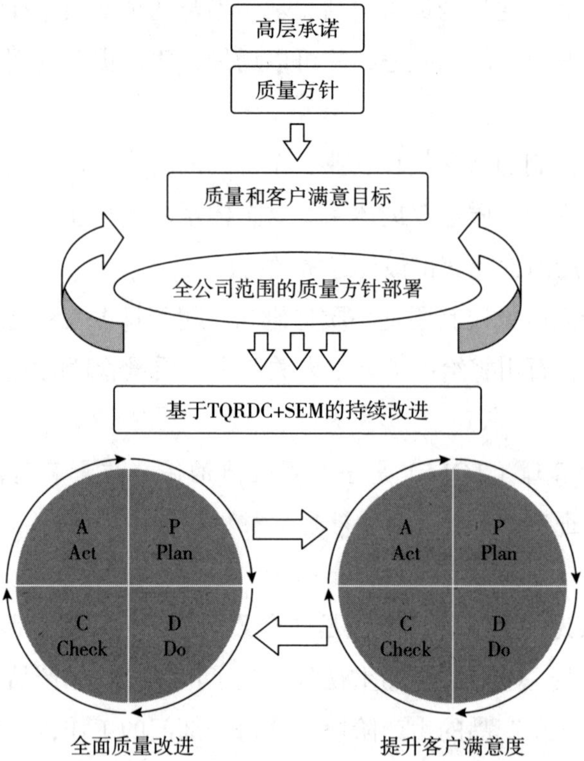

图 5-1 一家日本企业所理解的 TQM

注：TQRDC：技术、质量、责任、交付、成本；SEM：安全、环境、道德。

在美国质量专家戴明、朱兰、菲根鲍姆等指导下，日本企业的整体质量水平到了 20 世纪 80 年代得以大幅提升。全面质量管理的哲学、方法论和最佳实践在日本企业结出了丰硕的果实。但是，全面质量管理在美国质量革命的前期，在大量美国企业进行质量变革的应用中，效果却是苦涩和清淡的。

1 ╱ “小质量”与“大质量”

> “小质量”将质量视为技术范畴，而“大质量”将质量与商业范畴联系在一起。
>
> 朱兰 美国质量专家

在一般人的概念中，一提到质量，马上就会想到的是产品质量或服务质量，然后就会联想到技术与研发、生产或制造。这就是所谓小质量的概念。

朱兰认为：“小质量”将质量视为技术范畴，而“大质量”将质量与商业范畴联系在一起。朱兰关于大质量管理的概念已经跨出了生产制造工厂的围墙。朱兰认为，大质量不仅包括生产制造流程，而且还包括销售和服务，而所谓大质量管理就是全面质量管理。

朱兰在一次采访中明显地表达出对美国一些企业领袖们所持有错误质量理念的不满。朱兰指出：美国企业中负责销售的管理者所面对的质量问题，与其他领域管理者所面对的质量问题没有什么不同。美国企业的销售经理们没有理由这样说：在工程技术领域所采用的流程优化方法不能应用到销售流程的优化中。但是美国企业的销售经理们总是找理由讲：“我们需要减少出错率。这得花费我们很长的时间啊……”

20 世纪 80 年代初，在大多数美国企业中，市场和销售经理们对质量管理的理念还停留在朱兰所描述的小质量阶段。

为什么全面质量管理在日本能获得成功，而在美国却遇到了困难呢？

第一，在 20 世纪 80 年代，全面质量管理虽然已经有了完整的理念和哲学思想、方法论和部分工具，但是如何把全面质量管理用一套系统的、完整的管理体系去描述，这方面的经验还显得单薄。

第二，戴明的老师沃尔特·休哈特提出的统计过程控制（SPC）方法强调，只有对流程的监控和完善才有提升产品质量的可能，产品的质量不是靠检验来提升的，而是从产品设计、制造和服务等流程环节层层把关才能得以提升的。但是，在应用中，如何通过质量变革把全面质量管理体系“镶嵌”到已有的企业管理体系中，才是最关键的环节。在这个“镶嵌”过程中，美国人还没有找到最佳实践的突破口。

第三，日本人成功应用全面质量管理，最重要的经验是“自上而下”的模式，即先从高层开始“洗脑”和培训，进而由高层驱动质量变革。而美国人则相反，一开始采用的是“自下而上”的模式，即高层把质量管理的职责委托给下级或专家，让基层或技术专家参加质量培训，而高层并不亲自参加质量培训。

第二次世界大战前，戴明花了大量的时间给美国军方和相关企业进行质量培训，而参加者只有基层或技术人员。戴明为此大为恼火，认为这是他的一次失败和教训。戴明后悔没有一开始就坚持从高层开始培训，导致美国企业走了一段弯路。

第四，美国企业领袖们总想找到一种快捷和迅速见效的质量改进方法或“灵丹妙药”。殊不知，全面质量管理方法论的最关键环节，就是首先要求企业的一把手和高层改变原有的工作模式和习惯。这个关键环节的缺失，就成了美国企业快速应用好全面质量管理的最大障碍。

即使日本企业在全面质量管理的应用中取得了巨大成功，但是，日本人对全面质量管理体系的描述和最佳实践并没有上升到理论的高度，可以让美国企业得以快速复制。

根据美国盖洛普公司（Gallup）1989年对《财富》1000强企业总裁的调查，只有26%的企业认为实施全面质量管理后取得了明显的质量改进。1991年，美国另外一家名为观点研究公司（Opinion Research Corporation）的市场调查公司，对企业总裁进行抽样调查发现，尽管93%的企业接触过全面质量管理，但是其中只有 36% 的企业认为实施全面质量管理后见到了效果；62% 的企业认为未来可能会见到效果。

为了更好地在美国推广应用全面质量管理，1992 年，由美国九家大企业的董事长和 CEO、著名大学的商学院、工学院院长以及著名咨询顾问和专家联合推出了美国人的全面质量管理定义。

全面质量管理是一个以人为中心的管理体系。它致力于在不断降低成本的基础上，不断提升客户的满意度。

全面质量管理是一个综合的系统方法（而非一个孤立的领域或项目），是企业公司级（高层级）战略的组成部分。它横跨所有的职能部门，涉及所有员工，延伸到供应商管理和客户满意度管理。

全面质量管理强调不断学习和持续质量改进。

随着美国质量革命的不断深入，美国企业逐渐对全面质量管理有了新的认识。尽管有媒体报道过美国一些企业应用全面质量管理不成功的案例，批评其有负面作用，但是，越来越多的美国企业开始觉醒并渐入佳境。

1993 年，达尔塔咨询集团（Delta Consulting Group）对 106 家美国企业调查后发现，全面质量管理对企业的质量改进起到了正面的作用。很多美国企业已经看到了全面质量管理是一种强有力的提升质量的方法论、工具和管理体系，并承诺未来继续使用该方法改进质量。

另外，美国《工业周刊》（IndustryWeek）、智睿咨询（DDI：Development Dimensions International）和质量与生产力管理协会（Quality & Productivity Management Association）联合对北美 536 家美国企业中的 56% 进行抽样调查，其调查报告显示，大量的企业实施全面质量管理取得成功，并把其作为商业战略。不过，只有 24% 的企业实施全面质量管理超过了 3 年。换句话说，全面质量管理的应用还有待于继续努力。

我在为中国企业提供质量管理变革的咨询服务中发现，绝大多数中国民营企业还处于小质量管理阶段。许多企业对于全面质量管理的哲学、理念、方法论、工具和管理体系还没有清晰的认识，关键是没有接触全面质量管理培训的机会。

我花了一年时间为中国寝具行业领头羊慕思公司进行了第一级的质量变革项目实施，初步建立和完善了慕思公司的质量管理体系。同样，我花了一年时间为中国最著名的“女鞋之王”艾民儿集团提供了第一级的质量变革项目实施。

这两家民营企业分别在家具（特别是高档床垫）行业和女鞋（高档奢侈品女鞋）行业首次开始从小质量管理迈向大质量管理（全面质量管理），已经在提升产品质量和服务质量方面尝到了甜头，特别是提升企业品牌、提升客户满意度、增加营业收入、提升市场占有率方面，看到了显著的效果。慕思公司的产品已经打入美国、澳洲、欧洲等发达国家和地区；艾民儿集团的女鞋远销意大利、德国、俄罗斯等国家。

由此可见，全面质量管理不仅适用于日本企业和美国企业，在中国企业也能获得成功。

中国企业的一把手们已经开始认识到，全面质量管理涉及企业所有部门和人员的业务、活动和行为。不仅涉及生产与制造、研发，而且也涉及市场推广、销售、客户服务、供应商管理、人力资源、财务、行政、后勤等等。

2015 年，任正非在华为公司质量工作汇报会上发表讲话，阐述自己对全面质量管理的看法：

> 目前公司在质量问题上的认识，仍然聚焦在产品、技术、工程质量等领域。而我认为质量应该是一个更广泛的概念。我们沿着现在的这条路，要走向新领域的研究，建立起大质量管理体系。

任正非所说的大质量管理体系，也就是全面质量管理体系。

2 / 美国的做法

在第二次世界大战期间，美国军方开始采用由贝尔实验室开发的统计质量控制（SQC）方法，并为供应商制定了严格的质量标准。美国国防部和战时生产委员会为美国军工企业和供应商免费提供统计质量控制方法的培训。但是，这些培训收效甚微。在培训讲师的队伍中，戴明便是成员之一。

戴明后来认识到，他只是为工程师和工厂的工人讲授统计质量控制，这是浪费功夫，永远无法解决根本性的质量问题。他本来想为高层管理者教授统计质量控制课程，但是，他的努力在美国被忽视了。

1945 年，美国人阿曼德·菲根鲍姆撰写了《全面质量控制》（Total Quality Control）一书，引起美国军方的注意。菲根鲍姆曾担任过美国通用电气（GE）生产运营总监。在 1961 ~ 1963 年担任美国质量学会（ASQ）主席。

美国管理界认为，1985 年，美国海军把全面质量控制（TQC）发展成为全面质量管理（TQM）。

1984 年，美国海军航空系统指挥部要求民间研究人员帮助其评估统计过程控制（SPC）方法，并对几名杰出质量咨询顾问的研究成果进行评估，以期得到一些提升海军运营效率的方法和建议。美国海军航空系统指挥部得到的专家建议就是采纳戴明的质量哲学和方法论。1985 年，美国海军部把这一项目的成果命名为“全面质量管理”（TQM）。

自此以后，TQM 渐渐地与量化质量成本、TQC、可靠性工程和零缺陷等方法融合，形成了较为系统的 TQM 体系。这使得美国在品质竞争方面获得优势。之后，全面质量管理在美国联邦政府上下流行起来。其结果是，1987 年建立美国国家质量奖，1988 年成立了美国联邦质量学院。美国政府许多部门和军方都采纳全面质量管理方法，包括美国国防部、美国陆军和美国海岸防卫队。

为了与日本企业竞争，也为了能获得联邦政府的项目，美国民营企业也纷纷采纳全面质量管理方法，因为全面质量管理方法不仅涉及供应商管理，而且涉及流程改进。

美国军方、政府、民营企业达成共识，认为全面质量管理的主要要素如下：以客户为中心、全员参与、聚焦流程、集成的管理体系、战略和系统方法、持续改进、基于事实的决策、沟通。

图 5-2 是美国人对全面质量管理的图示解释。

全面质量控制（TQC）与全面质量管理（TQM）的区别在于，前者更关注生产流程和过程的质量控制，而后者更关注全公司的质量保障和质量提升，包括财务和人力资源等。

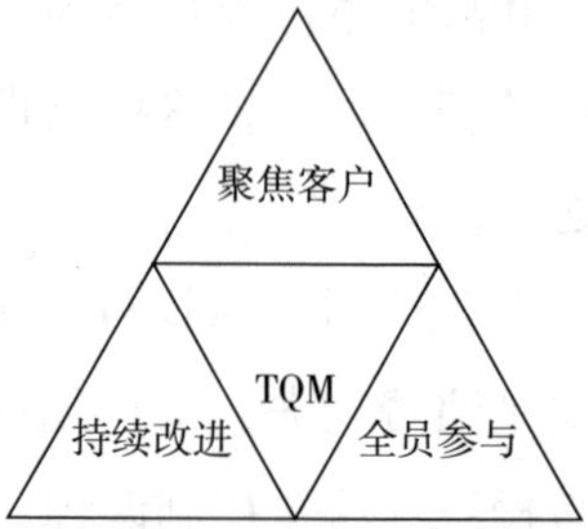

图 5-2　美国人对 TQM 的解释

我认为，全面质量管理的优点是能让组织的管理者和全体员工聚焦在客户的需求上，可以建立一个全面的质量管理体系。但是，全面质量管理不是一种可进行自我审计和外部审计的质量管理体系，无法量化其执行的效果。这正是全面质量管理的软肋。

尽管全面质量管理已经成为美国军方的良药，但是，无论是在日本、美国还是在中国，全面质量管理在任何一个组织中能否应用成功，关键在于是否对该组织的高层进行过“洗脑”。

3 / 高层洗脑

> 公司进步的最大障碍，往往就是管理层的顽固不化。
>
> 克劳士比

20世纪80年代，美国的工商界已经意识到全面质量管理是运营企业的好方法。全面质量管理不仅提升了企业的市场份额，而且成为企业进入新市场的入场券。客户更期待它。越来越多的美国企业高层开始觉醒：质量是每一个员工的责任，特别是企业一把手的责任。质量不仅涉及企业的产品和服务，而且涉及企业所有的活动。质量改进应该是持续的。

但是，实际上，美国企业实施全面质量管理的真正障碍却来自企业高层。戴明认为，“94%的问题是管理者的问题。因为管理者可以改变体系。”朱兰也有同感，他认为，“大部分质量问题是管理层的错误而并非工作层的技巧问题。总的来说，管理层控制的缺陷占所有质量问题的80%还要多。”

根据相关报道，日本几乎所有大企业的高层都在二战后聆听过戴明的质量管理讲座。日本人已经认识到了要改进质量，就必须从高层开始洗脑。但美国企业在学习日本企业如何提升质量时，忽略了从高层开始这一规律。

美国企业的高层一开始认为质量的提升是基层和中层的事情，而没有把质量管理上升到企业的战略高度来考虑。随着美国企业界质量革命的不断深入，高层开始猛然觉醒。

朱兰认为，提升质量的重要因素有：①最高管理层的参与；②质量知识的普及与培训；③质量实用性的定义；④质量改进在每个项目中的运作方法。

根据我对中国企业进行大量质量管理培训、实施质量变革项目的经验，我认为，在中、美、日三国企业中，企业高层、中层和基层对质量的重视程度和培训内容的确有所不同。表 5–1 展示了中、美、日三国对质量培训的不同观点和行为。

表 5-1　　日、美、中三国对质量培训的不同观点和行为

日本	美国	中国
从高层开始培训	早期：高层培训受阻 后期：重视高层质量培训	从基层开始培训，高层不参与培训
重视中层培训	中层接受质量专家培训	专家青睐技术培训
大量普及基层培训（例如成立 QCC）	基层接受大量质量培训	高层不喜欢质量培训

我认为，任何组织（无论是政府、企业还是非营利组织），如果想要建立质量管理体系，提升质量水平，就必须从该组织的高层洗脑开始。

关于对高层洗脑，美国企业的案例值得深思。

当第一次质量战争处于白热化阶段时，很多美国企业为了探索日本企业质量管理的成功秘诀，派出了大量人员到日本“取经”。早期美国企业到日本“取经”结论是：日本企业质量管理的成功在于日本企业的质量圈（QCC）。

这一假象导致很多美国企业领袖经常把质量管理的工作委托给下属（副总裁或中层），或把质量管理工作代理给其他高层管理者，而高层管理者又把质量管理工作委托给中层管理者，中层管理者指望着基层员工自发地改进质量。而当美国企业的 CEO 们领取高薪，只关注投资者的情绪、财务数据和股价的涨跌时，全面质量管理不可能在美国企业生根、开花和结果。

当时，美国的企业领袖们只想找到提升质量的神奇药方，而并非真正关注提升产品和服务质量。日本科学家与工程师联盟（JUSE）的顾问渡边英造曾经说道，“日本企业的CEO与美国企业的CEO之间最大的差别在于，日本企业的CEO给企业带来的是利润的回报，而美国企业CEO则尽己所能地圈钱。”

美国摩托罗拉公司的原董事长兼CEO罗伯特·高尔文（Robert Galvin）警告美国企业的CEO们：CEO必须把质量放在个人的首要位置。CEO必须帮助员工在其所从事的工作中也把质量放在首要位置。

4 / 大质量体系

> 华为最重要的基础是质量，我们要从以产品、工程为中心的质量管理，扩展到涵盖公司各个方面的大质量管理体系。
>
> 任正非

当华为公司规模较小时，在质量管理方面一直沿用的是小质量概念，即公司上下的质量管理主要聚焦在产品质量和工程交付（售后服务）质量上。

2016年8月，任正非访问了华为日本研究所，并与当地员工进行了座谈。座谈会上，任正非提出，“华为最重要的基础是质量，我们要从以产品、工程为中心的质量管理，扩展到涵盖公司各个方面的大质量管理体系。大质量管理体系需要介入到公司的思想建设、哲学建设、管理理论建设等方面，形成华为的质量文化。”

大质量体系就是要把公司的质量管理体系延伸或扩展到公司各个业务部门，涵盖公司的所有职能部门。

大质量体系必须涉及对一个组织的所有部门实施持续质量改进的闭环管理和质量组织的渗透。

比如，在大质量体系实施中，华为公司从五个层面对公司各个业务部门的工作进行评估：①流程设计与优化；②业务质量改进；③质量体系审计；④流程遵从与执行结果审计；⑤健全质量组织（或质量组织渗透）。评估后，提出改进要求，追踪其改进的行动计划。

①流程设计与流程优化。华为公司流程委员会在月度评审会上，在对各个业务部门的流程设计、流程优化进行质量评审时，绝对不会放过对人力资源部门、财务部门、后勤部门、办公与厂房基础建设部门、服务子公司等的质量评审。

②业务质量改进。华为公司客户满意与质量委员会在其月度质量会议上，除了对研发、销售、服务、供应链等“打仗”部门的质量改进进行评审外，也对其他职能部门的质量改进进行评审。

我曾担任华为公司第一任首席质量官，参与并设计了华为公司客户满意与质量委员会的运营工作模式。该委员会的运作模式中有一个重要环节，就是在月度会议上，由各个业务部门的质量负责人进行总结的“质量改进汇报”。

研发、销售、服务等“打仗”部门的质量改进汇报模板比较好设计。但是，人力资源、财务、后勤、办公与厂房基建部门、服务子公司等的质量改进汇报模板就比较难于设计。因为大多数人认为，在这些非直接“打仗”部门，质量管理并不重要。而大质量体系正是解决了质量问题在这些部门内不受重视，顽固存在的困难。

③质量体系审计（外部、内部）。华为公司的欧美高端客户，如英国电信、沃达丰、法国电信、德国电信、西班牙电信等老牌电信运营商，对大质量体系的理解和应用早已经非常成熟。这些客户每年都会派专家到华为公司进行质量体系审计，审计对象就是华为的大质量体系。除了

“打仗”部门外，员工宿舍、食堂，甚至卫生间的质量管理体系都要进行审计。

④流程遵从与执行结果审计。华为时时刻刻都要对公司各个主业务部门的流程遵从与执行结果进行审计。华为公司内部有一个名叫SACA（Semi-Annual Control Assessment；半年度控制评估）的流程审计体系。SACA也是一个工具。在SACA审计中，要进行流程遵从测试（CT：Compliance Test）。

华为流程IT部和审计部都使用SACA工具进行审计。但两者的侧重点不一样。前者的审计聚焦业务流程的执行结果，后者的审计则聚焦销售、采购、财务和内控等领域，以防止风险和腐败问题。

华为一位中层管理称：“SACA和CT就是一把尺子，所有业务部门把自己的业务和尺子做对比，看业务还有什么问题是不符合标准的。”

⑤健全质量组织（或质量组织渗透）。质量组织是落实企业质量战略和质量目标的基本保障。没有完善的质量组织，公司的质量战略、质量目标、质量文化、质量知识就无法高效地在打仗部门落地。

全球卓越企业在其质量改进和发展过程中，都把质量组织的建设和完善当作建立大质量体系的一个重要部分。华为也不例外。质量组织包含公司级、部门级、基层级，如首席质量官、质量总监、质量经理、质量圈（QCC、TCS）等。

任正非说过：“华为不能只有一个首席质量官，应该涵盖很多领域。比如国家层面、BG（Business Group，事业部）层面、产品线层面……各级组织都应该有首席质量官，把相应权力授给他，尽量把责任制落实到基层。”

总之，大质量体系不是简单按照全面质量管理的定义去理解，而是从管理体系建设的角度去认识。华为公司已经认识到大质量体系可以提升企业的竞争力，因此在管理变革中，不断投入资源完善自己的大质量管理体系。从上述五个层面看，大质量体系在华为的应用是成功的。

第六章

质量管理体系

优秀的人才总是会被低拙的系统打败。

戴　明

质量管理体系是预防体系。建立质量管理体系是为了预防，而不是检验和救火。

克劳士比

1 / 演绎路径

提倡工匠精神是为了提高个人素养，追求产品精致。无论德国人的严谨、日本人的精细，最终目的都是为了提升产品质量和服务质量。但这只能针对小作坊和以个人为单位的生产环境。对于大工业生产组织而言，对于组织人数超过一定数量的大中型组织来说，除了要提倡工匠精神外，更要建立和完善预防性的质量管理体系。

如果没有一套好的质量管理体系，再好的个人素养和工匠精神，在组织中也不能发挥出最大效能来。正如戴明所指："优秀的人才总是会被低拙的系统打败。"

工匠精神属于质量文化范畴，质量管理体系属于管理体系范畴。

日本质量革命和美国质量革命的成功，向人们展示出一条清晰的路径，即一个国家、一个组织（无论政府或非政府，营利或非营利），如果能够具备四个要素——被公认的质量哲学、驱动力（内外部）、一套统一的方法和工具、全员参与，那么，这个国家或组织将有可能达到全球一流质量水平。

在这四个要素中，第一个要素是质量文化，第三个要素就是质量体系。质量哲学是质量文化的核心，而统一的方法和工具被包含在质量管理体系中。因此，中国企业要想在全球质量领先，首先要建立质量文化和预防性的质量管理体系。

建立质量管理体系主要有三个目的：一是提升产品和服务质量以满足或超出客户需求；二是构筑组织的质量保障和预防体系；三是提高组织的生产率、降低成本、提升运营效率。最终目的是确保组织拥有高效的运营管理体系和持续的竞争力。

围绕着上述这一主题，质量管理体系的演绎和发展不断推陈出新。

1920 年，统计过程控制（SPC）之父、戴明的老师沃尔特·休哈特在贝尔实验室首次提出用统计方法来提升质量。

1945 年，美国人阿曼德·菲根鲍姆出版了《全面质量控制》。

1950 年，日本建立戴明质量奖。

1979 年，美国人菲利浦·克劳士比出版了《质量无泪》，首次提出一个组织的质量管理成熟度可以通过非量化方式（或感性地）进行评估。

1979 年，英国标准协会（BSI）在英国首相玛格丽特·撒切尔的极力要求下开发了英国质量标准 BS5750。这个质量标准是 ISO9000 质量标准的前身。

1981 年，日本人石川馨出版了《什么是全面质量控制？日本模式》。

1982 年，美国摩托罗拉公司开发了具有里程碑意义的质量体系评审或质量体系审计（QSR）方法论和工具。同年，摩托罗拉公司开始实施六西格玛方法。

1985 年，美国军方将全面质量控制（TQC）完善为全面质量管理（TQM）。

1987 年，国际标准组织 ISO 发布 ISO9001 族质量标准。

1988 年，美国设立国家质量奖（波多里奇奖）。卓越绩效模式开始在美国实施并得到全球各国推广与应用。卓越绩效模式采用了 7 项指标。

1992 年，欧洲质量奖设立，采用了欧洲卓越绩效模式（9 项指标）。

1995 年，日本质量奖设立，采用了美国波多里奇卓越绩效体系模式。

2001 年，中国质量协会设立“全国质量管理奖”，2006 年改名为“全国质量奖”，采用了美国波多里奇卓越绩效体系模式。

2013 年 7 月，中国国家质量监督总局设立“中国质量奖”，也采用了类似美国波多里奇卓越绩效体系模式的思路，但又有所修改。

图 6–1 展示了从质量管理到卓越运营的演绎过程。这是笔者提出的一个诠释质量与运营之间关系的逻辑路径。

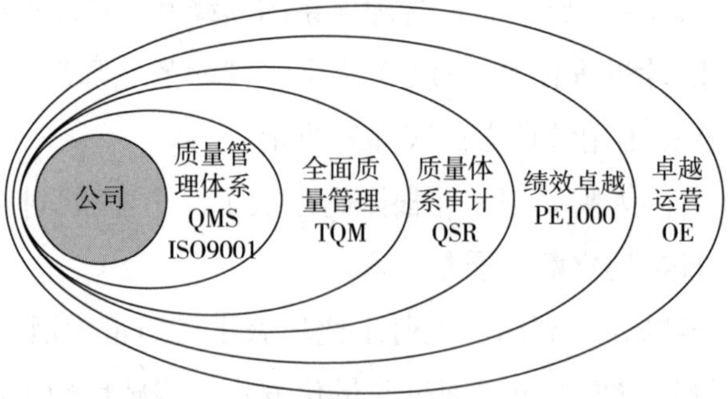

图 6-1　从质量管理到卓越运营的路径

笔者提出的这个质量管理体系演绎路径，依据是评测一个组织管理体系成熟度所采用的维度。任何一个质量管理体系或运营管理体系都不可能十全十美，而以下这五种体系各有优缺点。

（1）ISO9001 质量管理体系（QMS）

QMS 的要素有：①总要求；②管理职责；③资源管理；④产品实现；⑤测量、分析和改进。

优点：ISO9001 质量管理体系是可以进行评估和审计的，可以自我审计或利用外部资源（行业专家或机构）进行审计。图 6–2 描述的是 QMS 的相关要素。

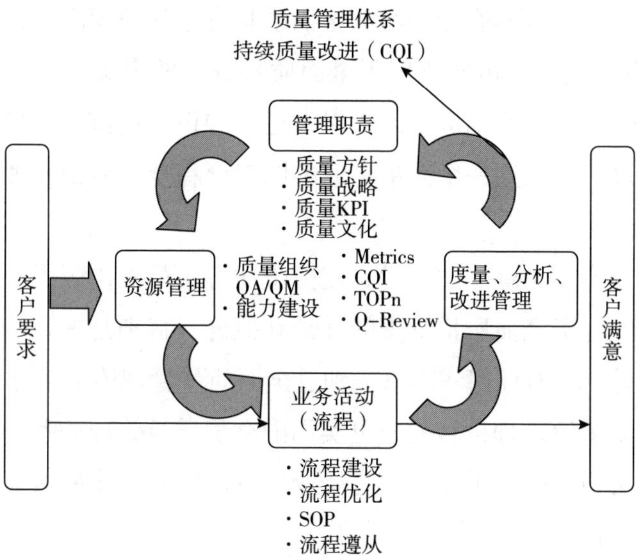

图 6-2 QMS 主要要素的图示解释

缺点：虽然 ISO9001 质量管理体系可以进行评估和审计，但是这种模式不能量化，特别是对于差距无法量化。另外，这种模式太注重文档资料，太注重证书，不能给出一个组织的全面和整体量化改进建议（或全景图）。与 QSR 相比，它也没有建立一套要求组织改进行动计划追踪体系。更令人为难的是，ISO9001 的文字翻译太学究、太抽象，不适应中国文化，在中国企业的应用中障碍较多。

（2）全面质量管理（TQM）

TQM 的要素有：①以客户为中心；②全员参与；③聚焦流程；④集成的管理体系；⑤战略和系统方法；⑥持续改进；⑦基于事实的决策；⑧沟通。全面质量管理就是大质量体系。

优点：能让组织的管理者和全体员工聚焦在客户的需求上，可以建立一个全面的控制各业务活动质量管理体系。

缺点：TQM 不是一种可进行量化审计的质量管理体系，没有一套评估体系确保组织能实际应用它自我评估或外请质量专家进行评估，并给出评估后可量化的结果。

图5–1是一家日本企业理解的全面质量管理的原理图。目前，日本人（专家、学者、企业）虽然给出了全面质量管理的定义，并在实际应用中取得了成功，但是，不知道是出于保密还是知识产权保护，我在市场上至今还没看到过日本人用一个简单易懂的图来诠释全面质量管理体系的全貌或本质。

美国质量专家（戴明、朱兰、克劳士比等）虽然出版了很多质量管理的著作，也解释了全面质量管理的理论和概念，特别是提升质量的方法论和工具，但是，没有任何一本书提到过全面质量管理体系是怎么回事。

将全面质量管理理论转变成可实用的全面质量管理体系，这实际上是管理咨询公司中顾问的工作，也是企业管理者实际工作的内容。一般书上很难找到此内容。

我在给华为公司、中兴通讯、慕思、艾民儿等公司提供现场质量管理咨询服务时，一次又一次地验证了用图6–3来诠释全面质量管理体系的正确性和实用性。

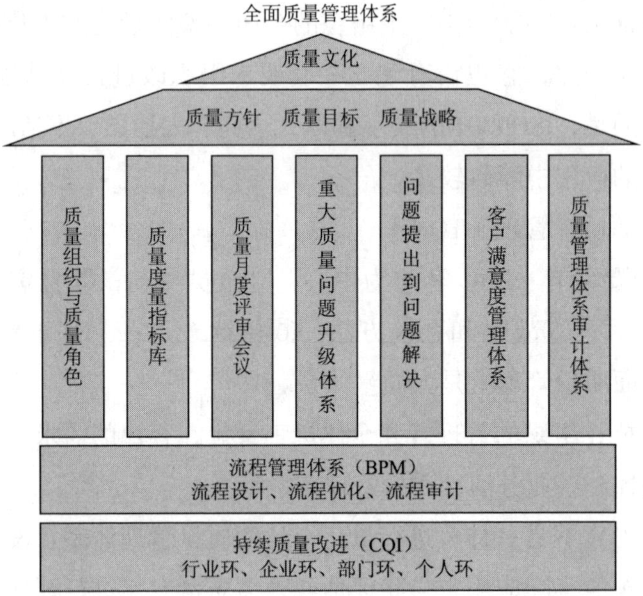

图6-3 全面质量管理体系

（3）摩托罗拉公司开发的质量体系评审（QSR）

QSR 的要素有：①质量体系管理与领导力；②新产品、新技术、新服务开发与控制；③内部与外部供货商控制；④生产过程运营与控制；⑤服务质量；⑥预防和解决问题方法的统计分析；⑦控制质量的测量体系；⑧人力资源管理；⑨客户忠诚度；⑩软件评估指标（CMM）；⑪政策与安全规定一致性。

优点：QSR 的突出优点是组织可以进行自我审计，也可以利用外部资源进行审计，并能给出全面和整体的量化改进全景图（图 6-4 给出了 QSR 审计后的建议改进全景图案例），并要求组织的高层限期进行质量改进。

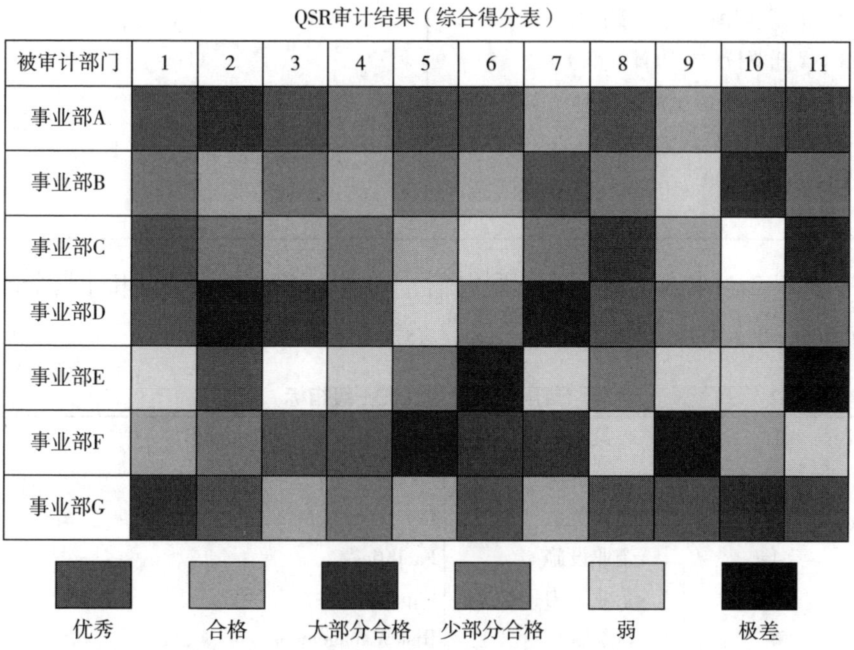

图 6-4　QSR 审计后的建议改进全景图

在摩托罗拉公司，QSR 审计后，审计组要求被审计的事业部总裁必须在 3 ~ 6 个月内对极差领域进行改进，并追踪其行动计划。事业部总裁要按期汇报改进进展和结果。如果不达标，有可能被“下课”。

QSR 的另一个优点是其逻辑和方法论具有普世意义。它为建立美国国家质量奖和欧洲质量奖的绩效评估和审计体系奠定了基础。

全球《财富》500 强的很多企业采纳 QSR 的思路，设计和开发了适合自己企业的质量审计体系和供应商评估体系。例如，在电信行业，美国 AT&T、英国电信、法国电信、德国电信、沃达丰等全球顶级电信运营商，均采用 QSR 思路开发了自己的质量审计体系和供应商评估体系。

表 6–1 为全球电信行业应用的质量指标（一级指标）比较。

表 6-1 全球电信行业应用质量标准

质量类别	一级指标（维度）
FT（法国电信）	16
BT（英国电信）	11
DT（德国电信）	16
PE 1000（美国国家质量标准）	7
QSR（摩托罗拉质量审计标准）	11
TL9000（国际电信质量标准）	5
OHSAS 18000/SIO 14000	6
ISO26000/SA 8000	9
ISO 9001	5

表 6–2 ~ 表 6–4 分别为英国电信、法国电信和德国电信审计其全球供应商时所采用的一级指标。

表 6-2 英国电信质量认证一级指标

1	政策战略与计划	Policy Strategy & Planning
2	人力资源	People
3	客户关系	Relationship Management
4	企业设施	Facilities
5	企业能力	Capacity
6	风险管理	Risk Management
7	管理体系	Management Systems
8	环境	Environmental
9	员工尊严	Sourcing with Human Dignity
10	项目管理	Project Management
11	产品实用性	Product Realization

表 6-3　　法国电信质量认证一级指标

1	项目开发管理 / 组织 / 技术接口
2	项目与风险管理
3	产品开发实验室
4	集成与测试
5	企业整体解决问题能力
6	生产与制造
7	设备标识
8	供货商管理
9	从订货到发货的流程
10	安装 / 调测 / 开通
11	技术支持（客户支持中心）
12	缓冲仓储（库存）
13	维修 / 返修
14	培训课程
15	质量管理与组织
16	企业可持续发展的关键指标 （人力资源、企业公民、社会责任）

表 6-4　　德国电信采购认证一级指标

Ⅰ	方向确定	Direction Setting
	战略管理	Strategy Management
	1. 远景、战略与目标	Vision，Strategy and Target
	2. 政策、组织与流程	Policy，Organization and Processes
	3. 管理体系	Systems
	4. 方法	Methodologies
Ⅱ	核心流程	Core Processes
	1. 资源	Sourcing
	（1）产品开发	Product Development
	（2）需求指标	Demand Specification
	（3）需求计划	Demand Planning
	（4）市场研究	Market Research
	（5）风险管理	Risk Management
	（6）资源战略	Sourcing Strategy
	（7）供货商选择	Supplier Selection
	（8）合同谈判	Contract Negotiation
	（9）合同管理	Contract Management
	2. 实施与遵从能力	Fulfillment
	（1）采购需求	Purchase Requisition
	（2）采购流程	Purchase Processing
	（3）应付账款	Accounts Payable

续表

Ⅱ	3. 供货商管理 （1）供货商信息 （2）供货商选择 （3）供货商评估 （4）供货商开发	Supplier Management Supplier Information Supplier Selection Supplier Evaluation Supplier Development
Ⅲ	支撑流程 1. 绩效管理 （1）采购报告 （2）采购控制 2. 人力资源管理 （1）人才选拔 （2）人才开发 3. 基础管理 （1）体系与级别管理 （2）知识管理	 Performance Management Procurement Report Procurement Controlling HR Management HR Selection HR Development Infrastructure Management System and Class Management Knowledge Management

在全球电信行业中，这些老牌欧美企业对中国企业的审计非常严格，甚至可以用苛刻来形容。我在中兴通讯公司和华为公司带领接受质量审计项目的团队时，已经深有体会。这类质量审计对中国企业来说是一次次“洗礼”。

优点：高端客户质量审计所发现的问题可以使得中国企业的高层产生“无地自容”之感，有利于推动企业开始进行质量变革。审计结果往往打击管理者的傲慢态度，但能使其彻底认可客户的客观评价。

缺点：审计需要动用一个组织的所有资源。审计期间，组织的一把手和其团队成员有可能无法平衡日常业务和审计工作。

华为公司和中兴通讯公司早在十多年前就已经开始实施全球化战略。这两家中国企业能把产品打入欧美市场，特别是华为公司已经成为全球电信行业的第一品牌，其质量管理体系是经过千锤百炼的。

在多年的全球化战略实施过程中，我已经发现，中国企业单靠波多里奇奖的卓越绩效模式是无法通过欧美电信运营商的质量评估和认证的。中国企业必须学会运用质量体系评审或质量体系审计（QSR）方法论和工具，不断完善和优化企业自己的管理体系，从而建立自己的 QSR。

华为公司和中兴通讯公司能把产品打入欧美市场，QSR 起到了关键的作用。2005 年我指挥中兴通讯公司应对法国电信质量体系审计攻坚战，就是利用 QSR 取得成功的。

（4）美国国家质量奖或卓越绩效模式（PE1000）

该模式的要素为：①领导力；②战略规划；③专注客户与市场；④度量、分析和知识管理；⑤专注人力资源；⑥流程管理；⑦结果。

美国国家质量奖的评价模式和指标已经被全球很多国家所采纳。即便日本早年已经建立了国家质量奖（戴明奖），但是仍然按照美国国家质量奖的标准建立了第二个国家质量奖。图 6–5 和 6–6 展示了美国国家质量奖和全球采纳美国 PE 标准的部分国家和地区。

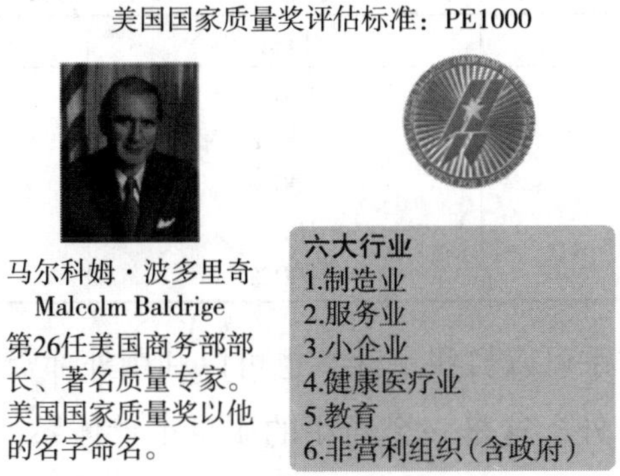

图 6-5　美国国家质量奖所涉及的领域

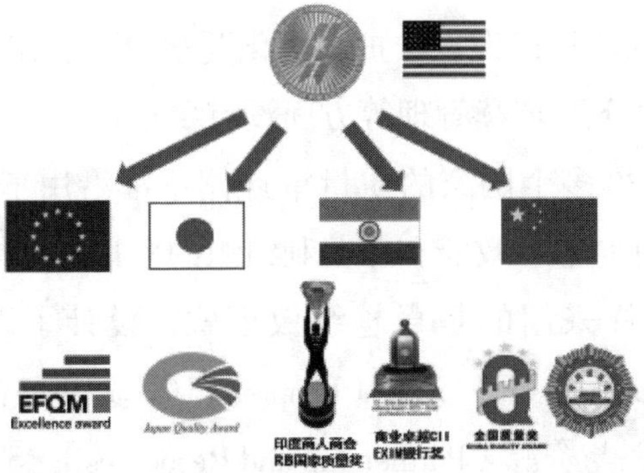

图 6-6　全球采纳美国 PE 标准的部分国家和地区

表 6–5 为卓越绩效模式的评估指标和得分表。

表 6–6 为卓越绩效评估指标中“经营结果”单项指标的得分分配规则。

表 6-5　卓越绩效（PE1000）指标与满分

指标类别	所占分数
①领导力	125分
②战略规划	85分
③客户和市场关注	85分
④信息化与分析	85分
⑤人力资源关注	85分
⑥流程管理	85分
⑦经营结果	450分
总分	1000分

表 6-6　卓越绩效评估指标中“经营结果”（450分）的得分分配规则

平衡计分卡维度	目标	450分分配规划
财务指标	100%	115
供应商/合作伙伴管理	100%	25
客户满意度指标	100%	115
内部流程	100%	115
学习与成长	100%	80

优点：这种体系可以自我审计，也可以利用外部资源进行审计，审计结果可以量化。另外，这是一个通用的质量审计体系，可以适用于政府、营利组织和非营利组织。

缺点：该体系的评估指标维度比较粗，只有7项。另外，过于注重经营结果，而对组织的流程建设、维护和优化要求较弱。在风险管理、项目管理、知识管理、业务可持续管理等方面没有要求。

目前，全球约80多个国家的质量审计体系都沿用了卓越绩效模式。该模式同样用于审计企业、政府和非营利组织的质量管理体系。

欧洲质量奖同样采用的是卓越绩效模式，设计了以下9项一级指标：①领导力（Leadership）；②人（People）；③政策和战略（Policy and Strategy）；④合伙关系与资源（Partnership and Resources）；⑤流程（Process）；⑥人力结果（People Results）；⑦客户结果（Customer Results）；⑧社会结果（Society Results）；⑨关键绩效结果（Key Performance Results）。

上述9项指标是基于下列原则开发的：①以结果为导向；②关注客户；③领导力和坚定不移的目标；④通过流程和实践来管理；⑤人力开

发和参与；⑥持续学习；⑦创新和改进；⑧合作伙伴关系开发；⑨企业社会责任。

（5）卓越运营

卓越运营的要素包括卓越绩效体系中的所有指标，再加上质量管理、项目管理、知识管理、风险管理、业务可持续管理、企业社会责任管理。卓越运营就是精细化运营。

优点：卓越运营体系通过多个维度，将卓越绩效、质量管理、项目管理、知识管理、风险管理、业务可持续管理等体系建立在一个综合和集成的信息化平台上，在企业中形成一个完善的流程管理体系。通过这个全球共享平台，企业内任何地区或国家的员工都可以获得自己为了高效完成本职工作而所需要的知识、工具和需要遵从的流程与规程。全球《财富》500 强中的一小部分企业（跨国公司）已经开始采用这种模式。卓越运营模式已经达到了截至目前质量管理成熟度的最高境界。

缺点：流程体系太庞大、太复杂，过于精细。对于处在非精细化期的企业（如创业期、集体领导期、集体领导期向正规化期过渡、正规化初期）来说，这种模式如同“杀鸡用牛刀”。特别是中小企业，还不具备能力建立卓越运营体系。

综上所述，当摩托罗拉的 QSR 诞生后，质量管理体系的成熟度就可以被量化地审计和评估了。这不仅对推动全球的质量管理体系发展做出了重大贡献，更重要的是人们可以用这套方法论和工具，开发出既能适用于行业，又能结合自己特性的质量体系的审计体系。

克劳士比在他的《质量免费》中提出的质量管理成熟度评测理念，实际上是对质量管理体系审计的原始概念。见表 6–7。但是很可惜，克劳士比作为企业的首席质量官，在当时的背景下，他还不能把这个定性的评测模式上升到量化的评测模式。也就是说，克劳士比提出的质量管理成熟度评测模式只能在企业内部小范围地使用，还不能上升到国家层面，如卓越绩效方法一样，作为普世的质量体系审计方法全面推广应用。

纵观全球质量管理体系的发展历程，我们不难看出这样一个轨迹：在

表 6-7　　克劳士比开发的质量管理成熟度评审表

评估人

评估项目	第一阶段：不确定期	第二阶段：觉醒期	第三阶段：启蒙期	第四阶段：智慧期	第五阶段：确定期
管理层的认识和态度	不理解质量是管理的工具，将“质量问题”归咎于质量部门	认识到质量管理或许有价值，但不愿投入时间或金钱来改进	参与质量改进计划，对质量管理有较多认识，比较支持和协助	参与活动，完全了解质量管理基本原则，并充分认识个人在持续改进中扮演的角色	认为质量管理是公司管理系统中的基本部分
质量管理在组织管理中的地位	质量是制造部门或工程部门的事；组织内可能没有检验部门，比较注重产品的评估和分类	任命强有力的质量负责人，但他的基本任务是使生产顺畅，是生产或其他部门的一部分而已	质量部门向管理层负责，所有评估结果纳入正式报告，质量经理在公司管理层有一定的地位	质量经理成为公司重要的一员，报告有效的工作情况，采取预防措施，参加与顾客有关的及指派的特别活动	质量经理列席董事会，预防成为基本重点，质量被认为是公司的先导
问题处理	头痛医头、脚痛医脚，无法解决问题，也没有清楚的质量标准，组织内各部门互相攻击	组成工作小组来解决重大问题，但却没有长远的整体处理问题的策略和方法	建立通畅的纠错活动沟通渠道，公开面对问题，并有计划地加以解决	问题在其发展初期就能发现，所有的部门都接受公开的改进建议，并实施改进行动	除了极少的例外，问题都已被预先防止了
质量成本占营业额的比例	报告：未知数 实际：20%	报告：3% 实际：18%	报告：8% 实际：12%	报告：6.5% 实际：8%	报告：2.5% 实际：2.5%
质量改进活动	没有组织质量活动，也不了解这样的活动	“兴趣所至”时会尝试一些短暂的改进活动	完全了解并落实每一个步骤，执行14个改进步骤	继续实施14个步骤行动，并开始“走向确定”	质量改进是日常的、持续的活动
公司质量心态总论	“我们不知道为什么我们的质量会有问题”	“是不是总会有质量问题”	“经过管理层的承诺和质量改进活动，我们已能发现并解决我们的问题”	“缺陷预防是我们日常工作的一部分”	“我们知道为什么我们没有质量问题”

国家层面，建立一个能使组织（政府、企业、非营利组织）自我评测或邀请外部质量专家评测的质量审计体系尤为重要。而要想开发这样一套质量审计体系，就必须组织全社会的资源（政府、行业协会、管理咨询与顾问公司、企业、质量专家等）协同开发。

美国人的创新能力在开发质量审计体系方面得到了验证。1988 年美国国家质量奖（波多里奇奖）及卓越绩效评测体系问世后，迅速得到了全球很多国家的青睐。日本和中国学习和模仿美国的国家质量奖及卓越绩效评测体系。欧洲诸国也在模仿美国，但是，欧洲人进行了二次创新。

全球各个国家的政策制定者们已经明白，建立国家层面和国家范围的质量审计体系，会给国家经济发展带来收益和价值。

2011 年有人做过保守的估计：采用美国人开发的波多里奇奖将会增加净社会效益。调查发现，美国联邦政府支持波多里奇奖的投入与获得的经济效益之比是 1∶207。

2 / “镶嵌”“分离”与“融化”

> 质量不只是单纯地要求大家把事情做对就行。那根本就行不通。事实上，它必须成为公司运营的方式，需要公司中每一个人采取一致行动才能使公司正确地运营。
>
> 克劳士比

我在给企业提供咨询服务时经常被问到这样的问题：什么是运营管

理？质量管理与运营管理有何关系？质量管理体系对运营体系有什么好处？

在回答上述问题前，我们必须从定义出发。厘清概念后，以上问题就容易理解了。我认为，一个组织的运营管理可分为广义运营管理和狭义运营管理两种概念。这两种概念的主要区别在于，前者考虑和包含了战略规划和年度业务计划，而后者则是在战略规划指导下，年度业务计划活动完成后，组织所从事的运营活动。也就是说，后者不包含战略规划活动和年度业务计划活动。

广义运营管理定义：组织通过发起战略规划活动，确定年度计划的业务目标和战略。为了实现计划，组织必须按此进行资源配备，如财力、人力（含组织）、流程、考核与奖励机制等。组织通过每日、每周、月度、季度或半年会议方式，对完成业务目标的过程和结果进行追踪偏差，实施改进行动计划，并管理组织、团队和个人多层面的绩效，经过持续改进，最终实现组织的业务目标。

狭义运营管理定义：在战略规划指导下，组织已经完成了年度业务计划的目标和战略，以及年度计划的资源配备计划（如财力、人力、流程、考核与奖励机制等）。组织通过每日、每周、月度、季度或半年会议方式，对完成业务目标的过程和结果进行追踪偏差，实施改进行动计划，并管理组织、团队和个人多层面的绩效，经过持续改进，最终到达实现组织的业务目标。

那么，如何理解质量管理体系（QMS）呢？ QMS 与运营管理体系有什么关系？

一般而言，一个企业的质量管理体系往往埋藏在这个企业的运营管理体系中。我把这种现象叫作“镶嵌”。为了提高企业的运营管理体系，首先必须提升企业的质量管理体系。企业管理专家喜欢把质量管理体系显性化，便于可视化地改进和提升。我把这种现象叫作“分离”。

任何质量问题都会导致组织的运营效率下降。组织的质量管理水平低，质量成本就会增加，客户满意度就会下降，最终将会导致订单减少，业务下滑。所以，当一个企业的质量管理体系成熟度提升后，运营管理体系会随之提升。我们可以认为，质量管理体系是为运营管理体系服务的。

质量管理体系对于运营管理体系来说具有增值功能。

当质量管理体系的提升带动运营管理体系的提升后，质量管理体系的增值效果就会显现在企业的运营结果中。此时，企业的质量管理已经相当成熟。那么，当一个企业的质量管理成熟度高到一定程度后，企业就可以“雪藏”质量管理体系，而让运营管理体系直接发挥作用。我把这种现象叫作“融化”或“可融”。

总之，质量管理体系和运营管理体系是形影不离的。

我的体会是，脱离了运营管理体系去谈质量管理体系，没有任何意义。另一方面，只关注运营管理体系而不重视建立质量管理体系，将会导致灾难性后果。

为了建立和完善组织的质量管理体系，人们可以把质量管理体系从组织的运营体系中“分离”出来，单独地研究和解释其含义。当质量管理体系的成熟度提高后，可以再把质量管理体系“融化”到组织的运营体系中。这种“可融”性，往往能把人们带到一个更高的哲理境界。

“镶嵌”“分离”“可融”，这就是质量管理体系的绝妙之处。

笔者的结论是：只有把质量管理体系和运营体系有机结合起来，高效地融合或“融化”在一起，组织的运营效率才能够大大提升。如果能达到这样的境界，组织将会从质量管理演变到卓越运营。

根据ISO9001的定义，质量管理体系可以用图6–2来表示。但是，这个图在实际工作中很难被员工理解。我根据自己多年来从事质量管理的实战经验，认为质量管理体系包括以下几个要素：质量方针，质量目标，质量战略，质量文化，质量组织，质量度量体系，流程管理体系，内外部升级告警机制，质量评审会议，持续质量改进，质量体系评估/审计（含流程审计）。

那么，什么是运营管理体系的要素呢？它包括企业愿景与使命，企业文化与核心价值观，业务目标，企业战略，组织业务流程建设与优化，标准工作规程（SOP），内外部升级告警机制，考核指标（部分度量指标），业务评审会议，财务审计，内部控制等。

我有两个观点如下。

其一，企业质量管理体系必须与企业运营管理体系相结合。运营管理体系是“皮”，质量管理体系是“毛”。“毛”只有附在“皮”上才能发挥作用。皮之不存，毛将焉附？

其二，企业的质量管理与运营管理的关系是“你中有我，我中有你”的血肉相连关系。质量管理体系是提升运营管理体系的基础，是一种预防体系。如图 6-6 所示，质量管理体系与运营管理体系既可“镶嵌”，也可“分离”，更可“相融”。

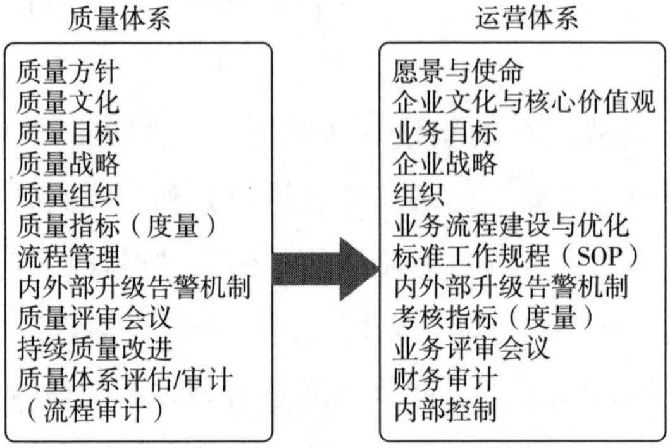

图 6-7　质量管理体系与运营管理体系的关系

3 / ISO9001已“死亡”？

BS5750 是英国的质量标准，它等同于欧洲的质量标准 EN29000 和国际标准组织开发的质量标准 ISO9000。而 EN29000 和 ISO9000 这两种标准，都是在英国的 BS5750 基础上发展起来的。

欧美有学者认为，这三种质量标准虽然具有正规的操作步骤和文档资料要求，但是，都不能起到质量保障（QA：Quality Assurance）的作用。日本人在质量改进方面获得成功，也不是采用了这种标准，而是采用了戴明和全面质量管理（TQM）的质量哲学和方法论。

英国职业心理学家、质量管理专家约翰·塞登（John Seddon）曾发表过一篇文章，题目为“ISO9000之死：一种经济疾病”（Death to ISO 9000：An Economic Disease）。塞登在其文章中称：

1979年，为了振兴英国经济并改善质量管理，时任首相玛格丽特·撒切尔同意推行BS5750质量标准，认为其中蕴含着“日本奇迹”的要素。尽管随后遭到企业管理者的强烈反对，认为这套标准太官僚、没有实用价值等，但是，在1987年，英国标准协会和英国政府还是说服国际标准组织采纳了英国的BS5750质量标准。英国人向全世界输出了一种经济疾病。我们应该感到耻辱。

这套标准乍一看颇有道理：请把你的工作内容用文档资料形式写出来，使得外部检查人员可以核查你说的和你做的是否一致。这样你的客户就会获得关于你的质量保障。

这就产生了大批的认证机构，寄生在标准周围。标准本身持续不断地催动新认证增长，因为该标准鼓励用户要求其供应商也采用认证。这是一场规模空前的金字塔式传销。

今天我们看到，在最早采用ISO9000标准的国家，如英国、法国和德国，注册和认证ISO9000质量标准的企业数量已经下降。

与此同时，在全球的新兴经济国家中，ISO9000的蔓延才开始。尽管欧盟成员国整体的ISO9000注册呈下滑趋势，但在罗马尼亚ISO9000的注册量仍然在上升，因为ISO9000仍然是进入欧盟贸易的“门票”。在中国，ISO9000注册量的增长是现象级的，因为ISO9000标准是世界贸易的基本要求。即使在日本，ISO9000注册量也呈上升现象。这是因为市场准入的强迫要求。从全球看，当ISO9000注册量在迅速增长时，寄生的认证机构已经开拓了其谋生机会。

如果没有市场准入强迫要求的话，ISO9000 很早以前就已凋谢或萎缩了，因为它没有什么实用价值。比早期报道《牛津城市委员坚持莫里斯舞（英国古代的一种化装舞蹈）注册 ISO9000》式的荒谬行为更深层的问题是，ISO9000 质量标准包含了坏的管理理论。该标准与“日本奇迹”南辕北辙。

“日本奇迹”的发源地丰田汽车也曾经在其一家工厂试图采用 ISO9000 质量标准，但是发现其没有价值，就停止了使用。在日本其他汽车制造企业为进军全球市场而大规模认证时，丰田是唯一的清醒者。到 2006 年，全球每五台汽车中有四台是由注册了 ISO9000 标准的厂商制造，而另一台就是丰田车。丰田汽车公司要比其他汽车企业的市值高、质量好、效益优。

我们应该警告那些新兴国家不要上当受骗。

根据国际标准化组织（ISO）2007 年 11 月发布的调查结果，截至 2006 年底，在 170 个国家共颁发了 ISO9001：2000 版认证证书 897866 张，其中中国颁发了 162259 张证书，占颁发总量的 18%，居世界第一位。这说明 2000 版标准得到了广泛的应用，受到了许多组织的关注，中国也成为名副其实的质量管理体系认证大国。

中国企业的“两张皮”

尽管国际质量标准 ISO9001 被广泛应用，但是 ISO 的认证过程遭到了很多批评。有人认为，这个过程对于企业来说是浪费时间，没有用处。

国际标准组织（ISO）创建于 1947 年，总部设在瑞士日内瓦，拥有 150 名专职人员。到目前为止，该组织已经发布了 19500 个国际标准，覆盖各个领域。ISO 的成员来自 164 个国家，20 世纪 70 年代，中国也加入了 ISO 组织。

国际标准组织在 1987 年开发了 ISO9000 族质量标准，包括四部分：① ISO 9001：2008——质量管理体系 - 需求；② ISO 9000：2005——基本概念和语言；③ ISO 9004：2009——如何使质量管理体系更有效率和成果；④ ISO 19011：2011——内外部对质量管理体系审计的指南。

由西方人开发的 ISO9000 族质量标准用来对一个中国企业进行质量认证或审计时，就会发现中国企业的文化很难适应这种文档化的审计过程。目前，ISO9001 认证在中国遇到的尴尬有多种现象。

有些企业打着 ISO9001 证书作为推广自己产品或服务的招牌，但实际上这张证书是买来的，或是通过走形式获取的。这些企业实际上根本没有按 ISO9001 的要求去建立质量管理体系。

有些企业虽然每年都获得了 ISO9001 证书（认证），并把证书挂在企业内部的醒目场所，以便让客户或来访者观赏，但实际上这些企业在使用着另外一套业务流程，而把认证后的文档资料锁在文件柜中并不使用。这是典型的“两张皮”现象。

有些企业获取证书后，对审计中所发现的问题没有及时去改进，没有人负责去追踪。由于这些企业根本没有真正的持续改进闭环体系，所以审计也就变成了企业每年的走形式环节。

造成以上这些现象的原因很多，但主要原因有三个：一是社会环境和行业唯证书论，导致证书形式主义泛滥。二是质量管理体系的翻译太学究，没有用本地语言，导致企业老板很难理解。三是质量管理体系中有些文字描述较抽象，导致组织中一般人员学习和理解困难。例如，质量管理体系中的名词“管理职责”“测量、分析和改进”还可以理解，但“资源管理”就抽象了，“产品实现”则更难让员工理解。

质量管理体系认证或审计的目的是要发现一个组织的质量管理体系是否成熟，是否需要改进。这对一个组织的好处自然不用多讲。但是，ISO9000 质量管理体系认证的过程太专注于冗长的文档资料和发一张证书了，导致很多企业对 ISO9000 认证产生反感情绪。

人们将质量管理体系用文档展示，即文档化，是为了便于员工学习和掌握。但是，这往往会导致人们更专注质量管理体系的文档体系化，而不去关注质量管理体系的改进。

《商业参考》认为 ISO9000 认证有下列缺点：

第一，ISO9000 的描述很难让企业的老板或经理人看明白，所以企业老板或经理就认为 ISO9000 认证是浪费时间和精力。

第二，企业要获得 ISO9000 证书，认证过程成本太高。《1996 年最新质量体系》的数据显示，一个销售额不到 1100 万美元的企业，认证费用达 71000 美元。

第三，ISO9000 认证过于强调证书。

第四，ISO9000 的认证过程太长。《1996 年最新质量体系》的数据显示，ISO9000 平均认证和审计的时间达 15 个月。不过在中国所需时间较短。平均 1 ～ 2 个月就够了。但是，目前一些民营企业的 ISO9000 认证，只花 3 ～ 5 天就搞定了，很多都在走形式。

如何解决这种尴尬的局面，我有五个建议：一是重新温习全面质量管理（TQM）的本质和含义；二是仔细研究质量体系评审（QSR）的逻辑和方法论；三是在企业层面设立首席质量官或质量总监的职位；四是按下列要素建立质量管理体系（QMS）：质量方针、质量目标、质量战略、质量文化、质量组织、质量度量体系、流程管理体系、内外部升级告警机制、质量评审会议、持续质量改进、质量体系评估 / 审计；五是通过质量组织监督认证过程，把 ISO9000 认证的文档资料与企业实际使用的流程文件合二为一。如此一来，可以真正保障把“两张皮”改为“一张皮”，消除自欺欺人的现象。

日本人信ISO9001吗

丰田汽车公司开发的丰田生产体系（TPS：Toyota Production System）也被称为精益制造（Lean manufacturing）。这套体系是建立在戴明质量哲学基础上的质量管理体系，远远超越了 ISO9000 质量标准。

曾在日本经济产业省任局长的照井惠光，在一次研讨会上这样描述ISO9000在日本的现状：

当1979年ISO/TC176（国际标准组织品质保证技术委员会）开发ISO9000时，日本工业界没有表现出任何兴趣来。因为当时在日本，全面质量控制（TQC）已经在全国上下实施。

全面质量管理（TQM）和戴明的质量哲学是日本企业采用的主要质量管理方法。1987年国际标准组织发布了ISO9000，但是直到1993年，ISO9000才正式被日本企业完全采纳。

日本学者中条武志对TQM和ISO9000进行了比较。其观点如下。

最终目的——TQM：基于客户要求而生产的产品能使客户满意，所以企业可长期获利。ISO9000：给客户信心。

关键要素——TQM：关注市场调查、产品计划、客户满意度调查等。ISO9000：将企业的业务活动用文档资料展示，为了评测而进行质量审计。

作用——TQM：根据客户要求改进质量管理体系。ISO9000：为了给客户信心而将质量管理体系可视化、标准化。

两者之间的关系——TQM和ISO9000并不冲突。两者应在企业中一起应用、相互补充。

照井惠光称，日本将根据多年成功应用全面质量管理（TQM）的经验，修改ISO9000并在日本推广应用。主要在下列五个方面考虑如何修改ISO9000。第一，将ISO9000认证与持续质量改进系统地结合起来。第二，研究将ISO9000引入到新的行业领域，如建筑和服务业，而不只是生产制造业。第三，在客户端，如政府，使用ISO9000证书。第四，改进委派（鉴定合格）工作方式和评测活动，目的是降低认证成本和提升评测人员能力。第五，质量工程标准化。

总之，ISO9000在日本的应用，既不像塞登讲的那样是疾病，也不像在中国那样遭遇“两张皮”的处境，而是与全面质量管理一起应用，相互补充。

4 / 系统与子系统

所谓系统，是指一组互相依赖的组成部分，通过共同运作以达成系统的目的（宗旨）。系统中的各个组织（子系统）应该合作，而不是竞争；竞争导致损失，合作时人人都是赢家。

一个企业就是一个系统。该系统还应包含客户与供应商。

戴　明

1950年，戴明在日本提出了企业质量管理的一个具有划时代的重要概念，即系统理论（System Theory）。戴明在其1982年出版的《转危为安》（Out of The Crisis）和1992年出版的《戴明新经济观》（The New Economics for Industry，Government，Education）两部巨著中，都系统地、全面地解释了什么是系统理论，如何管理系统，以及建立系统概念和优化系统的重要性。同时，戴明也解释和分析了系统与子系统的关系。

建立和完善一个组织（系统）的预防性质量管理体系，目的就是要确保组织（系统）的整体管理体系能高质量、高效率、低成本地运营，最终确保组织（系统）能为客户提供100%满意的产品和服务，并健康可持续地发展。

一个组织（企业、机构、政府）就是一个系统，而组织中的各种业务部门（业务流程体系）则是子系统。组织（系统）中的各个组成部分或部门（子系统），通常都是在执行跨部门（子系统）的流程，携手合作完成整体组织（系统）的业务目标。

因此，优化和完善业务流程或子系统，就必须以实现优化和完善系统的整体目标为导向。但是，局部的流程优化和子系统完善，如果不能使得整个系统达到最优，甚至是影响了系统的整体目标，就是不可取的。

系统概念的详解，见图 6–8 和图 6–9。图 6–8 是我根据戴明给出的制造业组织的系统概念，画出的制造业组织示意图。同理，图 6–9 是服务业组织的示意图。

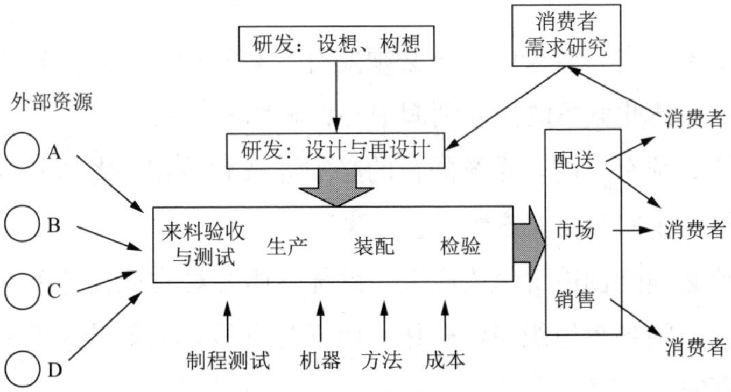

图 6-8　制造业组织的系统示意图

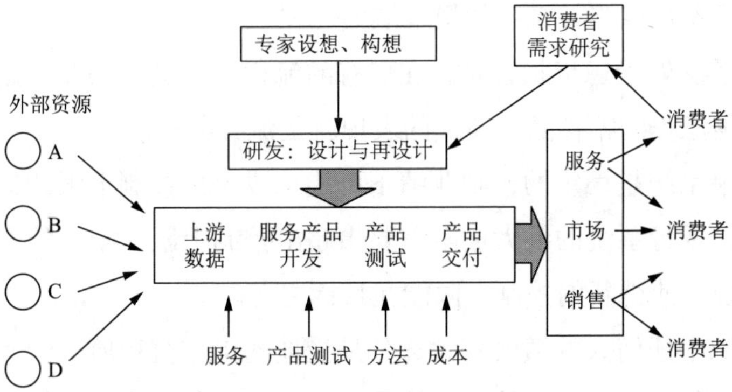

图 6-9　服务业组织的系统示意图

下面结合图 6–8 和图 6–9，看看戴明是如何定义、解释、实践系统理论的。

戴明对系统的定义：所谓系统，是指一组互相依赖的组成部分，通过共同运作以达成系统的目的（宗旨）。

笔者对系统的定义：由有着共同目标的各个组织部分（元素或部门）、

并有着共同利益的利益相关者所组成的命运共同体，就是系统。在系统中，各个组织成分（元素或部门）和其执行的业务流程就是子系统。

系统的十大特征：

①系统是有边界的。系统的范围可以是一家公司、一个产业或一个政府。系统除了包含自己的各级部门外，还应包含客户、供应商，甚至竞争对手。

②系统不会自行管理。系统必须要有人来管理。否则，各部门都将变成自我本位、彼此竞争的独立利润中心，破坏整个系统。

③系统必须有目的。系统的目的必须涉及利益相关者的利益。系统的目的由高层（例如企业家或董事会）决定。

④系统必须能创造价值或成果。系统整体要对质量有彻底的承诺。

⑤系统中的各个组织应该合作，而不是竞争。竞争导致损失，合作时人人都是赢家。

⑥员工无法解决系统的问题。在一个组织中，员工技术再高明、精神再专注，都不足以弥补系统的根本缺失。

⑦当系统处于稳定状态时，在现有的流程下，员工的业绩是无法提升的。员工是流程的牺牲品，质量的表现就是流程的表现。

⑧如果系统是稳定的，则业绩不可能达成超出控制上限的目标。控制上限代表着现行系统的最大极限。要想超出控制上限，唯一的方法是改善或优化系统，使得新的控制上限能在目标之上。

⑨组织中任何人的绩效，大部分是受他的工作流程所支配。业务目标要想超出控制上限，唯一的方法就是改善（或优化）流程，使得新控制上限能在目标值之上。

⑩系统由管理者负责。组织中 94% 的问题属于系统原因（即管理者的责任），6% 是特殊原因。

建立系统概念是为了让组织内利益相关者明确组织的目标或目的。由高层（企业家或董事会）决定的组织目的（即组织生存的目的）和承诺，由系统中各个利益相关部分明确后，各个子系统就能高效协同、合作，共同实现组织目标。

如果理解了系统的十大特征，就不难理解为什么戴明提出的新的管理思想和方法是实用的。

戴明指出，管理者的职责如下：①确定系统的目的，并确保各级部门都了解系统的目的。②确保各级部门努力的方向都要朝着系统的目的。③让每个人都必须明白：一个团队如果成为自私、独立的利润中心，会对整个组织带来危险和损失。④有时一个部门虽承受损失，但会让整个公司受益。⑤让每个人都获得最佳结果，达成共赢。⑥管理者尽可能预测变化、管理变化。⑦让公司主导自己的未来，而不致沦为环境的牺牲品。⑧当系统边界改变时（可能要重新界定组织的各组成部分），要做好准备，从而更有效地达成系统的目的。⑨各个部门之间彼此合作，朝着共同的目标努力。组织承受不起因部门之间竞争而带来的破坏。

理解了系统的概念和特征后，管理者的管理方法就必须有所转变。让我们先思考下列常见的管理问题：①什么是“部门墙”？②什么是公司利益，什么是部门利益？③如何保障客户利益最大化？④目标设定与分解：以客户为导向，公司利益最大化，部门利益最大化？⑤考核聚焦结果：团队合作、跨部门合作，以部门自己的目标为导向？⑥公司文化与核心价值观：鼓励团队合作，以部门自身利益为中心？

在常见的“金字塔”组织结构下，就会出现下列现象：①虽然明确了组织的上下级汇报关系，但却没有指出一个人的工作与其他人工作之间的关系。②每人的工作就是想取悦上级。③金字塔组织没有把客户包含进去，对系统具有破坏作用。④金字塔组织促使各部门各自为政，形成各自利润中心。

金字塔组织形式就是中央集权式组织。这种组织形式被大多数中国企业所采纳，因此，企业容易面临效率不高、执行力差的困境。

中央集权式组织的特征如下：①中央集权式地推动目标实现，优点是大规模、粗放式推动任务完成；②自上而下的发号施令，缺点是效率低下、跨部门自发主动性差；③部门一把手很容易成为“部门皇帝”；④部门之间存在竞争感；⑤部门总是以自己的目标为中心；⑥跨部门合作意愿差；⑦本部门目标容易实现、跨部门目标完成困难重重；⑧跨部门的项目团队成员往往看本部门老板脸色；⑨部门一把手的权力没有被分解，喜欢独吞资源。

戴明提出的系统概念和系统方法，特别是如图 6–8 和图 6–9 将组织或系统的作用和特征用流程图展示出来，好处是让所有利益相关者除了能看到自己的职责外，还能一目了然地看到与其合作的上下游部门的职责。这将便于打破部门墙，形成以组织整体利益为导向的合作模式。

笔者给出的流程型组织的特点如下：①客户需求与客户订单驱动企业各部门制定目标；②跨部门的业务目标：以客户为导向；③跨部门流程的目标决定跨部门的绩效考核；④流程型组织：项目团队运作；⑤跨部门合作意愿强，部门墙基本被打破；⑥公司分散到各部门的资源易共享。

笔者观点如下：①建立预防性质量管理体系的目的，就是使企业减少或避免发生重大质量事故，降低缺陷率，降低成本，提高生产力和效率，最终确保企业能为客户不断提供令其满意的、高质量的产品和服务，确保企业基业长青。②建立预防性质量管理体系，可以将系统的概念、持续质量改进的哲学和方法论植入组织的运营体系中，植入员工的血液里，最终形成组织的“质量 DNA”，确保组织管理转型成功。

戴明认为，世上很多事情的原因是未知或永远无法知道的，然而，它们却是可以加以管理的。比如，人们可能无法知道什么时候会发生地震、金融风暴、重大质量事故、“黑天鹅”事件，但是人们可以设计更耐震的房屋，建立更健全的财务控制制度，打造更完善的质量管理预防体系，规划和设计更全面的风险防范体系。

从长远看，企业建立预防性质量管理体系，比管理者天天忙于救火更重要。正如戴明所讲：“优秀的人才总是会被低拙的体系打败。”

华为公司总裁任正非愿意在 10 年内花 60 亿元人民币，不断优化和完善华为公司的管理体系（系统）和业务流程（子系统），不断持续管理转型和质量变革，再一次说明了系统概念的重要性，说明了建立组织的预防性质量管理体系具有深远、重大的意义。

关于系统知识，如戴明提出的对于系统的理解、变异（Variation）、知识理论和管理心理学，将不是本书讨论的重点。读者可以参考《转危为安》和《戴明的新经济观》两部著作。

5 / 管理体系与企业生命周期

> 管理变革或管理转型，实质上是要再造企业的流程体系，彻底提升企业的管理方式。
>
> 作　者

什么是管理体系，什么是管理方式，管理体系与方式有什么关联？

首先，让我们理清这两者的关系。

管理体系（System of Management）是组织（企业、机构、政府）为了达到和实现组织的目标、控制和运作组织这个系统中各个组成部分（子系统）相互作用，从而使组织高效运营的体系。

管理方式（Style of Management）是组织在现有管理体系基础上，管理者最喜欢采纳的一套管理方法或工具。

图 6-10 展示了管理体系与管理方式的比较。

管理体系		管理方式	
战略	运营	压力管理	快乐管理
市场	销售	恐惧管理	幸福管理
服务	研发	绩效考核	目标管理
采购	物流	末位淘汰	结果导向
供应链	制造	绩效奖金	股票期权
质量	流程	部门竞争	团队合作
人力资源	财务	打卡上班	自由作息
风险内控	信息化	纪律严明	愉悦文化
危机管理	CSR	事业留人	感情留人
知识管理		内聘外招	终身雇佣
可持续管理		处罚为主	表扬为主
……		……	

图 6-10　管理体系与管理方式

企业在不同的生命周期，其管理体系的成熟度不同。

创业期的企业管理体系还处在萌芽期。老板一个人说了算，处于超强的“人治”阶段，基本上没有什么管理体系。集体领导期，企业的规模开始增大，部门增多，需要由完全“人治”向引入一部分“法治”转变。这个阶段的管理体系已经初步形成，但是仍然粗放而不规范。到了正规化期，企业管理体系已经全面规范；而到了精细化期，企业的管理体系则完全成熟。

全球的企业在不同生命周期内或过渡期时，采纳的管理方式也是五花八门、各取所好。有的企业喜欢追随大流、紧跟管理时尚，不断引进各类管理方式，结果“消化不良”或“水土不服”，效率下降。有的企业喜欢学习卓越企业（或标杆企业）的管理方式，但是没有搞清楚自己所处的生命周期与标杆企业的生命周期不同，于是不但没有学到标杆企业的核心和本质，反而在管理方式上采用“杀鸡用牛刀”或“拔苗助长”的过激行为，结果导致企业管理者心灰意冷，对管理体系规范化（“法治”）失去信心，又回到“人治”的老路上。

那么，企业生命周期与企业管理体系到底有什么关系呢？或者说，企业何时应该建立和完善管理体系？何时应该放弃依赖企业家个人魅力或“人治”，而转为依赖管理体系或“法治”？我们可以从华为公司的成长过程中找到答案。

在2000年，当华为公司从集体领导期向正规化期过渡时，任正非提出了两个惊人的观点。

观点一：任正非让华为员工不要依赖他。

一个企业的魂如果是企业家，这个企业就是最悲惨、最没有希望、最不可靠的企业。

我们要建立一系列以客户为中心、以生存为底线的管理体系，而不是依赖于企业家个人的决策。

观点二：任正非让华为员工忘掉元老和领导。

华为曾经是一个“英雄”创造历史的小公司，正逐渐演变为一个职业化管理的具有一定规模的公司。淡化英雄色彩，特别是淡化领导者、创业者们个人的色彩，是实现职业化管理的必然之路。只有管理职业化、流程化，才能真正提高一个大公司的运作效率，降低管理内耗。

企业既不要依赖企业家，又要淡化元老和领导，那么靠什么管理企业？其实，全球所有成功企业都具有同样的特征（见图6-11）：企业创始人的影响力随着企业的发展和寿命的延长会变得越来越弱。也就是说，创始人的“人治”会逐渐减弱。那么，企业靠什么来管理呢？第一，企业的核心价值观永远不变，具有决定性作用。第二，企业的管理体系和管理方式起到关键作用。

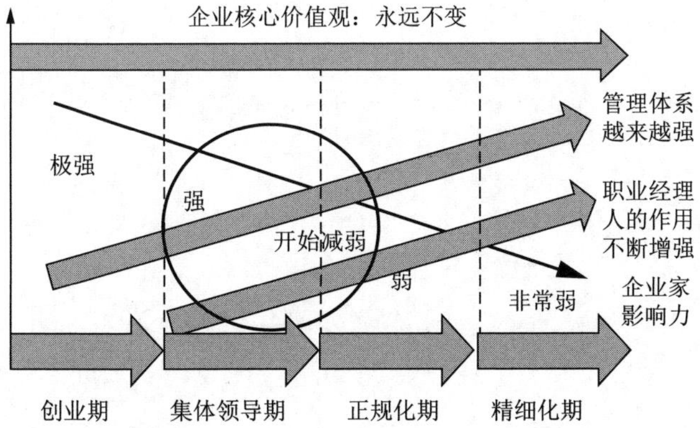

图6-11　企业生命周期与管理体系成熟度

何时应该建立和完善企业的管理体系？有一个交叉点，即“人治”与

“法治”的平衡点。及时找到这个平衡点并开始建立和完善企业管理体系，则是考验一个企业家智慧的关键所在。

当企业的管理体系越来越强时，企业就越能引入优秀的职业经理人。完善的管理体系、优良的公司治理“水土”，能确保吸引优秀人才和留住优秀人才，也就会减少优秀职业经理人“水土不服”的现象。

华为公司的成功再一次验证了作者的上述观点是正确的。

本节结论：

①管理变革就是提升管理体系。管理体系的成熟度决定着企业的命运。

②企业的生命周期与企业管理成熟度密切相关。熟知两者关系非常重要。

③机智地找到“人治”与“法治”的平衡点，并及时建立和完善企业管理体系，是企业家的使命。

④大质量管理的本质就是持续改进管理体系，从而不断提升企业的经营质量。

⑤建立、完善和优化企业管理体系，最佳方式是引入第三方（顾问公司）进行管理变革。管理变革如同“手术”。而病人是不能给自己做手术的。

第七章

质量组织

> 绝大多数企业的质量部门负责人都可能会成为“替罪羊”。能在首席质量官或质量总监这类岗位上长时间任职的人不多。
>
> 作　者

笔者在华为公司工作近 4 年，担任过三个重要职位，实际上也扮演过“救火队长”的角色。

“救火队长”的第一个任务

2008 年 4 月某一天，任正非先生面试了笔者。面试时间大约半个小时，但我们共进午餐，边吃饭边提问题和回答问题，整个过程持续了约一个小时。

面试后，笔者被华为公司录取，担任华为公司全球技术服务部（GTS：Global Technology Services）副总裁，负责建立全球客户支持中心（Global Customer Support Center）。

入职后，经过两周的调研，笔者意识到，自己实际上成了“救火队长”。“救火队长”的第一个任务就是把已有的基础部重建为全球客户支持中心。

笔者的首要任务是让公司高层改变理念，把现有的“基础部”更名为“全球客户支持中心”，因为部门名字不恰当，说明管理者对这个部门的定位和职责不够清晰，这将会导致该部门不能聚焦客户需求，进而增加部门的运营成本，降低工作效率，无法提升客户满意度，最终无法实现公司的整体业务目标。

在与基础部原负责人张平安先生交接工作时笔者发现，目前这个基础部在华为的确是个“烂摊子”，缺兵少将，士气低落。从“基础部”这个名字就可以猜出来，后来经过笔者验证也的确如此，该部门在 GTS 和整个公司的地位很低。领导不重视，老员工不愿意来该部门工作，新员工上岗后感觉没有前途。更深层的问题是，上级管理者对该部门所承担的业务特征没有真正理解，导致部门人力资源配置缺乏，职责与其他部门重叠，在客户面前显得软弱无力。

笔者花了两年的时间，将“基础部”改建成为“全球客户支持中心”。2010年，全球客户支持中心的各项业绩名列GTS前茅，客户满意度达到全公司最高水平。该部门的文化和组织氛围从消极转变为积极上进，并处于正能量传递和上升阶段，干部梯队完整，员工士气高涨，技能不断提升。

全球客户支持中心在2008年有几百人，到了2010年下半年，已经发展到了约上千人的规模，全球员工分布在100多个国家，年营业收入近100亿元，成为全公司范围内的一支优秀团队。

成功打造全球客户支持中心，不是本书的重点。但是，全球客户支持中心业务与华为企业的质量管理体系建立有着密切关系，特别是，谈及华为公司管理转型与质量变革，就离不开全球客户支持中心的角色和该业务流程的成功转型故事。

笔者负责的全球客户支持中心业务流程转型项目，是华为公司管理转型项目之一，全称为ITR（Issue To Resolution）变革项目。ITR管理转型项目的成功，为提升华为公司全球客户服务质量奠定了坚实的基础。

“救火队长”的第二个任务

公司级的质量部门负责人，往往像个“热锅上的蚂蚁”。

笔者认为；绝大多数企业的质量部门负责人都可能会成为“替罪羊”。能在首席质量官或质量总监这类岗位上长时间任职的人不多。华为也不例外。

2010年底，华为公司轮值CEO徐直军和HR总裁李杰将笔者调任到公司质量部担任“首席质量官”一职。笔者上任后不久，就发现这个部门同样是个“烂摊子”。

原公司质量部的负责人成了“替罪羊”，上级对该负责人的表现评价很低。但该负责人则是怨气冲冲，理由与“基础部”类似，如上级领导不重视、人员配置匮乏、部门地位低下、员工士气低落、组织氛围消极等。

笔者经过调研后，发现的确存在严重问题。问题的表象为：①该部门在公司内部定位混乱；②组织结构不合理，内部各小部门职能不清晰，关键岗位缺失；③员工士气低落，组织内部文化和氛围存在“负能量”；④人员技能多年没有得到培训，趋于老化等等。

上述表象背后的根因则是，①公司质量部没有起到制定和执行公司质量战略、配合公司实施战略目标的作用；②没有承担起公司质量变革代理人的角色；③没有扮演质量文化“传教士”的职能；④在公司流程建设和优化职能上，与流程 IT 部门之间产生重叠，或相互“扯皮”，或相互抢资源；⑤从集团公司层面上，没有支撑各个事业部、子公司、公司总部各职能部门的质量组织建设和日常质量改进工作。

华为公司质量部是公司层面的质量组织。如果这个组织不能发挥正常作用，将对公司整体的质量管理和经营结果产生巨大的影响。或许正是因此，徐直军和李杰才让笔者担任公司首席质量官。他们很清楚公司质量部目前存在的各类问题和潜在的危机。

徐直军很谦虚。在笔者上任华为公司质量部一把手之前，他单独邀请笔者给他本人讲解了三四次关于笔者建立公司质量组织、大质量体系的设想，并对全球其他跨国公司（特别是美国摩托罗拉公司）建立质量委员会的方案进行了评估。徐直军完全认可笔者的方案。

笔者上任后，开始了大刀阔斧的改革。

第一，在全公司上下明确公司质量部的战略定位，并组织全公司各事业部高管参与制定了华为公司的公司级质量战略（五年质量战略规划）。

第二，建立和完善公司各级质量组织。首先完善公司级的质量组织，并理顺公司质量部与各个事业部、子公司、公司总部质量组织的关系。但是，暂时还无法理顺公司质量部与流程 IT 部的关系。不过，笔者离职后，徐直军还是采纳了笔者的方案。

第三，成立公司客户满意和质量委员会（CSQC：Customer Satisfaction and Quality Committee）。这是一个跨事业部、公司层面的非职能部门。笔者从顶层的角度，设计了华为公司的质量与运营管理架构。作为华为公司的轮值 CEO，徐直军担任客户满意与质量委员会主任，笔者担任该委员会的副主任。

第四，重建公司质量部。对公司质量部进行改组，并建立和完善公司质量部内部各小部门的职责，完善各个岗位职责。

第五，重建公司质量部的部门文化和组织氛围，并在公司核心价值观指导下，振兴员工士气。

第六，加大对公司质量部技术专家、各类人员的技能培训，特别是高效利用好已经招募的多名外籍（加拿大、美国）专家资源。

第七，由于公司质量部是客户审计华为的接口（面对全球几百家运营商，特别是欧美国家运营商），因此，加强针对客户审计的接口职能，提高客户到华为进行现场审计的支撑工作效率，提高客户满意度。

第八，成立 SWAT（特别任务）团队，开始建立华为自己独特的质量审计体系。华为公司在欧美高端客户的“教育”下，在 TL9000（全球电信质量标准）基础上，经过“千锤百炼”，已经能适应欧美高端运营商的现场质量审计；但是，每次现场审计都很被动，各事业部总裁们对这些高端客户的质量审计提心吊胆。如果有一套能提前自我审计的《华为公司质量审计体系》，而这套质量审计体系可以包含 TL9000 和欧美高端客户的质量审计标准、全球《财富》500 强企业中卓越企业的质量审计标准，则华为公司只要日常按照这套质量审计标准工作并不断改进质量，在面对任何客户的质量审计时就都会获得成功。

在制定了上述 8 项《华为公司质量部的战略规划和行动计划》后，笔者开始动“刀”了。在设计新的华为公司的质量组织时，笔者本着两个原则。

原则一：质量组织必须从公司的战略高度来定位。一个企业对质量组织的定位，决定了该企业的质量管理水平。

原则二：质量组织的“打仗”功能与“智慧”功能必须分开。“打仗”功能是指与业务部门配合，完成业务流程中的业务活动。“智慧”功能则是质量部特有的功能，是其他业务部门无法替代的，即向业务部门输送先进的质量管理方法和工具，如持续质量改进法（CQI）、六西格玛、二八原理分析法（帕累托）等，用全球最新、最先进的质量改进法替代原有的“土办法”。

笔者设计的质量组织和角色，包含四类职能。

第一类，质量战略制定与执行（Strategic Quality Management）。

为了把质量从战略的高度去管理，打造企业的竞争力，企业可以建立一个横跨所有业务部门的质量组织，以确保企业的质量战略能够支撑和匹配企业的业务战略，并确保业务目标完成。这个质量组织往往是一种虚拟组织：公司质量战略委员会，包括委员会主任（由企业总裁、CEO或COO担任）、委员会副主任（由首席质量官或公司质量部总监担任）、委员会委员（由公司各业务部门的一把手或二把手担任）、委员会秘书（由公司质量部负责）。

第二类，质量保障（QA：Quality Assurance）。

质量保障是确保建立和完善组织整体质量管理体系。这一类质量组织和质量人员一般有如下层级：公司级质量部，由质量总监或首席质量官负责；事业部级质量部，由质量经理或质量总监负责；部门级质量小组，由质量组长或质量经理负责。

第三类，质量控制（QC：Quality Control）。

质量控制是确保组织的业务流程执行中各关键节点能被检查和控制，最终完成质量目标，即满足业务流程和客户的要求。参与检查和控制的组织和人员有业务流程关键节点检测和控制部门，以及质量经理与品质检验人员（含质量工程师等）。

第四类，质量审计（Quality Audit）。

质量审计主要包括内部审计（自我审计）和外部审计。质量审计的目的是发现问题、及时改进。

图 7-1 展示了三种不同企业中的质量组织和质量角色。质量组织在企业中的重要性和地位往往能从其所处的组织定位上反映出来。显然，质量组织在企业中的地位，公司 A 最低，公司 B 较高，公司 C 最高。

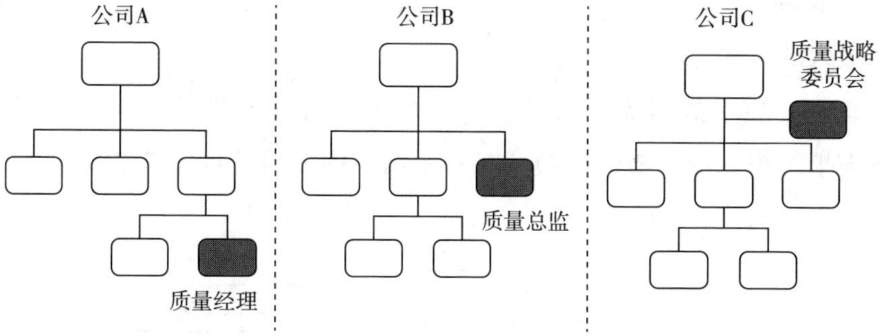

图 7-1 质量组织在企业中所处的组织定位比较

1 / 质量战略委员会

> 质量战略委员会是解决公司内部“扯皮”“官僚主义”、打破“部门墙”，高效地执行公司质量战略的最好组织形式。
>
> 作 者

1982 年，摩托罗拉公司成立了公司质量委员会（MCQC：Motorola Corporate Quality Council）。2002 年，中兴通讯公司成立了公司质量战略工作组（SQWT：Strategic Quality Working Team），我曾担任副组长。2010 年，华为公司成立了公司客户满意与质量委员会（CSQC），我曾担任该委员会的副主任。

无论叫质量委员会、质量战略委员会，还是客户满意与质量委员会或是质量战略工作组，重要的是该组织如何设立，如何运作，如何能给企业带来最大的价值。

首先，质量战略委员会是一个横跨全公司各个部门、由 CEO 直接领导的虚拟组织。质量战略委员会在一个组织中的位置如图 7–2 所示。

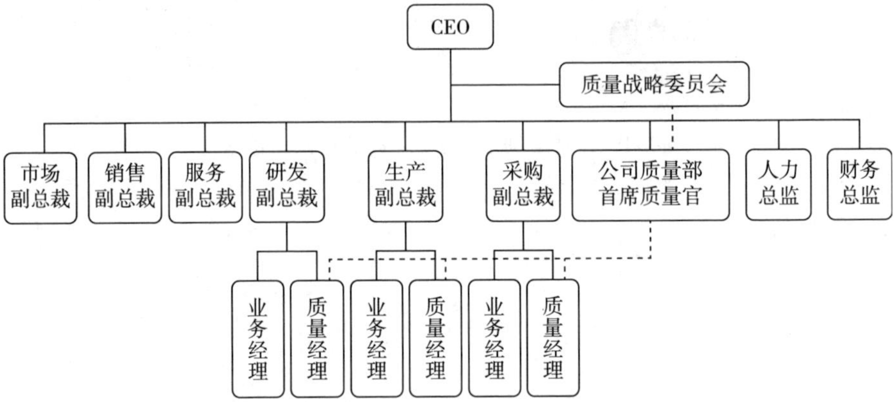

图 7-2 公司质量战略委员会

其次，质量战略委员会的功能之一是要打破“部门墙”，协同公司所有质量专家资源，预防重大质量事故发生，指导解决企业出现重大质量问题时公司层面的扯皮现象。

最关键的是，质量战略委员会要贯彻 CEO 的质量思想，指导公司质量部建立和完善公司质量管理体系，开发和优化公司质量审计体系，确保公司的质量管理体系不断地改进，最终确保公司的客户满意度得到提升，整体质量水平得以提升，企业能够可持续健康发展。

以下根据笔者亲身体验，分别阐述一个组织中设立质量委员会的职责、组织形式和运作规则。

质量战略委员会的职责

指导公司质量部制定和落实公司质量战略和质量目标

指导公司质量部设计和落实公司各级质量组织

监管和追踪各业务部门是否彻底贯彻和落实公司质量文化

处理升级告警到公司层面的跨部门“扯皮”问题

评审公司客户满意度调查后各业务部门改进的结果

评审公司质量审计后各业务部门改进的结果

评审公司重大质量事故处罚的规则和流程

协助 CEO 任命公司级业务流程的责任人

评审公司流程管理体系和质量审计体系

评审公司各专业委员会（如：企业社会责任委员会、环境与安全委员会、企业风险管理委员会等）的年度计划和总结

质量战略委员会的组成

公司质量战略委员会的负责人一般由 CEO 或 COO 担任。主持委员会日常工作的副组长（或副主席）一般由公司首席质量官或公司质量部的质量总监兼任。

委员会中的委员必须是各业务部门的一把手（部门总经理）或二把手（副总经理，主管部门运营）。

质量战略委员会的运作规则

公司质量战略委员会的日常工作由公司质量部负责，包括组织每月例会、选择会议主题、发布会议纪要、追踪会后《行动计划追踪表》等。

首席质量官负责制定质量战略委员会的运作规则。该规则主要涉及选择月度会议主题、选择月度会议发言人、公司《行动计划追踪表》责任人职责、公司升级告警问题关闭职责等。

2 / 质量组织被“三化”

质量组织被“三化”，即“隐形化”“显性化”“融化”，反映出质量组织的生命周期。负责组织质量管理体系顶层设计的管理者们，必须懂得这一规律。

作　者

企业在不同的生命周期中，其质量组织的形式是不同的。如图 7–3 所示。

在创业期，企业的质量组织往往被“隐形化”，根本看不到质量部和质量经理。在创业期，创业者或其他管理人员无不身兼多职，质量管理的职能已经被某一人兼任了，质量管理的地位也相对较低。

但是，当企业到了集体领导期或正规化时期，企业的规模已经变大，业务流程开始变得复杂。这时企业的流程需要规范，质量管理的地位变得重要起来。为了强调质量，企业中的质量组织就会被“显性化”，公司质量部开始扮演质量保障的角色。各级业务部门开始设有品质保障人员（专职或兼职）。

当企业进入精细化时期，企业质量管理成熟度已经极高，流程完善，质量管理体系已经完全与运营管理体系相融合。此时，企业的质量组织就会被“融化”，即企业不再设有质量部，而由运营管理部取代质量部。同样，各级业务部门也不再设有专职的质量经理或质量保障人员，因为每一个员工都已经被质量哲学所洗脑，都会使用持续质量改进的方法论和工具工作。

随着企业的发展和质量成熟度的提升，质量组织的演绎过程就是从隐形到显现，再到被融化或消失。

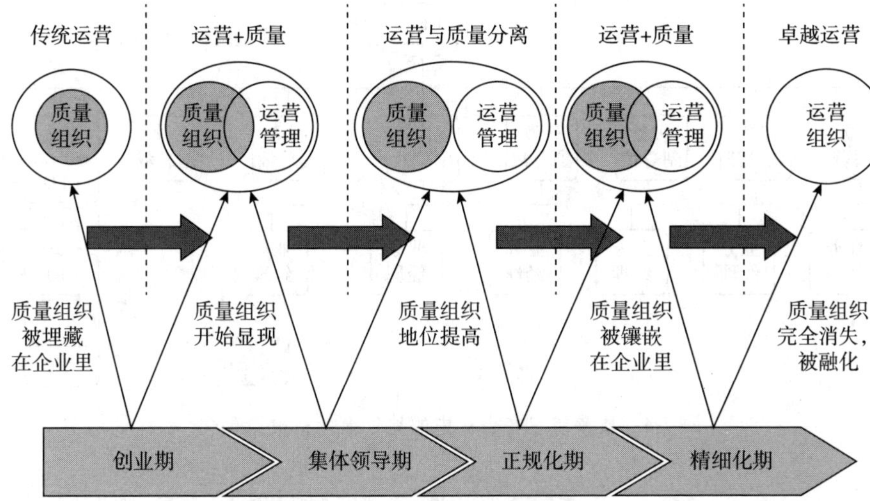

图 7-3　质量组织与企业生命周期

根据企业发展的生命周期和组织质量成熟度的特点，我们可以得出下列三个结论。

第一，质量组织在企业中的地位完全是由企业的一把手决定的。一把手对质量重视程度的高低，会直接反映在企业的组织结构中。

第二，随着企业质量管理成熟度提升，质量组织将会逐渐被运营组织所替代。进入精细化期的企业，其质量组织可能已经被“融化”了。

第三，质量组织是为提升企业运营效率和客户满意度，实现可持续发展服务的。无论质量组织是被隐形化、显性化还是被融化，只要质量管理的精髓植入到企业的文化、核心价值观和流程中，那么，企业将永远得到质量组织提供的益处。

图 7–4 至图 7–8 展示了质量组织在企业中的地位：被隐形化、被显性化、被提升、被融化。

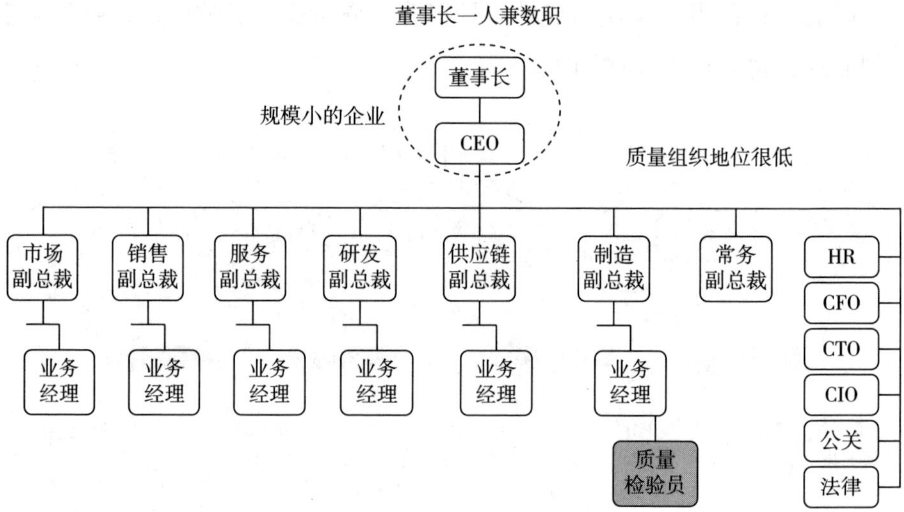

图 7-4　质量组织在企业中的地位很低：被隐形化

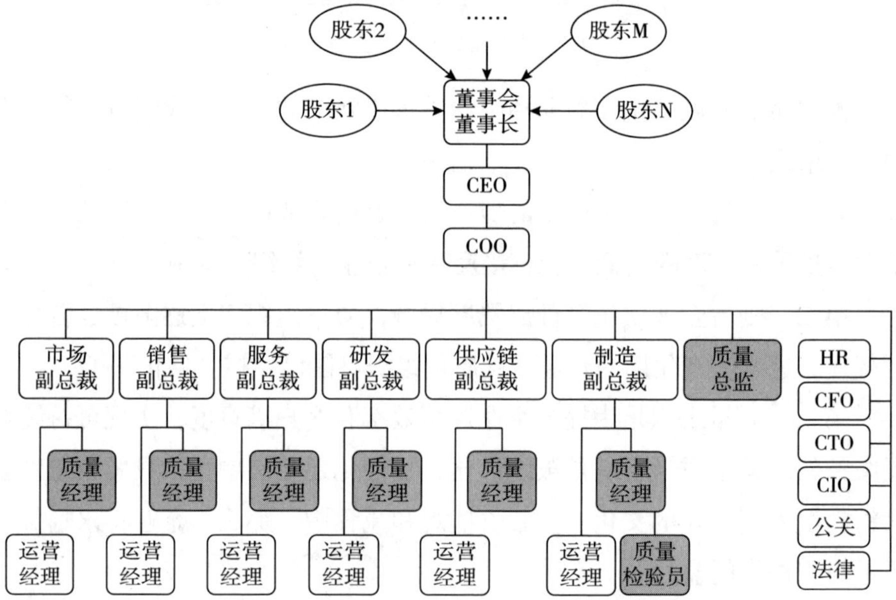

图 7-5　质量组织出现在公司层面：被显性化

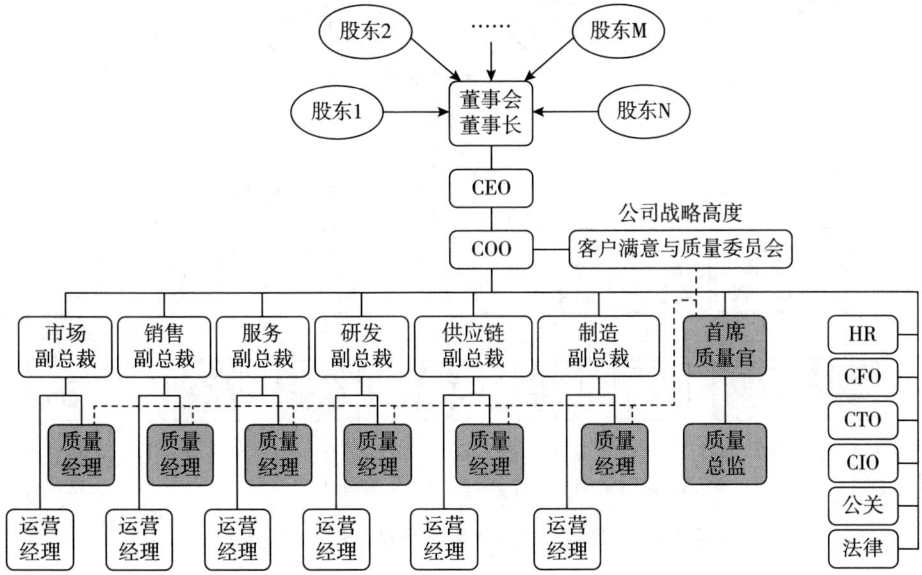

图 7-6　质量组织在公司的地位很高：设立质量委员会

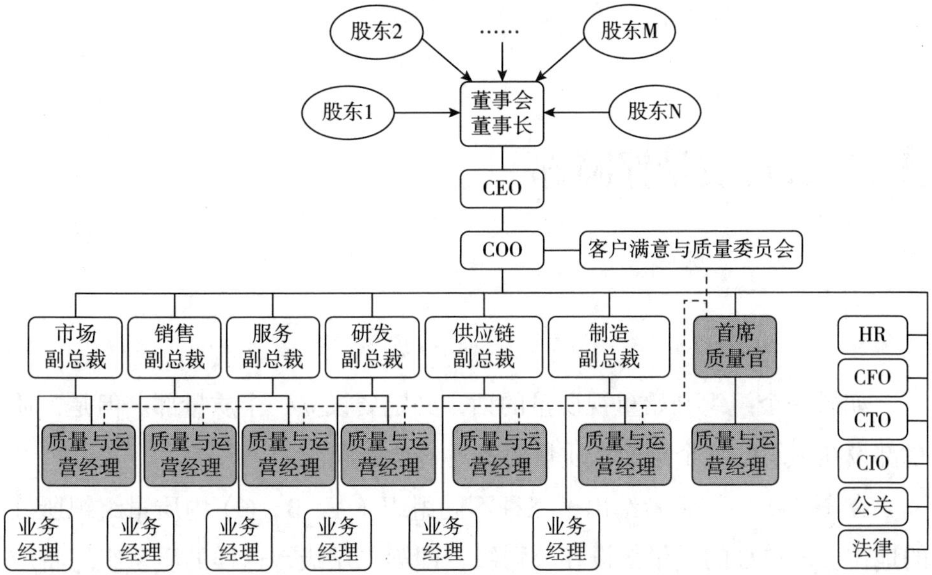

图 7-7　质量与运营组织同时出现在组织中：质量组织被镶嵌

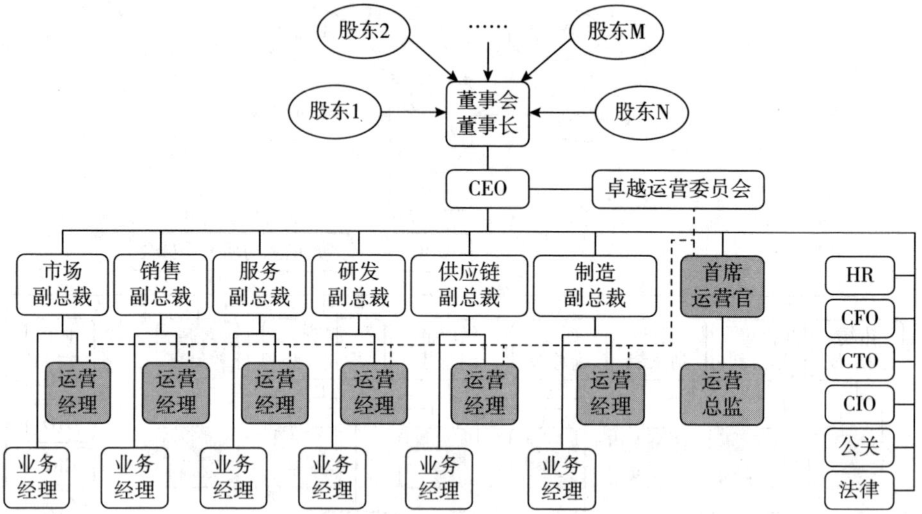

图 7-8　卓越运营的组织中质量组织消失：被融化

3 ╱ 公司质量保障部

如果一个组织开始重视质量的话，必定要设立一个质量部。但是，质量部设在组织的哪个层面？质量部应具备什么职能？

在图 7–1 中，笔者给出了三种不同组织（A、B、C）内质量组织所处的地位。B 和 C 的质量部设在公司级，即第二层级，这样的质量组织将应扮演质量保障（QA）职能。

值得注意的是，并不是所有的组织都愿意像 C 公司那样设置质量委员会。当没有质量委员会存在时，公司级质量部要想承担质量委员会的职能将面临很大的挑战。

一般来说，公司级质量部的主要职责是协助公司总裁或 CEO 建立公司级的质量管理体系（QMS）。包括：①制定公司质量方针；②建立公司质量文化（将全面质量管理与公司创始人的质量哲学相结合）；③制定和执行公司质量战略和公司年度质量改进计划；④根据公司生命周期和发展阶段，设计和执行公司各级质量组织；⑤建立和维护公司各业务流程的度量指标，并协助 CEO 制定各业务部门的质量考核指标；⑥负责落实公司级月度质量与客户满意度会议；⑦负责公司的客户满意度管理；指导和配合公司客户满意度调查小组编制和更新年度客户满意度调查模式，落实和执行公司年度客户满意度调查计划；⑧负责制定和落实公司的质量审计计划，包括内外部质量审计，负责落实公司的 ISO9001、ISO14000、OHSAS18000 等认证；⑨负责管理公司的业务流程管理体系（包括对公司主要业务流程第一责任人的任命）和文档资料控制体系，协助各业务部门完成流程优化；⑩协助公司建立流程文件和质量数据存放的信息化平台；⑪负责编写公司级的质量培训教材，培养质量讲师，并落实对公司各级人员的质量培训；⑫负责编写《公司质量文化手册》；⑬引入全球最新的质量管理方法和工具，寻找和学习行业内和跨行业的质量改进标杆企业，在国内外参与和分享质量改进经验。

总之，公司级质量部应协助公司首席质量官（或质量总监）完成下列六种角色的扮演：① CEO 的质量管理参谋或助手；②质量文化的“布道者”；③各业务部门的战略合作伙伴；④质量变革的代理人；⑤质量管理体系专家；⑥公司业务流程架构师。

图 7–9 展示了一个制造业企业在质量变革前的组织结构。企业没有公司质量保障部，制造部下属有个质量控制部（QC），主要作用是质量检验，即来料检验、生产过程检验和出厂前成品检验。

在图 7–9 的状态下，该企业高管没有理解质量哲学和质量改进的本质，所以一旦出现产品质量问题，就不断地在生产部门增加检验人员，但是仍然无法提升质量。

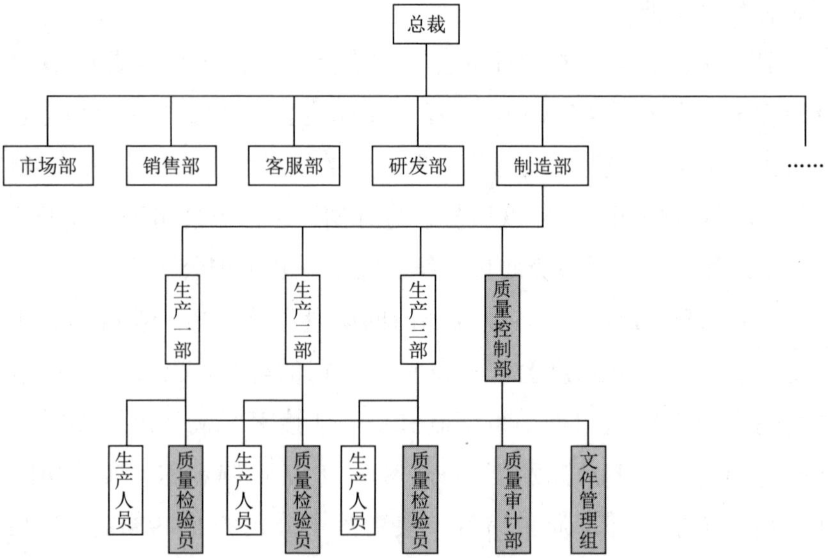

图 7-9　一个制造企业无质量保障部的组织结构

笔者为该企业进行了为期一年的质量变革，内容如下。

①建立质量文化：质量是设计和制造出来的，不是检验出来的。

②建立公司级质量保障部（建立预防性质量管理体系）。

③加强生产流程、研发流程的持续优化。

④建立和完善持续质量改进的三级闭环体系（公司环、部门环、个人环）。

⑤增强全员的质量培训。

⑥继续保留制造部下属的质量控制部职能，但是，减少质量检验人员。

由于不断增加预防成本，如业务流程优化、持续质量改进闭环管理、质量培训，产品质量大大提升。同时，由于不断减少生产部门的质量检验人员，检验成本降低，总质量成本下降。如图 7-10 所示，该企业在提升质量（即故障成本下降）的同时，降低了总成本（如图 7-10 中点 K）。

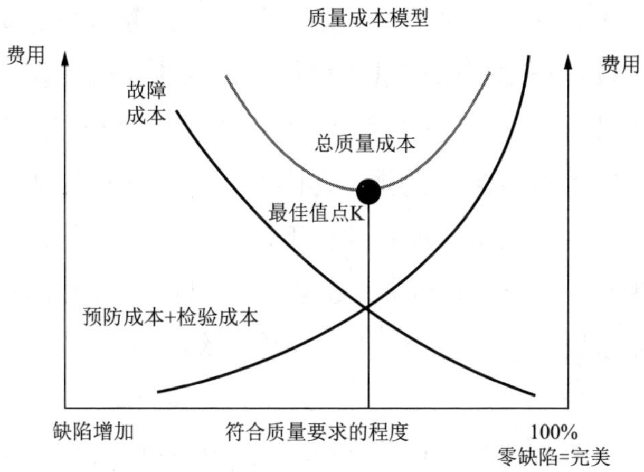

图 7-10　质量成本模型

图 7-11 展示出该企业在质量变革后，设立了质量保障部的组织结构。由于建立了预防性质量管理体系，该企业的整体质量水平大大提升。

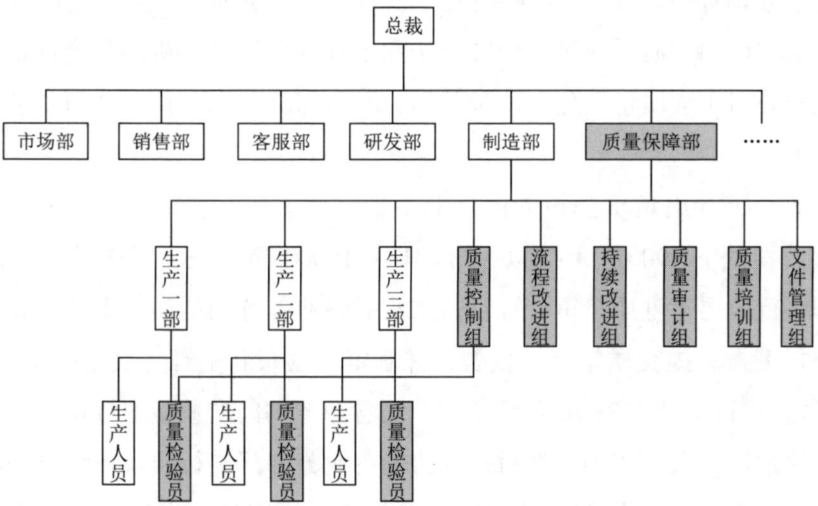

图 7-11　一个制造企业质量保障部的组织结构

图 7-11 中的文件管理组、质量培训组的职责比较容易理解。现将其他三个小组的职责分别解释如下。

流程体系组负责管理公司的业务流程管理，包括：①协助总裁对公司各主业务流程第一责任人的任命，协助各主业务流程第一责任人对其各子流程责任人的任命；②建立和维护公司各业务流程的度量指标，并协助总裁制定各业务部门的质量考核指标；③建立和完善《公司流程管理标准工作规程》，协助质量审计组对各业务流程进行年度审计；④协助主流程第一责任人落实流程优化；⑤协助公司建立流程文件和质量数据存放的信息平台；⑥负责协助各业务部门进行流程优化方法的培训，编写标准工作规程（SOP）的培训；⑦协助公司首席质量官完善和优化公司质量管理体系所涉及的各类流程；⑧参与编写和宣传《公司质量文化手册》。

持续改进组负责持续改进法在公司各个层面的应用，包括：①协助公司举办每月的质量与客户满意度例会，并将会议纪要和行动计划追踪表落实到每一个行动责任人；②追踪和落实《客户满意度调查报告》提出的公司质量问题；③对公司发生的重大质量事故，负责调查并给出《重大质量事故调查报告》，向公司提交专家建议；④协助各业务部门进行持续改进法的培训、质量改进根因分析法和工具的培训；⑤协助公司首席质量官在全公司布道质量文化、质量哲学；⑥参与编写和宣传《公司质量文化手册》。

质量审计组负责公司的内外部质量审计工作，包括：①外部：负责落实公司的ISO9001、ISO14000、OHSAS18000等认证；②内部：协助制定和执行公司年度质量审计计划，落实对各业务部门的质量审计；③负责向公司汇报和提交质量审计报告，并制定、发布和追踪《质量改进建议》《质量改进行动计划》；④负责培养公司各业务部门的质量审计员，负责编写《质量审计人员培训》教材；⑤协助各业务部门进行质量审计方法的培训；⑥协助公司质量部总监追踪和关闭《质量审计中发现的重大质量问题》；⑦参与编写和宣传《公司质量文化手册》。

4 / 质量基层组织

> 团队是临时成立的组织，完成任务后团队就被解散了。不要把团队管理的概念与组织中常规部门的管理混为一谈。但是，团队是解决组织中棘手和疑难问题的有效工具。
>
> 作　者

企业中的常规部门很多，一般分为三类：运营部门（市场部或品牌部、销售部、研发部、服务与交付部、客户支持中心等）；使能部门（战略规划部、采购部、生产部等）；支撑部门（财务部、人力资源部、质量部、项目管理办公室、知识管理部等）。

有时为了解决企业遇到的疑难问题，特别是质量问题，需要从各部门抽调骨干或专家临时成立攻坚团队。根据企业问题的严重程度，可以将攻坚团队分成公司级、事业部级或子公司级、业务部门级。级别越高，这种临时成立的攻坚团队就越容易获得公司资源。

在质量改进方面，企业一般有三类攻坚团队。第一类是企业基层自发成立的质量改进小组。这类小组要解决的是一线发现的一般质量问题。第二类是企业中为了解决较为疑难的质量问题而成立的团队。在这类团队中，队员除了来自各业务部门的基层骨干外，还有来自企业部分业务部门的中层或高层管理者。中层或高层管理者仅以个人名义（队员）参与团队工作。第三类是为了解决企业中重大质量疑难问题而成立的团队。这类团队是企业公司级的团队。团队有项目发起人、项目经理和项目管理办公室。

这三类团队的管理模式、运营模式、组织形式有所不同，但所采用的质量改进方法论和工具是一样的，即持续质量改进法（CQI）。

图 7-12 展示了这三种质量改善团队的特点。

团队模式	基层员工参与自发组织团队高层名义支持	由中层或高层以个人名义参加，设有团队管理办公室	团队由公司任命由高层组成的项目办公室支撑运作
QCC团队	★		
TCS团队		★	
六西格玛团队			★

图 7-12　三种质量改善团队的特点

（1）QCC

当一个企业的员工敬业度不断提高时，企业的基层员工往往自发地组织起来，对一线发现的某些产品或服务质量问题展开研讨、采取行动，并用持续改进的方法去解决这些质量问题。

这种自发组织起来的基层质量改进小组最早出现在日本企业。日本企业把这类小组叫 QCC（Quality Control Circle），翻译成中文叫品质圈或质量圈。QCC 的组员基本上全部来自基层员工。

1960 年，石川馨博士首次在日本提出了 QCC 概念。1962 年，日本无线电和电报公司成为首家应用 QCC 的公司。同年年底，已有 36 家公司在日本科学家和工程师联盟（JUSE）注册 QCC。到了 1978 年，QCC 在全日本发展到近 100 万个，近 1000 万日本工人参加。

QCC 是日本人独自发明的产物。戴明和朱兰曾经怀疑，这种质量改进的基层组织形式能否在欧美开展起来。1966 年，当朱兰再次访问日本时，他发现质量圈的概念非常好，于是马上当起了质量圈的“布道者”，在欧美企业中不断地宣扬质量圈的功能和好处。

（2）TCS

后来，美国企业也开始开展这类基层自发质量改进小组活动，但是小组成员不是全部来自基层员工，也有中层管理者或高层管理者，只不过这些管理者在质量改进小组中不是领导，而是被领导者，即组员。有的美国企业把这类小组叫 TCS（Total Customer Satisfaction）。TCS 需要公司层面的支持，否则很难长期生存下去。

在摩托罗拉公司，摩托罗拉大学起到了在公司层面对 TCS 小组的支持作用。通过提供培训和支持，摩托罗拉大学不断帮助 TCS 小组总结经验，激励和表扬成功的小组，并在全球范围内分享他们的成功经验。笔者在摩托罗拉公司工作的八年时间里，参加了两次 TCS 小组，都获得了摩托罗拉公司优秀质量团队奖。

1996 年，我担任摩托罗拉公司大中国区的网络维护部高级经理。这是摩托罗拉公司首次在中国设立网络维护部，主要客户就是中国三大电信运营商（中国移动、中国电信和中国联通）。

其实，早在 1995 年底，摩托罗拉公司就已经制定了帮助中国移动提升网络维护能力的战略，我则是实施这项战略的执行者。

1995 年秋的某一天，汤姆·辛顿（Tom Hinton）和班尼·罗特布劳特与笔者当面谈话。前者是摩托罗拉大中国区的总裁，后者是大中国区的质量总监。两位找我谈话的主题是邀请我出任摩托罗拉（中国）公司网络维护部的首位负责人，并建立一个高效的组织。

从 1995 年底到 1996 年中，在网络维护部内成立一个名称“中国长城小组”的 TCS 团队。成立该团队的目的是帮助中国移动公司建立一套全新的网络维护管理体系，并帮助中国移动公司在全国范围（29 个省市）展开网络维护竞赛活动，编制竞赛规则，制定网络性能评价指标，策划竞赛活动数据报告和评审体系等。当然，最终目的是帮助中国移动提升摩托罗拉公司的产品在其网络中的运营性能指标，提升客户满意度，扩大销售。

“中国长城小组”的组长并不是笔者本人，而是由我部门的员工担任。组员有本部门的员工、专家，也有公司的高层管理者，我只是组员之一。这种 TCS 小组的组织结构正是我们常说的团队模式，团队的队长并不一定是管理者。

经过近半年的努力，“中国长城小组”取得了成功。该小组帮助中国移动成功地举办了全国性的网络维护竞赛，中国移动公司全国整体网络运营性能和客户满意度得以大幅度提升。为此，我们获得了摩托罗拉公司全球优秀团队质量奖。

这次成功再一次证明，企业内部临时成立的团队可以解决企业关键问题或用来攻克难题。

日本公司的质量圈（QCC）相比美国公司的TCS团队较弱的方面是，这种自发性的团队并没有高层管理者加入，只是员工们自己发起的团队组织。

一般来讲，质量圈（QCC）只能解决一些难度较小的质量问题。TCS团队主要是用来解决提升客户满意度问题。而六西格玛团队则是用来解决企业中重大疑难质量问题的较好的团队形式。

当企业的质量文化未成熟时，质量圈（QCC）的成功率很低。在中国企业中，当具备下列的五个要素时，六西格玛团队的成功率要高于TCS团队。①支持质量改进团队的公司机制：公司质量保障部协助成立项目办公室PMO（虚拟）；②质量改进团队以项目模式运作：由总裁任命项目团队队长、PMO支撑运作、顾问辅导；③领导重视；④质量改进团队成员能力培训；⑤质量文化。

第八章

首席质量官的职能

第一代首席质量官应是阿曼德·菲根鲍姆和菲利浦·克劳士比，他们开创了首席质量官的先河，值得敬佩。

作　者

首席质量官杰克·格曼像个全明星、魔术师。摩托罗拉需要这种人。

摩托罗拉公司 CEO 鲍勃·高尔文（Bob Galvin）

1950 年，在美国通用电气（GE）担任首席质量官的阿曼德·菲根鲍姆出版了《全面质量控制》（Total Quality Control）一书，首次提出质量不只是质量部门的事，而是每一个人的事。

1979 年，在美国国际电报电话公司（ITT）担任首席质量官的菲利浦·克劳士比所著的《质量免费》成为全球畅销书。

1980 年，摩托罗拉公司设置首席质量官职位，杰克·格曼成为公司第一任首席质量官。

摩托罗拉公司 CEO 鲍勃·高尔文任命格曼为首席质量官是有理由的。高尔文认为，格曼就像一个“魔术师”，他能让摩托罗拉公司全球 10 万名员工快速理解公司的质量目标和质量战略。他从公司顶层开始，能把公司的质量愿景传递到基层的各个角落。

格曼深知，在一个组织中，没有任何人愿意主动变革，摩托罗拉公司作为一家传统的企业也不例外。因此，格曼需要协助 CEO 在摩托罗拉公司内部发起一场变革，也就是一场质量革命。CEO 高尔文是这场变革的发起人，而格曼则是这场变革的代理人。格曼利用远东那个神秘的竞争对手（即日本）作为竞争目标。他起用“六西格玛之父”比尔·斯密和麦克·哈里博士，在公司推行六西格玛计划，同时利用摩托罗拉大学（其前身为摩托罗拉培训教育中心）作为给员工培训质量知识的平台。

摩托罗拉公司的第二任首席质量官瑞·莫尔曾在公开场合讲述，首席质量官的职责是：确保公司的流程不断改进，产品和服务的质量能满足客户需求，完全使客户满意，保障公司的经营遵从环境法规。

首席质量官虽然是一个岗位和职务，但其独特的职能和作用对企业建立和完善质量与运营管理体系起着非常重要的作用。

现代企业组织中的首席质量官这一职位，对于总裁或CEO来说，就像是手下作战的将军之一，同时又是参谋和顾问、质量变革代理人和质量福音的"布道者"或"传教士"。无论是制定和执行公司质量战略，还是指导公司上下建立全公司的质量管理体系（QMS）和业务流程管理体系（BPM：Business Process Management），还是引入行业标杆、全球最先进的质量管理方法，首席质量官都扮演着非常重要的角色。

对于公司其他部门的业务主管来说，首席质量官就像是他们的战略合作伙伴、质量管理专家、流程体系建设总设计师。

对于一般员工来说，首席质量官更像是"布道者"和"传教士"。首席质量官在公司上下不断地传递质量哲学和持续改进的理念和方法。

对于客户来说，首席质量官成了他们可以倾吐心声的"知心者"和面对严重质量管理问题时发泄不满和抱怨的"缓冲区"。

笔者概括的首席质量官六大职能如下。①CEO的参谋和助手；②质量变革代理人；③质量文化的"布道者"；④业务部门的战略合作伙伴；⑤质量专家；⑥流程体系架构师。

首席质量官在企业中的多重角色，是由企业所处的生命周期所决定的。

对于任何企业，无论处在生命周期的哪一阶段，如创业期、集体领导期、正规化期和精细化期，或者在某一过渡期，首席质量官的职能都是必不可少的。在创业期、集体领导期的企业往往规模较小，还没有能力设置首席质量官这一职务，但实际上，首席质量官的职能往往被"埋藏"在某个岗位之中，如由某一副总经理兼任。对于规模大的企业，特别是从事全球化战略的企业，首席质量官岗位的设置是必不可少的。

从首席质量官的六种职能分析来看，第一、第四、第五项职能容易理解。首席质量官不一定非要像质量工程师那样专注细节，但是要对基本的质量管理方法有所掌握，并有实践经验。第二项、第三项和第六项职能比较难以理解。下文将重点阐述。

1 / 变革代理人

> 质量变革代理人就像组织中的催化剂。
>
> 作　者

企业要想真正建立现代质量管理体系，就必须实施一场质量变革。毫无疑问，质量变革的发起人只能是企业的一把手，因为质量变革只有从顶层发起才有可能成功。大量的实践证明，通过基层和中层实施的变革往往都以失败而告终。

根据变革管理的成功模式，变革发起人必然要寻找变革的代理人来帮助其完成这场变革。首席质量官自然就是企业的质量变革代理人，责无旁贷。

作为质量变革的代理人，就必须学会帮助变革发起人从顶层设计质量变革项目规划。首席质量官也是质量变革项目的顶层设计师，必须在挖掘项目发起人的变革最初意图和最终想法后，按照变革项目管理的规律，即按照项目管理的战略规划七步法来设计和完成质量变革。

①建立质量变革的愿景；

②确立变革项目目标；

③规划变革项目的战略和策略；

④制定变革组织结构和职责；

⑤制定变革的行动计划；

⑥评估变革项目成功的关键要素；

⑦评估变革项目的指标。

根据从事质量变革的成功经验，我认为，质量变革代理人在进行变革前必须分析清楚四大要素。

第一，变革涉及的利益相关者。任何变革都是要触及相关者的利益的。要在一个组织中从事质量变革，将会涉及所有人的利益。所以，在宣传质量变革的愿景、目标和实施方案时，要覆盖到企业中的所有员工。

第二，质量变革的发起人。质量变革的发起人必须是企业的一把手。如果一个企业的一把手没有进行质量变革的动机、没有紧迫感、没有主动发出质量变革的“战斗号角”，首席质量官千万不要“自作多情”地自己发起质量变革。否则，必定失败。

第三，变革项目经理（PM）和变革参与者。首席质量官作为变革的代理人，必须明白，这场变革的主角是谁？这场质量变革的主角不是你自己，而是企业的各级员工。企业的各级员工是变革的参与者，但是参与者中主要还是企业各业务部门的负责人起到关键作用，阻力往往来自这些部门主管。因此，要任命变革项目经理。该项目经理可以是公司的首席运营官或公司质量部的质量总监。

第四，变革是有规律的。进行一场变革，必须遵从变革管理的法则，按变革方法论进行变革。否则，变革也难成功。

质量变革项目中的变革发起人、变革代理人和项目经理之间形成的“三角关系”如图 8-1 所示。

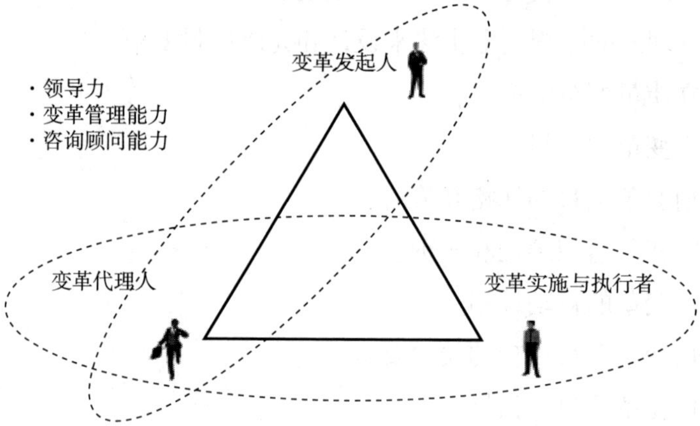

图 8-1　变革利益相关者的“三角关系”

图 8-2 为质量变革管理路径。只有按照此路径进行质量变革，企业的变革才有可能成功。

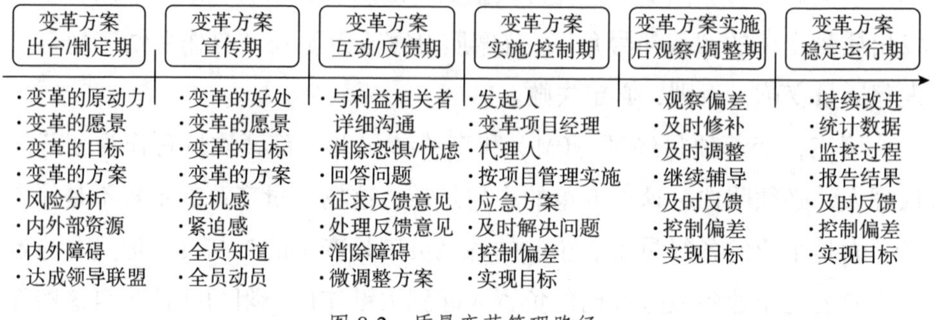

图 8-2　质量变革管理路径

根据笔者为中国企业提供质量管理咨询的成功经验，在此分享质量变革项目的组织结构图（图 8–3、图 8–4）和项目进度追踪图（图 8–5）。

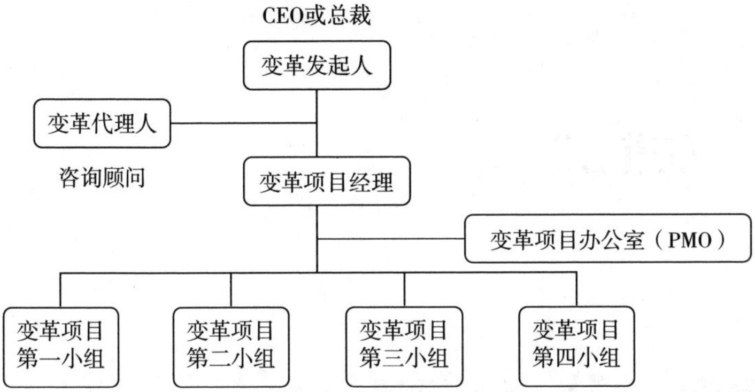

图 8-3 质量变革项目组织结构图

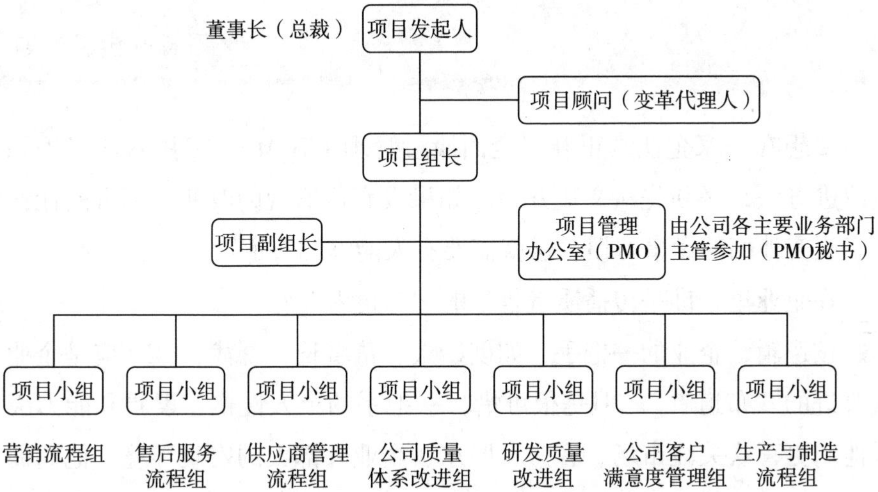

图 8-4 变革项目群组织结构图

图 8-5 变革项目进度追踪图

2 ╱ “布道者”

质量福音布道者有能力让信徒们相信并改变行为。

作 者

克劳士比是美国质量福音的布道者。

美国《时代》杂志

要想在一家企业真正开展全面质量管理（TQM），启用六西格玛和持续改进方法，必须先从文化开始。如果没有价值观的改变，不可能让各级员工改变他们的做事习惯。这就需要有人能够“布道”。

在企业里，谁是传播质量哲学的“布道者”？

按逻辑，企业的一把手，如创始人、董事长、总裁、CEO应是企业质量改进的“布道者”。但是很可惜，一把手的个人性格、素质和能力决定了他们更喜欢关注市场、客户、股东、企业外部大的宏观环境。他们偶尔会表达一些关于质量改进的管理思想，但是一般不愿意花太多精力直接布道，而更多会把布道的使命授权给首席质量官。

首席质量官正好具备这一素质和条件。

布道质量改进的哲学或质量福音，实际上就如要进行一场质量变革。作为变革的代理人，首席质量官能够把质量哲学这种看似深奥的理念，转换成员工能够理解的观点、语言、故事、案例和朗朗上口的“质量经”。

员工是否愿意念首席质量官发明的“质量经”？这完全取决于首席质

量官是否把质量哲学融入企业的文化中。

首席质量官如果能说服企业的创始人、董事长、总裁、CEO 或其他元老，把质量哲学融入企业文化，并用通俗的语言让员工理解质量文化和质量元素，那么，首席质量官就完成了质量布道的第一步。

质量布道需要很多步。一步一步地让“信徒”（员工）进入持续改进的世界，正是首席质量官这种布道者的职位魅力所在。要想把质量哲学灌输到企业各级员工的心里、脑袋里，必须沿用宗教般的方式给员工“洗脑”。

我曾在摩托罗拉公司工作过 8 年多，早已经被六西格玛方法论“洗脑”了，我感到自己的血管里都流淌着“六西格玛血液”；我曾在华为公司工作过近 4 年，也已经被华为公司的企业核心价值观所“洗脑”。我离开华为时就好像自己全身都具有“狼性”的气味。

当首席质量官通过布道的方式把质量哲学和理念贯穿于员工的价值观中，能让员工相信和信仰质量哲学，那么企业的质量管理水平就会很快得到提升。

作为华为公司的前首席质量官，我曾对公司质量部的组织结构进行了改组，设计了一个布道的格局。我专门设立了一个质量文化传播部门（含培训），目的就是要在公司上下宣传和布道质量哲学。

作为质量福音的“布道者”，首席质量官必须关注质量管理方法的演进和发展。传统的质量管理方法有：质量保障和控制（Quality Assurance and Control）、质量工程（Quality Engineering）、质量管理（Quality Management）、质量审计（Quality Audit）、六西格玛（6 Sigma）。演进的质量管理方法有：精益制造（Lean Manufacturing）、质量创新（Quality Innovation）、变革管理（Change Management）。

只有鼓励企业各级员工不断学习和实践，才能确保企业在质量文化建设、质量文化元素建立、质量知识获取等方面与时俱进。

3 / 流程体系架构师

全球任何一家企业都是按照一定的业务流程从事自己的业务的。只不过在生命周期的不同阶段，业务流程的重要性有所不同。

图8-6是某企业业务流程总览图。作为首席质量官，必须搞清楚企业在其生命周期的什么阶段开始要求首席质量官具备流程体系构架师的职能。

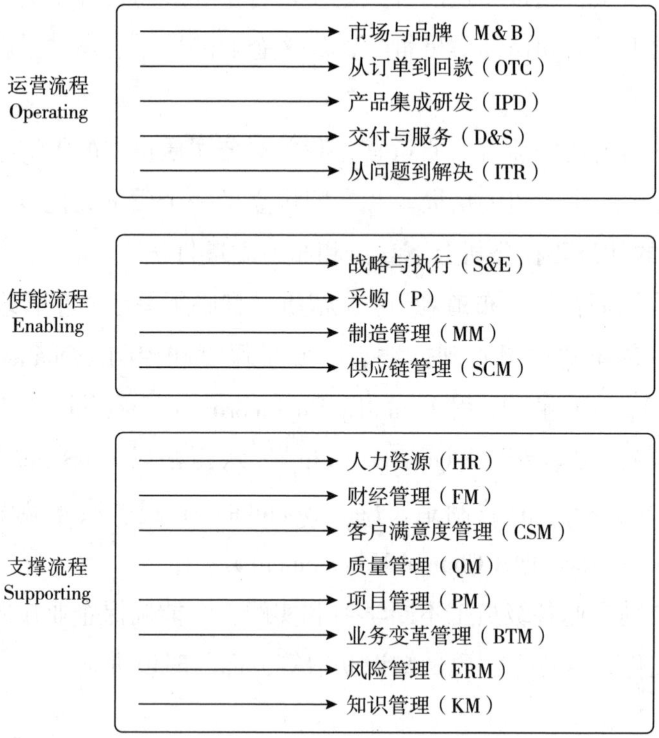

图8-6 企业主要业务流程总览图

①创业期。由于此时企业规模太小，创业者一人身兼多职，完成业务不需要 100% 地把流程显性化，也就不需要设专人负责管理流程。

②集体领导期。此时企业的规模开始变大，组织相对复杂，但流程体系还不完善，流程管理处于萌芽期。随着业务发展，企业逐渐发现流程的重要性，开始重视流程管理，但没有任命流程第一责任人。因此，在这个阶段，有些企业会出现子流程多如牛毛、行政文件像雪片一样“满天飞扬”的现象。在此阶段，企业还没有意识到首席质量官应具备企业流程架构师的职能。企业主要依赖运营流程和使能流程（见图 8-6），还没有完全意识到支撑流程的重要性，只是有选择地采纳个别支撑流程，如质量管理和客户满意度管理。

③正规化期。此时的企业规模很大，完全是靠流程生存了。企业已经明白，没有完善的流程，企业将会乱成一团。企业非常重视流程设计、优化和管理，已经开始建立流程管理体系，所有业务活动均要求按流程和标准工作规程执行。但是，此时的企业也容易走向另外一个极端，即僵化和死板。由于出现官僚主义，跨部门的业务流程往往成为疑难问题。一切按流程办事的企业文化也会造成困惑。一旦业务流程没有被及时优化、流程管理效率低下，将会引起企业整体效率降低、运营成本增加。在此阶段，企业已经开始把流程架构师的职能赋予首席质量官，主要依赖运营流程和使能流程（见图 8-6），但已经开始关注支撑流程。

④精细化期。此时企业的规模像巨人一样。业务流程管理成熟度必须非常高。一旦流程管理不善，企业将会出现危机。在精细化期，由于建立了流程管理体系，企业所有的业务流程都有第一责任人。业务流程设计原则是：以客户需求为导向，流程要简单、实用和高效。由于企业的业务流程，特别是跨部门的流程能被及时优化和完善，因此，企业的整体运营效率比较高。但是，由于业务流程太复杂，企业除了关注对运营流程和使能流程的管理外，必须关注建立和优化支撑流程。这些支撑流程如下：质量管理，客户满意度管理，项目管理，风险管理，变革管理，知识管理，业

务可持续发展。

作为企业的流程体系架构师，首席质量官必须从战略的高度重视企业的流程管理。首先要教育各级管理者：流程管理是关系到企业生死存亡的大事。

图 8–7 对比了 A、B 两家企业的流程管理。企业 B 的流程比企业 A 差。企业 B 如果不改善其流程质量，就有可能使整体运营效率下降，成本增加，执行力差。

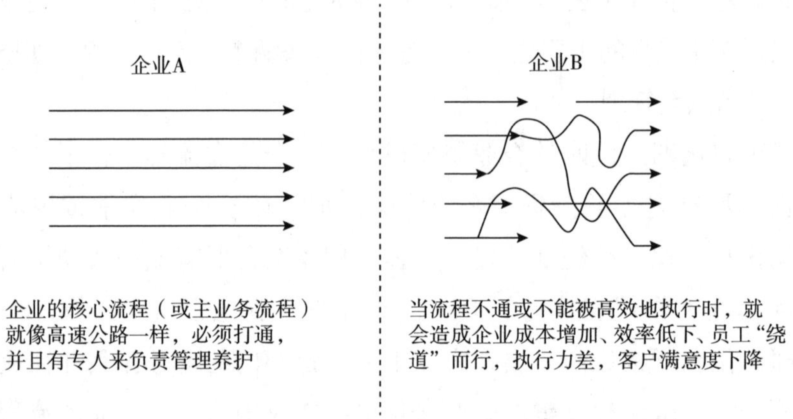

图 8-7 企业业务流程的重要性

另外，要让企业里所有员工明白，任何企业的业务流程都不可能达到 100% 完美。业务流程需要不断地完善和优化。当业务流程不完善时，不能僵化地从事业务活动，而是要靠员工的敬业和职业道德弥补业务流程的缺陷。当企业的业务流程“高速公路”没有修通或不完善时，员工应靠“人拉肩扛”来弥补业务流程的不足。

关于流程管理体系的建设与应用，读者可参见本书第十一章。

4 / 华为的首席质量官

华为不能只有一个首席质量官，应该涵盖很多领域，比如国家层面、BG层面、产品线层面等……各级组织都应该有首席质量官，把相应的权利授给他，尽量把责任制落实到基层。

任正非

2010年之前，华为公司没有设过首席质量官这一职位。公司层面有个质量部，但定位有问题。

长期以来，华为公司学习IBM公司的组织架构，在公司一级部门设有流程IT部。流程IT部本来应该聚焦公司业务流程管理（BPM），但是由于华为公司并没有看到IBM公司质量管理体系的建设和完善过程，就“僵化”地把公司质量部设置在流程IT部之下，导致质量部地位低下，职责不清，人力配置极弱，无人关注，组织士气低落。

把质量部的职能扼杀在流程IT部摇篮中的“罪魁祸首”应是公司高管的质量组织结构。由于公司质量部真正的质量保障、质量控制职能没有得到发挥，2010年开始设置首席质量官就显得非常有意义。

作为华为公司的首任首席质量官，我实施的大刀阔斧的改革花了整整一年时间，改革的内容包括调整组织结构、制定公司质量战略、理清公司质量部的定位、理顺质量部与流程IT部之间的关系等。

缺失的一课

任正非一直强调，“IBM 是华为的老师。”的确，华为公司一直在向 IBM 公司学习，包括组织结构。

华为公司一级部门有个“流程 IT 部”。这是从 IBM 照搬来的。

IBM 公司和爱立信公司（既是华为公司的竞争对手，也是华为公司的学习标杆）都是百年老店。其管理成熟度很高，都已经进入精细化时期，按照卓越运营模式在运作，因此，在公司一级部门看不到质量组织，在公司总部也没有质量人员的岗位（如首席质量官、质量总监、质量经理、QA\QC 等）。这是因为 IBM 和爱立信都早已度过了正规化期，即已经完成质量组织“显性化”过程。大质量体系已经完全“镶嵌”到了公司的运营体系之中，也就是本书第六章所讲述的那样，质量组织被“融化”了。

华为公司缺失了 IBM 的这一课。在模仿 IBM 公司组织结构时，华为公司总部也就把质量组织的地位放得很低，放到了“流程 IT 部”之下的一个小部门。这就埋下了华为公司质量体系问题的隐患。

好在华为公司不断学习 IBM 公司的管理转型与质量变革，花了 60 亿元人民币持续优化业务流程，并配置了全公司范围的上百名流程遵循审计人员，也就是质量检验人员。这上百人利用半年度控制评估（SACA）对业务流程执行的遵循质量进行检查，并监督各个业务部门对审计与检查中发现的问题进行整改。

正是持续优化业务流程、不断审计和检验流程执行过程和结果，再加上公司超强的执行力，使华为公司得以遵循戴明的质量哲学和方法：质量不是通过检验来改进的，而是通过业务设计、监控和改进业务流程来改进的。

华为公司通过持续优化业务流程和超强的执行力，短期内弥补了大质量管理体系不完善的短板。但是，这只能是临时的。而且，整个公司人员数量庞大，运营效率远远低于爱立信。任正非曾经讲过：“与爱立信相比，华为多出 4 万多管理人员。”可见，华为的质量管理体系还无法助力提升公司整体运营效率。

2010年年底，英国电信常年派驻华为公司的全球采购质量专家一针见血地指出：华为公司质量管理体系的短板是质量管理体系无法复制。

笔者与这位专家多次开会研究，就其提出的问题一起进行根因分析。

第一，为什么当英国电信或其他欧美电信运营商审计华为的整体管理体系时，华为都能成功通过审计和认证，但是当华为的新产品上市后，却频频出现质量问题？究其原因，发现该新产品事业部的质量管理体系存在问题。也就是说，华为公司的质量管理体系在新产品事业部无法复制，或复制不成功。为什么？

第二，华为公司成熟产品事业部的质量管理体系非常完善，产品质量稳定，能够满足英国电信的要求。但是，为什么这些成熟产品事业部成功的质量管理经验和方法无法复制到新产品事业部呢？

经过分析，答案终于显现。

问题一的答案：新产品事业部的管理者不知道如何建立大质量管理体系，包括质量战略、质量文化、质量组织等。另外，公司质量部没有起到作为新产品事业部的战略合作伙伴的作用。公司质量部没有能力支撑和帮助“打仗”部门建设大质量管理体系。

问题二的答案：公司质量部的职能太弱，没有承担复制质量管理体系的职责。最关键的是，复制的内容与模板由谁来提炼？复制成功质量体系的专家团队来自何处？公司质量部没有实力来完成这项任务。

因此，笔者制定了一个《华为公司质量改进5年战略规划》，重点解决上述问题。

理清运营、质量、流程三者关系

理清运营、质量、流程这三者的关系非常重要。如果一家企业的运营管理、质量管理、业务流程管理这三者关系混乱，将导致企业整体运作效率低下，管理成本上升，部门设置与职责重叠，跨部门扯皮现象增多，响应客户需求速度变慢等现象，最终将导致客户满意度下降、企业营收降低。

由于模仿了IBM公司的组织结构，在华为公司的组织架构中，流程IT部就自然而然地成了公司的一级部门。但是，在实际运作中，流程IT部在全公司的一些关键定位和职责还不是非常清晰。在日常工作中，该部门的支撑角色和作用，往往无法满足公司与其他业务部门的需求，有时会受到华为公司总裁和其他部门的批评。

要彻底理清运营、质量、流程三者的关系，对于很多高级管理者来说，也不是一件容易的事情。

运营、质量、流程三者的关系到底如何？

笔者认为，运营管理体系是确保公司的业务目标得以实现的核心管理体系之一。质量管理和流程管理都是为运营管理服务的，是支撑运营管理的基本保障。

质量管理体系是预防性管理体系。质量管理体系要“镶嵌”到企业的所有管理体系之中。质量哲学、方法论和工具的应用，要覆盖企业所有的管理体系，质量审计更要覆盖企业所有的管理体系，包括运营管理体系和流程管理体系。

业务流程管理体系是企业最基本的管理体系，流程管理是企业运营的基石。企业的业务流程是企业的资产，企业的核心业务流程则是企业的战略资产。

因此，运营、质量、流程三者是相互关联、相互影响、相互独立的。有时三者的职责、边界与范围看似相互重叠，但又泾渭分明。

在华为公司，轮值CEO实际上扮演着首席运营官的角色，总裁任正非才是真正的CEO。在总裁和轮值CEO之间，还有一个七人组成的公司经营委员会。按照戴明的观点，质量要从董事会开始。在这一点上，华为公司在2010年之前做得一般。但是，2010年之后做得很好。

2010年之后，轮值CEO徐直军听取和采纳了笔者关于华为公司质量部的重建方案，从顶层开始设计华为公司的预防性质量管理体系，包括：建立并开始运作公司质量委员会（也叫客户满意与质量委员会），制定和执行质量战略，在总部和各个事业部设立质量组织（含质量经理岗位），重视和听取英国电信质量专家意见并增强质量体系复制能力，理顺质量管理与运营管理和流程管理的关系等。

当然，任何变革并非一帆风顺。在将质量管理体系“显性化”、在各个部门设置质量经理岗位方案的实施中，就遇到了障碍。最后，不得不采取了一个折中方案，即采用“质量与运营经理”岗位来取代“质量经理”岗位。质量组织被“镶嵌”到运营组织中。

至今，理顺运营、质量、流程三者关系，对于华为公司的一些高管来说，仍然是一个挑战。

能够复制的质量体系

针对英国电信质量专家提出的“华为公司质量管理体系无法复制”的问题，笔者采取了一个解决方案。

杰克·彭培奥（Jack Pompeo）是华为公司质量部的一位加拿大籍质量专家。另外，质量部还有一位美国质量专家。笔者上任第一周，在与这两位外籍质量专家谈心时发现，他们对目前的工作状态非常不满，甚至有辞职的打算。他们的不满意主要集中在公司管理者不重视他们的合理化建议上。公司没有安排他们在能发挥他们强项的工作岗位上工作，他们从事质量专家工作少，而“打杂”事务较多。

对这两位外籍质量专家的能力进行评估后，笔者对他们的工作进行了重新定位和安排。杰克将负责公司质量部内部的一个小部门的领导工作，即担任质量审计部负责人。他将负责所有欧美客户对华为质量体系审计的工作，负责所有外部认证机构对华为质量体系的审计工作，同时，还必须负责组织和参与华为公司内部的质量审计。另外，杰克非常乐意担任华为公司与美国全球电信质量标准 TL9000 组织者 QuEST Forum 的接口人，杰克本人也是美国质量协会的资深会员。但是，他更感兴趣的另外一项工作，则是参与笔者策划的“华为质量体系评估（HQSR）开发项目”。由于笔者给杰克安排的工作非常饱满，更适合他的专长与兴趣，且能发挥他的强项，从此，杰克的工作热情高涨，心情舒畅，工作效率大大提升。

笔者任命美国质量专家担任华为质量体系评估开发项目的组长。这正是他非常乐意的工作。他向笔者眉飞色舞地说："相信我，我承诺我能干得比以前更好。"

笔者是华为质量体系评估开发项目发起人。该项目主要成员由公司质量部这两位外籍质量专家和公司其他质量专家组成，成员约10人，项目计划1～2年内完成。

为什么要成立这个项目呢？目的就是要确保华为公司的质量管理体系能够不断地复制（如从成功和成熟的事业部向新建的事业部复制），并实现在华为公司内部进行量化的质量体系审计（如事业部之间互审、跨部门互审、各个部门自审），最终达到各个部门自愿和主动地持续改进质量、提升公司整体运营效率的结果。

向一个新建的组织复制质量管理体系的前提是，组织的质量管理体系可以被量化地评估。ISO9001是无法对质量管理体系进行量化评估的，TL9000也不能量化评估电信企业的质量管理体系。量化评估质量管理体系的模式之一就是卓越绩效（PE1000），也就是美国国家质量奖的评估体系。但是，对电信产业来说，这套评估体系的7个一级指标还显得太粗。

在全球电信产业，电信运营商一般采纳类似美国摩托罗拉公司开发的质量体系评估（QSR：Quality System Review），结合运营商自己的采购评估体系，对电信制造商的质量管理体系进行量化评估（或打分）。英国电信、法国电信等就是用量化的质量管理体系评估法给华为公司、中兴通讯打分的。

华为质量体系评估（HQSR）一旦开发成功，将会对华为公司质量提升起到里程碑式的作用，并确保成功的质量管理体系在事业部之间、部门之间高效复制。

作为华为公司第一任首席质量官，遇到的挑战不小，但能得到轮值

CEO 徐直军的支持，深感幸运。徐直军能理解并支持笔者提出的华为公司质量变革方案，使得笔者的工作能顺利进展并取得第一阶段的成功。

2013 年，笔者参加华为公司两年一度的质量年会，在听取华为公司向与会客户和供应商汇报华为质量改进工作时，看到了笔者制定的华为公司 5 年质量战略规划仍然在继续执行，深感欣慰。

第九章

企业质量战略

质量战略是公司战略中不可缺少的组成部分。

美国关于全面质量管理的定义

致力于长期不断改善和创新，是质量战略的基础。

戴　明

本书涉及的质量战略可分为国家质量战略和企业质量战略。第二章已经对国家质量战略做了详细的阐述，本章重点放在企业的质量战略上。

企业的质量战略与其在生命周期所处的阶段密切相关。如图9–1所示，当企业处于创业期、集体领导期、正规化期和精细化期时，企业制定质量战略的方式是不同的。

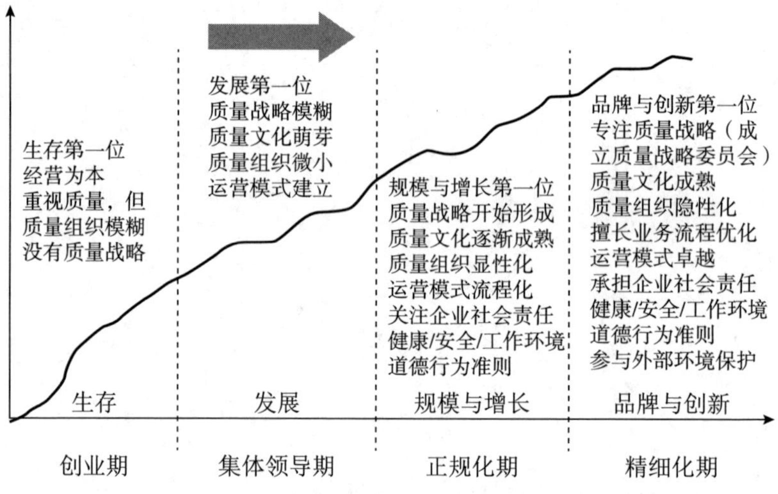

图9-1　企业在生命周期四个阶段的质量战略

当然，这只是一种普遍的情形，也有的企业在创业期就高度重视质量，开始制定质量战略并执行。而有些在集体领导期或正规化期的企业，正是由于没有质量战略，或有质量战略但执行不到位，最终导致企业死亡。

质量管理的四大要素是，质量计划；质量控制；质量保障；质量改进。

其中，质量计划的形式一般有三种：①质量战略规划（3 ~ 5 年中长期）；②质量年度计划；③业务活动质量计划或项目的质量计划。

第二种和第三种，一般企业都能做到。但是第一种则很难做到。绝大多数企业只考虑了质量年度计划，原因是这种方式简单、易操作，只要在公司平衡计分卡的第二维度（即客户满意度）中列入质量指标（过程指标）KPI 就可以了，如图 9–2 和表 9–1 所示。这种做法只是一种短期行为。

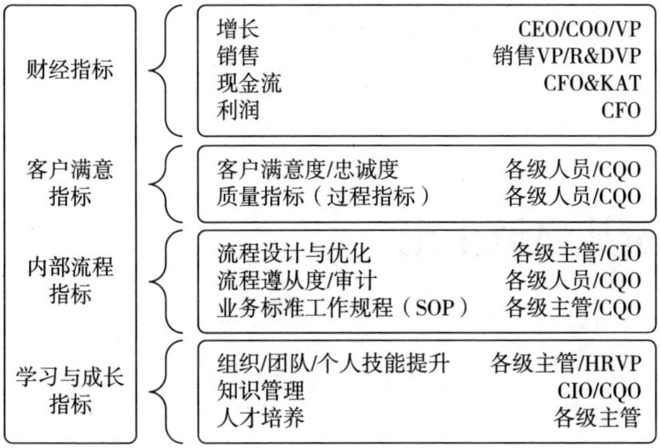

图 9-2 企业平衡计分卡中的质量指标（过程指标）

表 9-1　　某企业的部分质量指标（过程指标）

职能部门	质量度量指标（过程指标）
公司整体	客户重大投诉处理及时率；危机管理成功率
研发	产品设计成功率；新产品上市周期
采购	采购物料合格率；供应商响应速度
物控	库存周转天数；库存服务水平；开箱验货无损率
生产	次品率；产品缺陷水平；开箱验货无损率
销售	合同准确率；订单填写准确率
售后服务	响应客户问题速度；解决问题及时率；一次安装成功率
财务	投资回报率；经营利润率；财务报表准确率；报销天数
人力资源	流失率；员工满意度；培训有效性；合理建议及时处理率

制定质量战略规划，才是企业致力于提升质量管理体系水平的长期行为。如果企业没有质量战略规划，其质量改进的策略和执行就有可能不系统、不全面、不连续、不稳定。

企业之所以很少制定质量战略，还有一个主要原因是首席质量官或企业的质量部主管（如质量总监）很少有机会主动召集企业高层参与质量战略规划活动，或没有能力驾驭制定企业质量战略规划的活动。而企业在制定战略规划过程中，虽然提及如何提升产品或服务质量（如表 9-1 所示，关注质量控制的过程指标），但很少提及如何建立和完善质量管理体系和质量审计体系，更难形成 3 ～ 5 年的中长期质量战略。

1 / 质量战略诞生记

为什么企业很难形成中长期的质量战略呢？我总结为四个原因。一是在质量方面，一把手更看中短期而非长期；二是制定质量年度计划比制定质量战略规划容易完成；三是首席质量官或质量总监在参与公司级战略规划中的影响力弱；四是首席质量官或质量总监没有机会或能力落实公司质量战略规划活动。

让我们先回顾一下，什么是战略？什么是战略管理？

战略就是一个组织为了实现目标所选择的决策和举措。

战略管理是一个组织为了创造和维护竞争优势而采取的战略分析、战略决策和战略执行的系列活动。战略管理关注企业全局性、方向性的决策，创造竞争优势。

所以，从事战略管理的目的非常明确：打造企业的竞争优势。提升质量就属于打造企业竞争优势的内容之一。

全球任何企业的生存、发展和壮大都离不开战略和战略管理。只不过有的企业使用了比较科学和先进的战略管理方法论和工具（如全球《财富》500 强部分企业采用 BLM 方法），而有的企业使用“土办法”，即老板思考和讲战略，中层和基层执行战略，虽然战略执行成本高且效率低，但也能生存和发展。然而，也有些企业不关注战略和战略管理，结果当然是必死无疑。可见，战略和战略管理绝对重要，关系到企业生死存亡。

全球企业常采用的战略不外乎如下几种：定位战略（与品牌战略关联）；竞争战略（差异化、低成本、专注某一市场）；蓝海战略（与创新战略关联）；多元化战略；全球化战略。

企业无论采用上述哪种战略，都离不开质量战略。只不过有的企业未把质量战略放到公司级的战略层面上，而认为质量只是业务部门的战略。如图 9–3 所示。

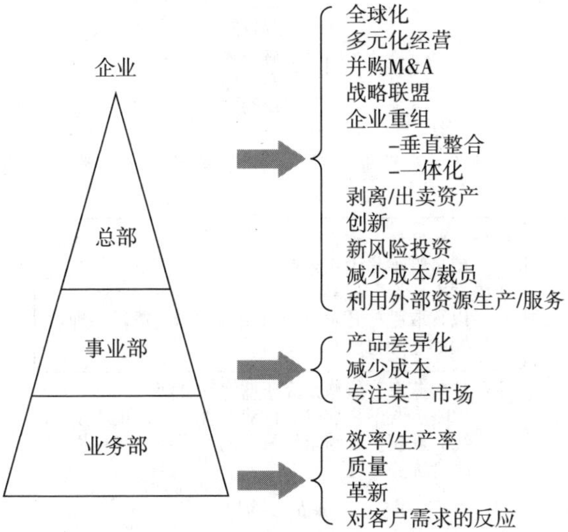

图 9-3　企业的三级战略管理示意图

质量体系的建设、质量审计体系的建设显然不是部门级的职责，而是公司级的职责。这是首席质量官要说服 CEO 或总裁（企业一把手）动员公司资源来完成的任务，也是要把质量战略放到公司层面的原因。

全球《财富》500 强企业中的部分企业能做到这点，如韩国的三星公司、英国的维珍公司等。

三星公司的定位战略非常清晰，即成为全球一流品牌。为此，三星成功地完成了质量变革并把质量战略提升到公司层面的高度。三星把产品撤出沃尔玛商场的行动证明了其价值主张是高品质的品牌。三星通过定位战略和品牌战略，牢牢地把“一流和高品质”打入到了顾客的心智。如图9–4所示，只要顾客看到了三星品牌，马上就会联想到时尚、一流和高科技。在企业的战略规划中，三星提出了“新经营”宣言：质量管理与力求变革。如图9–5所示，三星把“次蓝海”战略与“新经营”宣言作为其战略规划的主要内容之一。三星做到了质量战略可视化，让全员能感受到“质量管理与力求变革”是企业的长期战略。

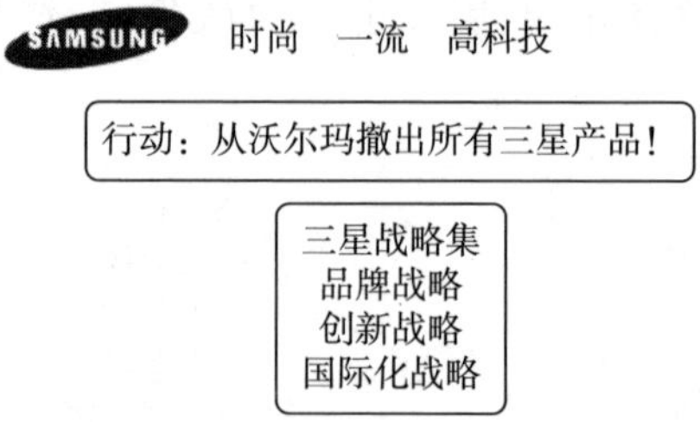

图9-4 三星的定位战略：全球一流品牌

提出“新经营”宣言
　　质量管理与力求变革
实施“次蓝海”战略
　　以智取胜。开发符合市场细分和消费者心理预期的差异化产品

注：“次蓝海”战略是介于蓝海和红海之间的一种战略。既不是靠绝对优势取胜蓝海，也不是单纯靠规模扩张厮杀红海，而是靠技术和规模的综合优势取胜。

图9-5 三星的“新经营”宣言

定位战略与质量战略密不可分。因为定位战略要求企业必须做到行业第一或第二，而如果企业的质量管理体系不足，就无法保障其定位战略实施，该企业是不可能处于竞争优势地位的。

当一个企业处于行业第一或第二，很容易让客户联想到其价值主张（核心价值观）和战略意图（愿景和使命）。比如，当人们一看到美国通用电气公司（GE）的 Logo，马上就会联想到：GE 给消费者带来美好生活。美国消费者使用的电冰箱、微波炉、灯泡等都是由 GE 公司生产的，产品质量和服务质量是 GE 公司质量战略的核心。当人们一看到英国维珍公司的 Logo，马上就会联想到物有所值、质量、创新、娱乐、挑战。当人们一看到印度塔塔（TATA）公司的 Logo，马上就会联想到诚信。在印度消费者眼里，诚信就是质量。

同样，当人们一看到华为公司的 Logo，马上就会联想到：以客户为中心、以奋斗者为本、长期艰苦奋斗。这三句话是华为公司的核心价值观。其中，以客户为中心是华为公司质量战略的核心。以客户为中心就是时刻关注产品和服务质量，确保产品和服务质量能满足客户需求。如何确保？从公司质量战略层面上确保。2010 年，我说服了华为轮值 CEO 徐直军，召开一整天的公司质量战略研讨会。在我的主持下，近百名高管参加了公司质量战略规划活动，并制定出了华为公司五年质量战略。

2 ╱ 蓝图的威力

战略管理的目的是通过战略规划（战略分析、战略选择）和战略执行来展示和落实企业中长期发展的宏伟蓝图，以确保实现企业的终极目标，即愿景和使命，并确保企业能健康和可持续地生存与发展。

战略规划就是描绘企业的未来发展蓝图。为了让蓝图发挥威力，就需要把蓝图可视化，并向全体员工沟通和宣贯。

企业质量战略蓝图的规划顺序如下。

第一，描述出企业级的战略规划可视图，如图 9–6 所示。在公司战略规划的基础上，明确公司已经在质量改进的方向上形成了统一认识，否则，不要进入到第二步。

第二，根据公司的战略规划，首席质量官或公司质量总监要组织公司高层举办“公司质量战略规划”活动（研讨会）。根据此活动后达成的共识，描绘出企业质量战略规划的蓝图，如图 9–7 和图 9–8。

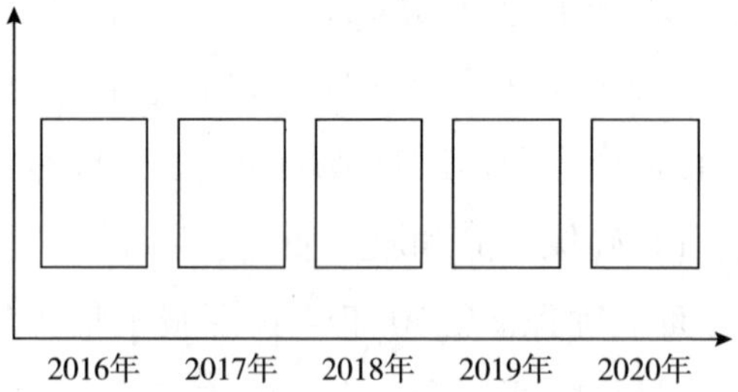

图 9-6　XX 公司中长期（3-5 年）战略规划示意图

分类	项目	2013 年	2014 年	2015 年	2016 年	2017 年
公司终极理想	公司愿景					
	公司使命					
公司目标	战略目标（营业收入）	1000 亿，国内行业前 5 名	1400 亿，国内行业前 3 名	1900 亿，国内行业第一	2500 亿，进入国际市场	3000 亿，进入全球《财富》500 强
公司战略	品牌战略	成为全国知名品牌	进入全国品牌 100 强	成为全国行业品牌 10 强	成为全国行业品牌第一	进入全球品牌 500 强
	低成本战略					
	差异化战略					
	创新战略					
	质量战略	完善质量体系，引入 TQM	建立质量审计体系，并在部分部门实施	在所有业务部门实施质量审计	实施卓越绩效评审	部署卓越运营体系与平台
	全球化战略					
战略举措	产品开发					
	技术创新					
	质量提升	落实 CQI	引入六西格玛项目	植入 QSR 模式	开展 TCS 团队	建立学习型组织与知识管理体系（EDMS）
	人才培养					

图 9-7　XX 企业质量战略与公司战略规划匹配示意图

项目	2013 年	2014 年	2015 年	2016 年	2017 年
客户满意度（整体）	97	97.5	98	98.5	99
品牌行业排名	TOP 10	TOP 5	TOP 3	TOP 2	TOP 1
产品合格率	99.5%	99.6%	99.7%	99.8%	99.9%
服务满意率	95%	96%	97%	98%	99%

图 9-8　XX 企业质量战略目标示意图

第三，在质量战略研讨会上，要研讨下列内容：公司质量方针；质量战略目标；质量改进策略和举措；公司各级质量组织建设与形式；流程优化与质量审计体系；质量改进行动计划；成功的机会；关键质量评测指标等等。

在本节的结尾，让我们分享一家德国公司的质量战略和其对质量战略深刻理解的案例。

案例　**SCHMID公司的质量战略**

德国 SCHMID 公司成立于 1864 年，主要产品是机械设备，涉及多个产业：印刷电路板、工厂自动化、真空技术、医疗设备与药品、表面抛光、显示设备、光伏系统等。SCHMID 公司的客户遍布全球，已经是一家跨国企业。

SCHMID 公司在质量管理方面的优势是关注流程质量。

下面 SCHMID 公司的质量战略主张。

创新是 SCHMID 的传统。自从公司成立 150 年以来，我们一直思考的就是流程、面向未来和不断用我们的解决方案建立新标准。我们的创新优势确保我们的创意和集成流程解决方案处于领导地位，并让全球的客户得到益处。

我们的质量战略：在 SCHMID，长期综合的质量战略是实现以客户为导向和推出成功产品的唯一可能的基础。质量是可以被度量的、可以被比较的。质量形成所有创新的基础。我们的战略基于流程质量、产品质量和质量关系。

流程质量（输入）

在我们的技术中心，我们建立了与真实环境条件一样的测试环境。我们用科学测试的方法评测和优化生产流程。我们在研发领域的高度敬业确保了我们的创新在技术市场内上处于领导地位。

产品质量（输出）

所有生产环节都采用了SAP软件平台。自从1995年获得ISO9001认证以来，我们非常重视与全球合作伙伴的合作网络和生产流程。这种高水平的网络提供了透明和直接进入数据库的模式，确保我们能在欧洲和亚洲拥有高质量的标准。

质量关系

我们与客户完全是基于合作与伙伴关系。作为合作伙伴，我们邀请客户参与我们的研发工作，并在组织上和实际支持方面向客户提供服务。通过项目管理和客户服务模式，确保在培训过程中转让技术。我们对设备交付的质量提升永无止境。

3 / 现代项目管理成熟度模型（PMMM）

制定和执行企业质量战略的目的是提升企业的整体效率、降低运营成本和提高客户满意度，最终达到实现企业的业务目标。同样，对于项目管理而言，项目管理的战略规划，可以提升项目实施效率、降低项目执行成本和提高客户满意度，最终达到实现项目的目标。现代项目管理成熟度模型（PMMM）是一种提升企业项目管理（特别是大项目群管理）的质量的最佳方法。

现代项目管理成熟度模型（PMMM：Project Management Maturity Model）共有5个级别。PMMM-1级的项目管理水平最低，PMMM-5级的项目管理水平最高。全球卓越企业一般都能达到PMMM-4级或PMMM-5级。

PMMM可以用来评测一家公司的项目实施效率与质量、公司整体执行力和公司运营效率。

PMMM是由美国项目管理协会于2002年所发明它是受到软件管理领域的能力成熟度模型（CMM：Capability Maturity Model）的启发而产生的。全球项目管理专家哈罗德·科兹纳（Harold Kerzner）利用PMMM将项目管理方法演绎成为现代企业的管理体系，把项目管理上升到企业战略的高度来计划、执行各类项目，最终确保企业的整体执行力的质量达到最佳水准。

科兹纳先生提出的项目管理战略规划方法中，将项目成熟度模型分为五级。第一级：通用术语（Common Language）。在组织的各层次、各部门使用共同的管理术语。第二级：通用过程（Common Processes）。在一个项目上成功应用的管理过程，可重复用于其他项目。第三级：单一方法（Singular Methodology）。在项目管理中，将全面质量管理（TQM）、风险管理、变革管理、协调设计等各种管理方法融入其中。第四级：基准比较（Benchmarking）。将自己企业与其他企业及其管理因素进行比较，提取、比较和分析整体信息，用项目办公室（PMO：Project Management Office）来支持企业所有项目的管理和运作。在第四级，实际上就是应用了质量管理的“行业环”概念。第五级：持续改进（Continuous Improvement）。从基准比较（第四级）的基础上，将获得的所有项目管理信息建立成为可在企业内部进行分享经验的学习文档，组织经验交流，在项目办公室（PMO）的指导下改进项目管理战略规划。

当供应商与客户的项目管理水平不一致时，项目管理就会存在很多问题，例如，甲乙双方之间的摩擦增大、沟通效果变差、协调成本增加。特别是，项目管理水平低的一方将会损失更大，如项目成本增加、项目不断延期、无法满足项目的最终目标等。

2002 年我加入中兴通讯公司，担任侯为贵总裁的助理（副总裁级），负责公司全球售后服务体系。包含项目管理部（当时不叫这个名称）、工程服务部、全球客户支持中心、全球维修返修中心、培训中心等部门，并兼任公司质量战略工作组副组长。

当我不断深入到中兴通讯的国内和海外项目了解情况，并开始指导项目管理团队的工作时，很快发现中兴通讯公司的国内项目管理水平在 PMMM-1 级和 PMMM-2 级之间，海外项目管理的水平基本能达到 PMMM-2 级。公司没有项目办公室（PMO）。这就意味着公司还没有一套先进的现代企业项目管理体系。

2003 年，在国内市场，我为中兴通讯公司的安徽电信全省小灵通网络建设项目进行了现场项目管理培训。在海外市场，我飞赴印度、罗马尼亚、斯里兰卡等国家为中兴通讯公司的国际项目团队进行了项目管理培训。

2004 年，我起草了一份《中兴通讯项目管理体系建设计划》，并介绍给史立荣（当时担任中兴通讯公司营销总裁、集团公司副总裁），希望他能说服侯为贵总裁尽快建立和实施这个计划。但是很可惜，史立荣先生当时对这套现代企业的项目管理模式认识不够，还无法说服侯为贵总裁下决心在公司建立 PMMM-3 级的项目管理体系。

2006 年初，随着中兴通讯海外市场的扩展，我已经发现，中兴通讯公司的项目管理体系面临着更加严峻的挑战。现有的项目管理资源几乎无法支撑海外项目的发展。比如，客户投诉不断增加，很多项目不断延期，几个重大海外项目的项目经理的能力和综合素质无法满足客户需求。在客户的压力下，公司不得不多次更换项目经理。

我清楚地看到，由于中兴通讯公司的项目管理水平当时只有 PMMM-2 级，所以，公司整体海外项目的质量较差，交付能力较弱，交付成本很高。这些问题会在项目管理的实施过程全部暴露在国际客户面前。

众所周知，海外项目相对于国内项目，实施环境更加复杂，交付风险更大，客户要求更高。行业评价项目质量的标准很多，但海外客户主要聚焦在以下几个指标上：①项目进度；②项目实施中的各阶段目标是否能满足合同要求；③项目技术指标是否满足；④项目交付是否满足客户提出的各种变更要求；⑤项目管理中发现的问题能否快速解决（评价公司各个部门之间的合作与协调能力、公司整体的综合解决问题能力）。

中兴通讯公司内部对项目经理的要求是：在满足客户各项要求和合同条款的前提下，项目管理的所有费用（即成本）应能确保在项目预算的范围内。要能满足上述要求，就需要公司内部有一个高效的项目管理办公室（PMO）。但是，在当时的环境下，即使在中兴通讯公司的海外工程部内建立一个 PMO 几乎都是不可能的。

到了 2006 年中期，在新加坡拜访客户期间，我说服史立荣与我一起找机会向时任中兴通讯公司总裁殷一民先生汇报《中兴通讯项目管理体系建设计划》，希望能够得到殷一民总裁的认可，并在中兴通讯公司开始实施 PMMM-3 级项目管理体系，进而为提升公司的项目管理水平达能到 PMMM-4 级打下良好基础；特别是尽快建立事业部级的 PMO，最终过渡到建立公司级的 PMO。

但是很遗憾，殷一民先生听完了我们的汇报后，并没有立即表态。过了一周，我得到的答复是殷一民总裁对 PMMM 还不了解，需要再研究研究。听到这一答复后，我彻底下定了决心，开始办理离开这家公司的准备工作了。

2008 年年中，我加入了华为公司。虽然我担任公司的是全球技术服务部的副总裁，直接负责公司的全球客户服务部，但是，由于工作的关联性，我观察到华为公司的项目管理水平在 PMMM-3 级左右。

PMMM-3 级项目管理体系对于一般客户而言，还可以说得过去。但是，对于全球的高端客户，如英国电信、法国电信、德国电信、西班牙电信等，就无法满足要求，因为这些高端客户自己的项目管理水平已经达到 PMMM-4 级或 PMMM-5 级。

时任华为公司高级副总裁胡厚崑先生曾找我咨询华为公司的项目管理体系如何完善。我给出的建议是最好在公司层面建立 PMO。当时的华为公司在事业部级已经建立了一个工程项目交付部，在工程项目交付部内部有一个 PMO。

从 2009 年起，华为公司不断地向高端客户、行业顾问公司、竞争对手等学习先进的项目管理体系，并培养了大批高级项目经理。公司建立了项目经理的职业跑道，并鼓励项目经理学习美国项目管理协会（PMI）的课程，参加培训与认证。与此同时，华为公司开始在全球招募高端项目管理专家，并在事业部级建立了类似的 PMO。

2010 年，英国电信派出一位全球采购总监常驻华为公司，帮助华为公司发现其在英国电信的所有项目中存在的问题，并指导华为公司学习如何应用先进的项目管理方法去解决英国电信提出的问题。

可以毫不客气地讲，是全球的高端客户教会了华为很多项目管理知识。与此同时，华为公司（从总裁到各级高管）也有虚心学习西方管理经验的强烈意愿。华为真正将 PMMM 管理体系镶嵌到自己公司的管理体系中，真正做到了西学为体。

到了 2011 年，当我准备离开华为公司时，华为公司的项目管理水平已经达到准 PMMM-4 级，海外项目交付能力大大提升。

第十章

质量文化

> 一个公司若想永久地免于质量问题的困扰，就必须改变公司的企业文化，从根本上消除造成产品和服务不符合要求的原因。
>
> 克劳士比

质量文化能否成为企业文化的组成部分，将决定这家企业的质量是否能真正提升。企业的质量文化中又包含哪些要素呢？以客户为导向，工匠精神，第一次就把事情做对，严谨、认真等等。

2016年，华为公司总裁任正非在日本考察工作期间，与日本员工座谈中，多次提及让日本员工和德国员工“同化华为”。“请你们同化我们，而不是我们同化你们。”任正非认为：德国员工工作严谨，日本员工工作认真，而有些中国员工工作马马虎虎。

任正非已经认识到，华为公司的质量文化还不成熟、不完善，还缺些什么。当企业从集体领导期向正规化期过渡时，企业的文化实际上仍然就是一把手的文化。这个时期如果没有一把手亲自参与打造，质量文化是不可能自然产生或“从天而降”的。华为公司经过28年的洗礼，已经完成了“大刀阔斧”式的发展，现在需要精耕细作的员工行为了。

任正非强调：“每个人都愿意兢兢业业地做一些小事，这就是德国、日本的质量文化，没有这种文化就不可能有德国、日本这样的精密制造。我们为什么不能有这种文化？华为公司也要加强质量文化的建设。目前公司在质量问题上的认识，仍然聚焦在产品、技术、工程质量……这些领域，而我认为质量应该是一个更广泛的概念。我们沿着现在的这条路，要走向新领域的研究，建立起大质量管理体系。”

关于华为公司的质量文化与质量管理体系之间的关系，任正非先生给出了明确的解释：

首先，大质量管理体系需要介入到公司的思想建设、哲学建设、管理理论建设等方面，形成华为的质量文化。

其次，我们要建立起大质量体系架构，在中国、德国、日本建立大质量体系的能力中心。

日本的材料科学非常发达；德国人很严谨，工艺、管理非常优秀；中国人善于胡思乱想，构架思维问题。我们把三者结合起来，就能支持华为全局性的质量。

我们现在口号很厉害，大家很兴奋，要把这种热情转到积极的文化当中去。

质量文化不是一朝一夕就能建起来的。2020 年是华为公司成立 32 个年头，但是，任正非总裁仍然在苦口婆心地向华为高管们讲如何加强质量文化建设。这说明质量文化是多么重要。

1 / 质量文化与工匠精神

2014 年 10 月 30 日，我应邀参加了华为公司举办的“2014 年华为全球质量论坛”。来自全球的电信运营商、设备供应商和行业专家的代表 200 余人共聚一堂，分享经验，展望质量发展的趋势和未来。

嘉宾发言者中，一位来自英国沃达丰电信公司德国分公司的质量经理德克·舒尔兹先生（Dirk Schulz）的发言格外引起我的注意。舒尔兹先生的发言主题是：质量改进的集体智慧。

舒尔兹先生介绍了沃达丰电信公司德国分公司近几年来网络运营质量改进的历程和企业质量提升所收获的成果与教训。其中，他把公司质量改善的主要原因归因于人的行为改进和设备质量的提升。值得注意的是该公司的网络设备主要是由来自中国的华为公司提供。舒尔兹先生所提及的人则是该公司的本地人（德国员工）。

舒尔兹先生发言结束后就是提问环节。当论坛主持人向舒尔兹先生发问“为什么沃达丰电信公司德国分公司的员工是其网络运营质量提升的主要原因，其背后又有什么秘密”时，舒尔兹先生没有马上回答，而是思考片刻后说道：“可能是文化吧，德国人的文化吧。”

2015年4月，我为四川一家著名鞋业公司做质量管理体系升级（建立预防性质量管理体系）咨询项目期间，有机会访问了该鞋业公司的一位德国客户。我问道，“为什么德国制鞋公司的生产线上几乎没有质量检验人员（QC），为什么德国的制鞋员工能把一次交验合格率提高到95%以上？”该客户也是停顿片刻后才回答了我的问题：“文化。德国人的文化。”

文化，又是文化。这两位德国人在不同的场合下，在不同的提问方式下，用同样一种方式和语气回答了人们提出的问题。答案简单、平静和直接。的确，文化是一个人、一家企业、一个国家的生存基础和精神支柱。有一种说法：“鱼儿生活在水中，人们生活在文化中。”

其实，德国文化就是质量文化。德国企业的质量文化是德国产品闯入全球品牌行列的精神支柱。正是德国人的质量文化使德国制造大放异彩。在德国足球的巨大进步方面也能窥视到质量文化的神奇作用。

2015年4月的《哈佛商业评论》中文版前言中，编辑部特意使用“‘互联网+’更需要工匠精神”作为标题，并对不同时代对工匠精神的诠释进行了解读。该文认为，所谓工匠精神，其核心是因热爱而专注，为极致而精细，以雕琢而完美。

工匠精神主要体现出精耕细作、精益求精的追求。工匠精神还展现出不花哨但扎实的本质。全球各国的工匠精神虽然通过对其产品的体验才能被客户解读，但本质都是一样的。老北京的同仁堂和全聚德就能展现出中国人的工匠精神。瑞士的手表、法国的化妆品、德国的汽车和意大利的时装等，都能展现出欧洲人的工匠精神。

当今，全球都在寻找新的工匠精神。美国人、欧洲人、中国人都在谈论工匠精神，但工匠精神是建立在质量文化基础上的。质量文化不是简单地理解为专注、精细和完美，也不是光靠精耕细作和精益求精的追求就能建立的。全球著名质量专家克劳士比在其《质量无泪》一书中反复强调，要想建立企业的质量文化，其前提是要理解什么是质量。质量文化的核心是第一次就把事情做对。质量文化的根基是“零缺陷”哲学，100% 符合要求。

质量文化必须从企业的高层开始传播。企业的一把手或首席质量官必须是质量文化的“布道者”，而不是靠企业的几位老师傅，或树立几位优秀员工为榜样就能感染其他员工。质量文化是“老板文化”。企业的一把手如果没有提升质量的决心，只靠发动基层员工每年搞几场运动（如质量圈 QCC），质量文化是不可能建立起来的。

质量文化的破坏者也正是企业的一些高管们。企业高管们总是错误地认为质量改进是一种技术而不是管理，产品和服务质量的提升是基层员工的事情，不是企业高管的事情。这种陈旧的观念，与一些政府官员错误地认为质量改进是企业的事情而不是政府的事情，如出一辙，既荒谬又可笑。在这种错误观念的影响下，企业每年花大量的资金为员工提供质量培训，而高管们则从来不参加现代企业质量管理培训。结果，这些企业的产品质量和服务质量永不见提升。

质量文化的基因来自契约精神。契约精神与工匠精神有所不同。经历了改革开放 40 年洗礼的大多数中国企业，正在从集体领导期向正规化期过渡和转型，除了需要工匠精神外，更需要契约精神。强调契约精神可以大力提升企业的执行力。

总之，当我们今天大谈工匠精神时，我更想提醒中国的企业家们不要忘记建立和完善自己企业的质量文化。

2 以客户为中心

最大困难不在于劝说人们接受新理念，而在于说服人们放弃旧观念。

约翰·梅纳德·凯恩斯（John Maynard Keynes）

管理者的任务

绝大多数优秀企业的核心价值观，都把“以客户为中心”放在第一位。“以客户为中心”也是这些企业一把手不断向员工传递的价值观。

要建立质量文化，管理者（包括一把手）有一项重要的任务，那就是让整个公司做到以客户为中心。

华为公司总裁任正非最有名的关于“为什么要以客户为中心？”的原话是这样说的。

“从企业活下去的根本来看，企业要有利润，但利润只能从客户那里来。华为公司生存本身是靠满足客户需求，提供客户需求的产品和服务并获得合理的回报来支撑。员工是要给工资的，股东是要给回报的。天底下唯一给华为钱的，只有客户。我们不为客户服务，还能为谁服务？客户是我们生存的唯一理由。”

我认为，要想在一个组织中建立起质量文化，至少应具备四个条件。

第一，能将一把手对质量的观点翻译成员工能接受的理念，用最简单的方法将一把手的质量思想贯彻到组织的各个角落。

中兴通讯公司董事长侯为贵对员工一再教导："客户是我们的衣食父母。"慕思公司董事长王炳坤不断告诉员工："只有客户满意，我们才能活下去！如果客户不满意，早晚我们会倒闭！"

正是企业一把手不断把自己对待质量的观点传递给员工，在企业内部建立起重视质量、重视客户的文化，企业才能打好提升质量管理成熟度的基础。

第二，能用质量哲学、方法论和工具给各级员工洗脑。

用企业的核心价值观给员工洗脑和培训，逐渐同化或改变员工的工作习惯。"以客户为中心"的这一核心价值观是给员工进行洗脑的最好内容。

我在摩托罗拉公司工作过 8 年多，真正感到被摩托罗拉公司的质量文化和核心价值观洗脑了。到今天为止，我好像感觉自己血管里依然流淌着"六西格玛血液"。在摩托罗拉公司，员工接受了大量的质量培训。例如，我参加过下列质量培训：六西格玛（6 Sigma），团队解决问题指南（Team Problem Solving Guide），质量体系评审（Quality System Review），客户全面满意（TCS：Total Customer Satisfaction），持续质量改进（Continuous Quality Improvement），流程优化（Process Optimization），标准工作规程开发（SOP Development），度量与考核指标设计（Measurement and KPI Design）。

洗脑与质量培训，为我打下了坚实的质量管理的基础。

第三，在各种会议、业务流程、考核、奖罚等方面体现出质量文化的要求。为了建立质量文化，企业应在各种会议上不断宣传提升客户满意度的重要性，并在业务流程的设计中，始终以客户为导向。考核与奖罚都应侧重于以客户满意度调查的结果为依据。通过管理客户的期望值，企业可以从"让客户满意"升华到"感动客户"的最高境界。

管理者应在大会和小会上不断地向员工提出如何让客户满意的问题。图 10-1 为我在公司质量月度例会上向员工经常提出的几个问题。

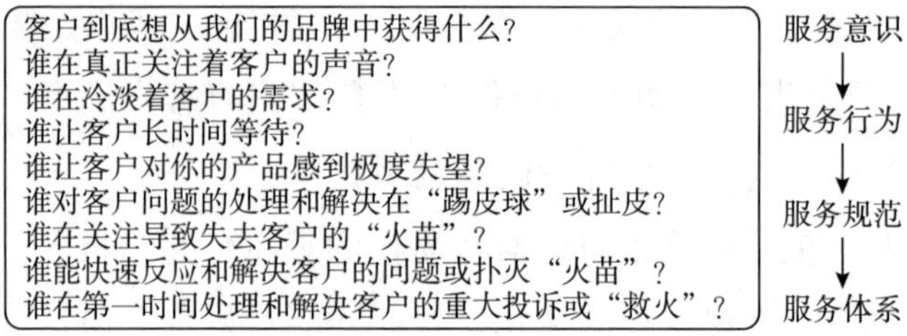

图 10-1　用于管理客户满意度的提问

第四，能在组织中建立一套聆听客户声音的渠道，确保快速解决客户问题。聆听客户声音是提升客户满意度的前提，其渠道有多种。但最常见的有四种：①客户满意度调查（一般使用第三方）；②管理者或员工亲自走访客户；③处理客户的各类投诉；④处理客户提出的各类问题。

图 10–2 为我总结的提升客户满意度模型。如果能在企业中大力推广这一模型，那么企业的质量文化将会快速建立起来。

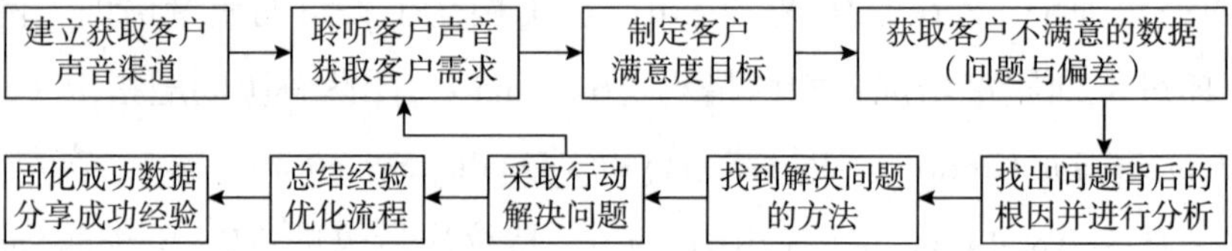

图 10-2　提升客户满意度模型

鼓励客户投诉

除了进行客户满意度调查外，最实用的方法莫过于在企业内部为客户建立一个“从客户提出问题，到问题被解决直至问题关闭的流程”（英文叫 ITR：Issue to Resolution）。

ITR 流程的主导思想是鼓励客户提出问题，不怕客户投诉。

有了这个 ITR 流程，任何组织都能直接和及时聆听到客户的声音（问题和投诉）。通过处理这些问题和投诉，发现组织的其他流程问题并及时优化。

图 10–3 为华为公司全球客户支持中心，笔者曾是该中心的负责人并

亲自负责建立了该中心的 ITR 流程。我还花了近五年的时间，从零开始为中兴通讯全球客户中心建立 ITR 流程，逐步将其打造成一流的全球客户服务平台。另外，本书第二章中的两个例子（亚马逊的“定时炸弹”和以色列派勒丰公司的客户服务中心）也是 ITR 流程的最佳实践。

是否鼓励客户投诉，是评价企业一把手是否有勇气真正以客户为中心的重要指标。目前，很多中国企业都建立了 Call Center，即客户服务中心，但是，由于没有建立和完善组织的质量文化，高层没有从本质上树立聆听客户声音的决心，导致 Call Center 流于形式；甚至有些高管不愿意听取客户声音，躲避客户的投诉。客户服务热线电话更是难于打入，语音模式官僚和霸道。在服务行业，一些银行、电信公司、机场、医院等的客户服务热线，形同虚设，服务质量极差。一些政府对外公布的便民投诉电话，服务质量也是如此，要么打入没人接，要么有人接却推卸责任。

图 10-3　华为公司全球客户支持中心示意图

我在为多家企业提供 ITR 咨询服务后，得出这样一个结论。

ITR 流程以及管理体系只是鼓励客户投诉的物理平台。质量文化是鼓励客户投诉的真正动力源。只有当一个组织的高管真正愿意主动行动，愿意获取客户的需求，愿意聆听客户的声音时，借助 ITR 这个平台，才能高效提升客户满意度。

在 2014 年和 2017 年，我两次为慕思公司提供建立预防性质量管理体系的咨询服务中，都对慕思公司的 ITR 流程进行了优化和完善，解决了四个关键问题：①让客户投诉的内容能及时地传递到公司高管和各级关联部门；②让客户投诉的解决过程或问题的关闭结果摆在公司质量月会的议程中，并追踪结果；③让客户投诉成为公司中最重要的信息，在公司内部畅通无阻；④建立了慕思的重大问题升级告警机制。

现在，慕思公司客户服务中心已经成为该公司金牌服务的典范，每天服务着全球近90万消费者。

3 / 质量基因与“搞定”文化

> 大质量管理体系需要介入到公司的思想建设、哲学建设、管理理论建设等方面，形成华为的质量文化。
>
> 任正非

2005年，我应日本富士通公司董事长鸣户道郎的邀请，参观了富士通公司总部。富士通公司的质量管理水平在全球名列前茅，其质量文化实际上就是日本企业质量文化的缩影。

点开富士通公司的网页，人们可以看到富士通公司对质量的诠释。

我们能提高客户的声誉，让社会基础设施（网络）更可靠。

我们为客户和社会提供的产品和服务质量，决定了支撑现代社会人们日常生活所需的网络基础设施的可靠性。我们认为：质量是我们业务活动的基础。为了能让人们平等和安全地享受网络社会带来的益处，我们承诺持续改进质量。

对于我们来说，小质量是指产品和服务质量既能满足我们的指标，也能满足客户的要求，确保我们给客户提供的所有服务能有质量保障。大质量则不仅是研发、生产、服务部门的责任，而是我们所有部门的职责。考虑质量时，我们的目标就是持续满足客户在每一件事情上期望的质量标准。

我们发起的改进质量行动也是要提升我们的品牌。为了支持和确保网络社会的安全，我们将坚持不懈地追求质量改进，并确保能得到客户和社会对我们的持续信任。

富士通公司为什么这么强调可靠性呢？这是因为，富士通公司的一把手们关于质量的哲学和观点已经深深地渗透到公司的质量文化中了。富士通集团公司的质量文化基因是：质量会自己说话的。

“通过超常地一步一步地消除缺陷，我们将所有的能量都集中在改进可靠性上。”（富士通公司第五任总裁冈田完二郎在发布“高可靠性战役”上的讲话，1966 年）

“我们卖给客户的不是机器，而是可靠性。”（富士通公司第八任总裁小林大佑）

关于质量基因，我认为，首先要厘清两种文化的碰撞。这两种文化一是搞定文化、差不多文化，另一个是“零缺陷”文化、持续改进文化。

质量基因根植于文化之中，中国人喜欢搞定文化。所谓搞定，就是不管采取什么方式，只要能完成任务或给出结果就行；搞定文化就是当上级给下级布置一项任务后，不管你下级怎么折腾，只要能按时完成任务或给上级一个圆满的结果就行，也就是“搞定就行”。这里所说的“折腾”，是指下级可以不按业务流程，或找其他“路子”完成任务。

搞定文化是好还是不好？

搞定文化有优点也有缺点，重要的是要认清其本质。

首先，应用搞定文化的前提是，必须意识到完成任务是受环境条件约束的。

从事商业活动和社会活动在完成目标或任务时，需要搞定，但不能像战争中为了实现作战目标而不惜一切代价地搞定。企业从事商业活动时要遵纪守法、遵循业务流程，而政府从事社会活动时必须遵循宪法和法律法规。企业要关注企业社会责任、环境保护、员工工作安全等，而政府在追求 GDP 的同时，也必须对社会的环保、生态环境等从政策制定、落实和监控等环节负责任。

第二，应用和提倡搞定文化时必须注意总结搞定后的经验。

下级搞定一项任务，上级一定很满意。但是，该下级第一次能搞定，第二次也能搞定吗？不一定。如果现有的流程有问题，第一个员工经过努力“搞定”完成了任务，但该员工并没有总结其成功的经验，把经验记录下来和传递给其他员工。那么，第二个员工按现有的流程可能就搞不定了。如果第一次搞定的经验没有被总结，没有被固化到企业的业务流程中，第二个执行任务的员工就有可能另外搞一套“路子”去完成任务。这种没有学习能力的“搞定文化”组织和行为，极易给企业带来巨大的灾难。不仅增加成本、降低企业的运营效率，更可怕的是降低客户满意度，丢失客户。

然而，总结“搞定”成功经验，把经验固化到现有的流程中，或及时优化业务流程，这正是中国企业在质量管理中最缺乏的环节。这也就导致了中国企业在质量管理中形成了自己的短板。

搞定文化需要与组织的学习能力相结合。一旦结合，企业将会创造出高质量的产品和服务，产生惊人的效率。

持续质量改进强调不断改进和完善，而不只是一次搞定。持续质量改进法的第七步要求搞定后必须把经验总结和固化到流程中，以确保后来的人能继续搞定。

总之，深刻理会质量文化和质量基因时，必须深刻理解搞定文化和持续质量改进的本质，以及他们之间的区别与关系。要想解决“差不多”文化与“零缺陷”文化的冲突，必须从质量基因入手，而要想从质量基因入手，恐怕至少要通过几代人的努力。我认为，只有从质量基因上突破，中国企业的质量文化要素才会有所提升。

下面是一个打造质量基因的案例。

2018 年，我给慕思公司提供第二阶段的质量变革咨询项目。该咨询项目中有十大模块，其中质量文化模块是最重要的模块之一，而打造质量基因则是质量文化模块中的一个重要环节。经过与慕思公司一线员工、各级管理者长期磨合，我设计了一套打造慕思公司自己的质量基因的方案。我提供了“三让”行动：让质量文化在车间落地，让质量意识在班组落地，让持续质量改进成为员工的习惯。“三让”行动在慕思公司取得了巨大的成功。

4 / 让质量文化成为习惯

> 打造卓越习惯。
>
> 英国标准协会（BSI）

为了让人们重视质量，有些组织把全体高管组织起来，面对全体员工进行质量承诺宣誓。

这是积极主动的态度和行动。但是，“江山易改，本性难移”。如果不从习惯上让高管们重视质量和用持续质量改进的方法提升质量，宣誓过后，高管提升质量的热情和主动的态度很快就会被现实所吞噬。

打开英国标准协会（BSI：British Standards Institution）的网页，映入眼

帘的是：打造卓越习惯（Making excellent a habit）。

对于任何组织，提升质量都是靠人（员工）和质量体系。而对人的管理，我根据几十年的经验，将其划分为四种形式：第一种是只管结果；第二种是不仅管结果，还管灵魂、心智；第三种是不仅管结果、灵魂、心智，还管行为；第四种，不仅管理结果、灵魂、心智、行为，还管习惯。

比较上述四种管人形式，创业期的小企业基本上采用的是第一种，集体领导期的中小企业采用第二种，从集体领导期向正规化期过渡的企业、正规化期企业采用第三种者居多，精细化期的企业有些则开始采用第四种。不过，也有的企业对员工和基层管理者采用第一种方式，对高级管理者则采用第三种。真正采用第四种的企业不多。但是，正是第四种方式才能从习惯上彻底提升员工或管理者个人品质与管理质量。

全球的心理学家们在实践中发现，让人们改变现有习惯是很难的事情，但也不是没有解决方案。改变习惯的最佳解决方案就是刻意训练。有针对性地训练，在教练或顾问的指导下，将不良习惯有针对性地消除或“戒掉”。在刻意训练计划中，对一个不良习惯可能要采取上百次、上千次或上万次的纠正、校正或强制性地改变。这种刻意训练是如此痛苦，以至于教练或顾问不得不采用“刮骨疗毒”的手段。

总之，让人们养成用持续质量改进法工作的习惯，是一场灵魂“洗礼”。

第十一章

业务流程管理体系（BPM）

94% 的问题是管理者的问题。因为管理者可以改变体系。

戴　明

大部分质量问题是管理层的错误而并非工作层的技巧问题。总的来说，管理层控制的缺陷占所有质量问题的 80% 还要多。

朱　兰

1 / 别让员工再背黑锅

任何组织出了质量问题，如果寻找根因，不外乎是两类：要么是人的问题（态度或能力），要么就是流程问题。流程问题不是员工的问题，而是管理者的问题，因为流程责任人是管理者。正如戴明所说："94% 的问题是管理者的问题，因为管理者可以改变体系。"此处的体系就是流程体系。

管理者在管理流程中出了问题，自然也应归纳为人的问题，即管理者的态度问题或能力问题。

管理者的态度问题相对好解决。有些企业对高级管理者不断洗脑和施压，并用考核指标来迫使高管们必须主动优化和完善企业的业务流程，以确保员工高效地执行流程并满足客户要求。但是，如何提升高管们的流程管理能力（如何设计、优化和再造业务流程以满足客户需求），并让各级员工高效地执行流程，则是很多中国企业面临的巨大难题。

归根结底，原因有两个。

第一，中国企业的高管们对业务流程管理体系不懂或不感兴趣。不懂可以学，但为什么不感兴趣呢？真正根因就是企业高管们的质量意识存在问题。高管们没有真正理解流程管理在质量管理中所发挥的重要作用，总认为流程管理是低层和具体的业务，而不是高级管理者的职责，因此往往把流程管理的工作委托给下级或组织中的边缘人员来处理。

1984 年，克劳士比在从事质量管理咨询和培训 5 年后，出版了《质量无泪》一书。书中写道："质量已迅速变成被人们遗忘的项目了，因为管理者对它的态度太过于天真，而工人们往往要替管理者造成的困难问题背黑锅。"

的确，我们经常能听到有些企业管理者抱怨：质量搞不好是员工的执行力有问题。

必须申明，质量搞不好不是员工的问题，是你管理者的问题。

我在给国内企业提供管理咨询时发现，很多企业由于缺乏对员工进行流程、流程文件和流程管理体系的培训，导致企业业务流程执行的整体能力很差，而企业的管理者又往往把这种现象归结为员工的执行力问题。

企业高管是流程管理的第一责任人，流程管理和执行出了问题，企业高管们要负主要责任。作为流程执行者的员工，往往是流程执行不力的受害者，却替高管们背黑锅。

我在此郑重提醒企业高管们，不可让员工再背黑锅！

在华为公司，影响员工执行力主要有四大因素：其一，员工敬业度（态度），其二，内部求助升级告警机制和跨部门流程（流程体系），其三，员工业务技能（能力），其四，薪酬机制（激励）。由此可见，流程管理（设计、优化和执行）在企业管理中的地位非常重要。

第二，中国社会和文化整体对流程管理缺乏理解且不够重视。

业务流程管理（BPM：Business Process Management）在西方已经成为一个成熟的产业。除了企业自己重视建立流程管理体系外，各类流程咨询公司、流程管理顾问公司、业务流程学术研究机构、业务流程专业协会等社会力量在不断地驱动这一领域的更新和发展。西方甚至有专门开发业务流程管理软件的公司。这些软件公司将 BPM 集成为企业管理软件，协助企业管理业务流程。流程治理的“王国”已经形成。

相比之下，在中国的文化中，几乎没有流程的概念。因此，无论是学术机构、行业和政府，很少强调把流程管理当成一个产业来发展。中国的高等院校也几乎没有流程管理这样的专业。

由于社会大环境和文化对流程要素的漠视，因此中国企业很少设立流程管理部门，更谈不上建立业务流程管理体系了。由于没有业务流程管理体系，企业中就会出现流程泛滥、垃圾流程盛行、流程过时、流程不能使用、员工找不到流程文件、谁都有权制定流程、“两张皮”流程文件（一套应付外部质量审核、一套自己实际使用）等混乱现象。

2 / 核心流程：企业的战略资产

> 企业的核心流程是企业的战略资产。
>
> 美国流程管理专家马温·乌兹尔（Marvin M. Wurtzel）

业务流程对任何大组织（企业、机构、政府）是如此重要，以至于业务流程管理（BPM）已经形成了一个产业。

什么是流程？全球目前还没有一个统一的定义。

定义 A：一个组织（政府、企业、团体、部门、小组）为了完成某一业务目标或工作目标必须从事的一系列有序活动以及动作所构成的集合。

定义 B：业务流程是企业中一系列创造价值的活动的组合。

定义 C：业务流程是一系列结构化的可测量的活动集合，并为特定的市场或特定的顾客产生特定的输出。

定义 D：为达到特定的价值目标而由不同的人分别共同完成价值目标的一系列活动。活动之间不仅有严格的先后顺序限定，而且活动的内容、方式、责任等也都必须有明确的安排和界定，以使不同活动在不同岗位角色之间进行转手交接成为可能。

定义 E：业务流程是在特定时间产生特定输出的一系列客户、供应商关系。

定义 F：业务流程是把输入转化为输出的一系列相关活动的结合，它增加输入的价值并创造出对接受者更为有效的输出。

定义 G（ISO9001）：业务流程是一组将输入转化为输出的相互关联或相互作用的活动。

定义 H：流程就是工作活动跨越时间和空间完成的具体顺序，有起点、终点，有明确的输入、输出，是结构化的行为。

如此多的业务流程定义，往往会让企业管理者对业务流程的本质产生混乱的认识。特别是在中国，几乎很少有企业家真正把业务流程当作企业的资产来管理。

什么是企业的资产？大多数企业家可能认为下列清单中的内容才是企业的资产：技术、知识产权、专利、软件、产品、服务；或者：人才、资金、厂房、土地、办公大楼、老板的人脉；或者：文化、品牌、核心价值观、领导力、执行力。但是，任正非总裁却把企业的业务流程当作华为的战略资产来管理。在华为，首先在公司一级设立专门的流程管理部门，即流程 IT 部。其次，对华为的一级流程（核心流程），任命了流程责任人。第三，每年有近百位流程审计人员对整个公司业务流程进行审计。第四，在华为建立了业务流程管理体系（BPM）。

有了 BPM，华为公司真正走上了业务流程管理的轨道。也正是有了

BPM，华为的高端客户，如德国电信、英国电信、法国电信、西班牙电信等在审计华为公司管理体系时，对华为的业务流程管理成熟度表示满意。最重要的是，华为公司坚持了持续流程改进的原则。除了自己对二、三级业务流程进行局部优化外，对于企业一级业务流程的设计、优化和再造，华为公司一直聘请全球著名管理顾问公司进行业务流程变革。华为公司的成长历程就是管理变革的历程。

笔者参与过华为公司一个核心业务流程的变革项目。2009 年，笔者担任华为公司"问题提出到问题解决（ITR）流程"变革大项目经理，负责与埃森哲顾问公司项目团队合作，并在近两年的时间内顺利完成了这个服务华为全球客户的业务流程的再造项目。

毫无疑问，资产是需要管理的。战略资产更需要管理。在全球金融市场上，对资本的管理，有专业的资产管理公司。对于企业的业务流程，在美国、欧洲和印度，有专业的流程管理公司，专门外包企业业务流程的设计、优化和再造。这些业务流程管理公司，就好像是企业外部的"资产"管理公司。而企业流程管理部，则是企业的内部"资产"管理部。如果企业能把业务流程，特别是核心业务流程当作资产或战略资产来管理，并建立 BPM，企业的战略将会得以高效地执行。

一旦企业有了"核心业务流程是企业的战略资产"这一先进的理念，一把手就有可能把流程意识贯穿到企业的所有业务活动中，并在企业内部建立流程型组织。这将大大提升企业的工作效率和整体运营能力。

华为公司能成为全球品牌，有很多因素起到作用，如文化、体系、创新、变革等。体系就是指管理体系变革。管理体系变革的基础层面就是业务流程设计、优化和再造。华为公司把企业核心业务流程当作战略资产来管理，并通过持续优化业务流程，使得其在短短 30 年的时间内一跃成为全球品牌，成为中国企业的典范。

3 流程执行：知道，找到，做到

> 建立流程的目的就是要让员工知道、找到、做到。SOP 这一国际语言在很多中国企业中还没有完全被理解和接受。
>
> 作　者

什么是流程，什么是流程文件，什么是标准工作规程，什么是流程管理体系，什么是流程优化，什么是流程图示，什么是流程文件库或流程文件平台？它们的作用是什么，如何在企业中正确应用它们？这是本章中作者想与读者共享的内容。

作为首席质量官，必须通过培训和实践，让企业各级员工能明确回答这些问题，并利用流程和流程文件这些工具，高效率地工作、实现企业的业务目标。

（1）什么是流程（Process）

对于流程、流程文件、SOP 等，翻开专业书籍，读者可能会找到几十种定义。为了简化这一环节，我给出的定义如下。

流程就是为了实现某一特定的业务目标，由一系列相互关联、具有一定逻辑关系的业务动作所组成的活动。这些活动是人为设计的。

（2）什么是流程文件（Process Documents）

流程文件是确保流程能被高效执行的规范文件。流程文件必须简单、实用、可操作。对于流程文件的叫法很多，如标准工作规程（SOP），流程规范，操作指南等等。

（3）什么是标准工作规程（SOP）

标准工作规程是将流程执行的部门、个人、团队的职责、承诺、关键控制节点与流程图相结合，并按可操作的步骤编写而成的文档手册。编写标准工作规程的目的是让流程的执行者能够高效地执行流程，从而实现业务目标。

标准工作规程是企业员工日常业务活动的指南。它能帮助员工有效地执行或遵从流程，并最大限度地满足客户要求，高效地完成业务目标。

标准工作规程的编写模板见图 11–1。

①目的
②范围
③定义
④本流程利益相关者（部门和个人）的职责描述
⑤本标准工作规程所对应的业务流程（含流程图）
⑥本业务流程中各详细业务活动的操作步骤
⑦本业务流程中各关键环节的考核指标
⑧本业务流程执行过程中所涉及的其他业务流程文件
⑨附件

说明：第4点中提到的“个人”是指个人岗位或角色。如果员工离职，但岗位还在，可以用新员工替代。人离开，岗位不会离开。

图 11-1 《标准工作规程》编写模板

标准工作规程编写的质量好坏（“bug”多少），直接影响到企业的执行力。为了更好地理解标准工作规程的作用，可以让员工将标准工作规程与政府颁布的法律法规相比较。

在一个社会中，公民是必须要执行法律法规的。同理，在一个企业中，员工必须要执行标准工作规程。笔者将标准工作规程比作“核威力”。这个“核威力”将在下节中详细阐述。

标准工作规程具有五大特征：权威、唯一、标准、严肃、及时，如图 11–2 所示。

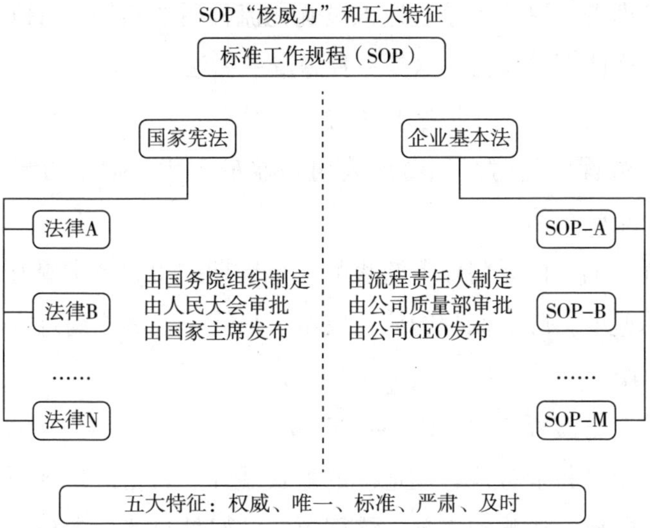

图 11-2 《标准工作规程》的五大特征

（4）什么是业务流程管理体系（Business Process Management System）

流程管理体系（BPM）是指一个组织（如企业）为了确保所有业务流程得以高效执行并实现业务目标，由公司流程管理部门负责制定的对流程责任人、流程利益相关者（流程执行者）的业务活动或行为进行规范和管理的一套体系。

流程管理体系涉及下列内容：流程管理部门，流程责任人，流程利益相关者，流程执行者，流程设计与优化，流程文件管理，流程执行与考核，流程审计，持续流程改进。

其中，由流程文件管理可以衍生出企业的流程文件管理体系。流程文件体系是指一个组织中所有业务流程文件、行政文件和管理规范文件的综合管理体系或泛称。一个企业的流程文件体系能反映出该企业的流程管理成熟度。

（5）什么是流程优化（Process Optimization）

流程优化是为了确保流程能高效执行而对流程、流程文件进行优化的系列活动。流程优化是企业中最常见的业务活动，也是最重要的业务。但是，企业的管理者们往往把此项重要工作交给企业各部门的边缘人员去处理。企业管理者们喜欢汇签边缘人员优化流程后的结果，自以为自己汇签的大名有多么体面有身份。这是一种愚蠢的做法。

流程优化的原则是：以客户为导向；优化后的流程必须更加简单、实用、高效；流程优化时必须考虑公司利益最大化，把公司利益放在第一位，部门利益放在第二位。

流程优化的目的是将业务流程的执行周期缩短，效率提升，加快响应客户需求的速度，降低流程的执行成本，最终提升客户满意度和提高公司整体运营效率。

（6）什么是流程图示（Process Mapping）

流程图示是将业务流程用地图的形式展开。其目的是将原有的流程图展开后进行分析、优化和完善。流程图示的好处是能让参与流程优化的利益相关者对流程的问题看得更清楚，从而加快流程优化的速度，提高解决流程问题的准确性。流程图示是流程优化中最常用的一种工具。

（7）什么是流程文件库或平台（Process Document Database or Platform）

流程文件库或平台是指企业中集中存放流程文件的数据库或 IT 平台。一个企业的流程文件管理平台示意图如图 11-3 所示。

企业建立流程文件管理平台的目的是让员工在完成业务目标的活动时能及时找到所对应的业务流程文件（SOP），确保能遵从和执行流程。企业流程文件管理平台具有可视化、易查询、易监管的功能。

根据本节对流程体系的阐述，可得出下列 5 个结论。

第一，流程的设计、流程体系的建设和管理均是企业管理者的职责。

第二，流程优化、流程文件平台的建设是管理者的职责。

第三，流程执行的保障之一是建立和完善 SOP，这更是管理者的职责。

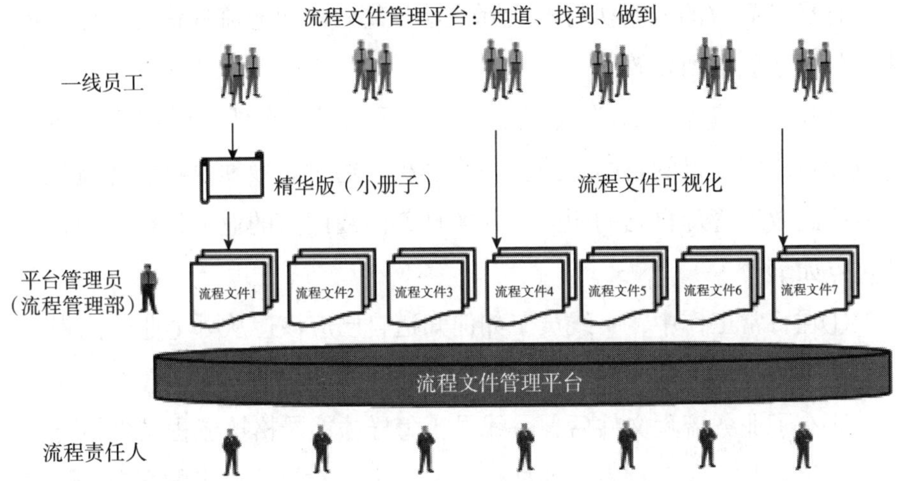

图 11-3　流程文件管理平台示意图

第四，流程的执行者要想高效完成业务，必须知道有哪些业务流程，并且知道在企业的什么地方能找到这些业务流程，即流程文件放在何处，还要知道如何遵从流程，即按 SOP 执行流程。要想让员工对流程“知道、找到、做到”，管理者必须对员工进行流程知识的培训。

第五，当流程执行者在执行过程中发现流程有问题，必须知道应该向谁反馈这些问题。流程的责任人会根据员工的反馈及时优化流程，直到让客户满意为止。制定这个反馈机制应是企业管理者的职责。

为此，我向企业管理者大声呼吁：管理者必须知道，管理者对企业流程设计和流程体系的建设要负主要责任。管理者必须知道，要想提升企业的质量管理成熟度，必须先搞清楚如何建立企业的流程体系。管理者必须知道，流程设计和流程体系建设是企业的顶层设计。管理者必须亲自操刀，而不能把这项工作交给企业的边缘人员。

管理者必须清醒：企业出现执行力问题等，你应立即检查你的企业流程管理，员工是否在流程执行中无法“知道，找到，做到”。

战略制定到战略执行是企业的核心流程之一。该流程的执行对企业的战略目标的实现起着关键作用。战略制定可以描绘出企业的宏伟蓝图，但是，如果没有高效的战略执行作为保障，再漂亮的战略也是一张废纸。

什么是高效的战略执行？实际上就是高效的业务流程执行。业务流程执行怎样才能做到高效？

2010 年，笔者在华为公司山东分公司做了一个业务流程高效执行的试点项目。该项目的目的是建立一个样板，通过高效地执行业务流程，管理者能高效地管理自己的团队，并实现部门或团队的业务目标。项目关注的重点如下。

①在日常工作中，一线员工如何知道自己应该遵从哪个业务流程？

②一线员工怎样才能快速找到自己所需要的业务流程文件？

③有了业务流程文件后，一线员工怎样才能严格按流程文件执行？

在笔者与一线管理者沟通此项目时，大家对笔者提出的简单明了的六个字“知道、找到、做到”达到惊人的共识。

知道：一线管理者必须向员工讲述每个员工在日常工作时需要什么样的业务流程文件。一线员工有责任知道自己应该使用什么样的业务流程文件。这需要在各级组织中建立和宣贯流程意识。培训也是一个很好的手段。

找到：在华为公司，由流程 IT 部建立了一个“流程文件”信息化平台。所有员工可以在这个平台上找到自己所需要的业务流程文件。但是，这远远不够。一线管理者还必须在一线办公室或业务现场，准备好一线员工所需要的所有业务流程文件（电子档或纸质档），并设立一线业务流程文件管理岗位，为一线员工服务。

做到：遵从业务流程的第一责任人就是员工本人。而且，一线管理者必须坚持一个原则：执行力就是首先要遵从流程。但是，人们总是喜欢按自己的习惯做事，让员工 100% 地遵从流程是一件非常难的事情。

4 / 防止流程泛滥

流程泛滥是"大企业病"的一种特征。

作 者

当企业的规模变大时，也意味着企业各级部门变多、管理层级增多的时代到来了。

企业的部门越多，跨部门的管理问题也越多。企业的管理层级越多，垂直管理的效率就会越低。与此同时，企业的业务流程执行周期将会变长，整体效率降低，运营成本增加，进而有可能导致客户满意度下降，企业业绩下滑。

现实的案例告诉我们，如果不注意企业的业务流程设计和优化、行政文件的发布和遵从，就会出现下列现象：企业的流程文件多如牛毛，行政文件漫天飘扬。新旧业务流程文件和行政文件颁布与实施的交替和衔接缺乏监管，结果导致员工在完成业务活动中的行为不规范、遵从的标准不统一。

所有这些现象的背后原因就是企业没有健全的流程管理体系，没有管理好企业的流程文件和行政文件。而要想建立企业流程体系，管理好企业流程文件和行政文件，就必须建立一套《企业流程文件管理规范》。这一规范可以确保企业的流程文件具有五个方面的特性：唯一、权威、标准、严肃、及时，杜绝企业内部流程文件泛滥。

另外，企业除了要监管业务流程外，还要监管行政文件的发放和执行。

一般企业的行政文件分为公司级、跨部门级和部门级三类。公司级的行政文件管理相对比较清晰，部门级的行政文件管理比较简单，而跨部门级的行政文件相对较难管理。企业文档管理体系（EDMS：Enterprise

Document Management System）是专门解决企业文件管理的解决方案，但这不是本书的重点。难点应是企业的跨部门业务流程文件的建立、优化和管理（见下节）。

5 / 跨部门的流程优化

跨部门的业务管理往往是“铁路有站，各管一段”，找不到负责人或很难管理。

企业中很多业务流程都是跨部门的流程。如，从订单到现金收回，从客户提出问题到问题关闭等。一家企业一旦“部门墙”很厚、部门间合作有问题、企业中的官僚主义严重或部门间互相扯皮，则表明该企业的跨部门业务流程有严重问题。解决这些严重问题的最佳办法就是优化跨部门流程。要进行优化，首先要回答几个问题：第一，谁是跨部门流程的责任人？第二，谁负责主持和组织跨部门流程优化的工作？第三，谁应是跨部门流程优化活动的参与者？第四，跨部门流程优化活动应该采取什么形式？

如果企业已经建立了《企业流程文件管理规范》，那么这些问题都应该有答案。第一，跨部门流程的责任人是企业CEO任命的负责跨部门主管工作的责任人。第二，由该责任人负责主持和组织跨部门流程的优化工作。第三，跨部门流程优化的参与者应是跨部门流程执行所涉及的所有部门和个人（岗位或角色）。这些部门和个人也被称为跨部门流程的利益相关者。第四，跨部门流程优化活动应该采取由所有利益相关者参与的研讨会形式。

作为首席质量官，我经常告诫企业的管理者，在从事跨部门流程优化活动时应注意下列事项。

第一，跨部门负责人要亲自操刀，主持和完成跨部门流程的优化活动，而不是安排几个边缘人员，闭门造车撰写一个跨部门业务流程。

第二，流程优化活动必须采用由所有利益相关者参与的研讨会形式。在研讨会上一定要让所有利益相关者充分讨论、辩论（甚至是“吵架”都可以）和发表意见。鼓励第一次就把问题谈透并解决。

第三，凡涉及的部门负责人必须亲自参与跨部门流程优化的活动，如果确实由于时间冲突无法参加，一定要派全权代表（亲自授权的代表）参加。因为你是利益相关者，在研讨会上，你或你的代表要准确地和负责任地向企业做出正确的表态和承诺。

第四，流程优化时必须坚持原则：以客户为导向，以公司利益为基石。优化后的跨部门流程要确保达到：简单、实用、高效。

第五，反对汇签。由于汇签周期漫长、签字人没有充分参与流程优化研讨和辩论，汇签者给出的个人观点难免片面。汇签后下发的跨部门流程文件要么很难执行，要么执行效果差。

第六，为避免在流程优化活动中出现集体妥协、损害客户和公司利益的现象，鼓励跨部门负责人在流程优化活动中代表公司利益，主动决策，从民主到集中，或采用“独裁”方式，果断做出正确决定。

第七，流程优化过程是一个挖掘隐性知识的过程，知识往往蕴藏在民间。谁对企业流程中存在的问题最清楚？有时候是一线员工。因此，应鼓励在跨部门流程优化活动中邀请一线员工（特别是骨干员工）参与，让他们发表自己执行跨部门流程的体验，讲述他们在亲身经历中发现的问题。管理者不能打压员工的看法。

第八，跨部门流程优化既是一门技术，也是一门艺术。管理者既要会用流程图示的方法和工具，又要懂得群策群力的方式。既要民主，又要集中。既要聆听民意，又要“独裁”决策。

任正非在 2015 年华为公司质量工作汇报会议上讲道："公司没有 IT 支持的时候，我们就是健忘型组织，因为依靠人来固化一个东西，可能上个厕所就忘了。我们现在有了流程 IT 支持，那肯定是一步步改进。我们公司要以规则、制度的确定性来应对任何不确定性，逐渐走上正路。"

总之，解决好企业的跨部门流程优化工作，就相当于解决了企业流程优化工作中 80% 的工作。

第十二章

持续质量改进法

一个小小的戴明环曾能让日本企业处于全球的优势地位，也正是这个小小的戴明环又让美国企业长期处于全球优势地位。但是，为什么这个小小的戴明环却在中国很难被应用？

作者于2013年在“卓越管理年会”上的发言

戴明环（PDSA）的实质就是持续改进。由戴明环而衍生出的持续质量改进法（CQI）在日本、美国和欧洲有不同的持续改进实用模式和版本。日本人喜欢用五步法，美国人喜欢用七步法。摩托罗拉公司发明的六西格玛方法实际上就是七步法。但不管是哪种模式，实质都是一样的。

“持续改进”的关注点在于一个组织是否能按照质量方针，持续地提升其业务流程的效率和效果，最终确保实现业务目标。流程的持续改进，就是要不断满足客户增长的需求和期望，确保质量体系在动态中得以完善。

克劳士比采用实用的14步法把持续改进描述得淋漓尽致。凡是担任过企业质量总监或首席质量官的读者，当您阅读克劳士比的14步法时，一定会倍感亲切。

克劳士比的14步法

第一步　管理层决心

第二步　质量改进小组

第三步　质量度量指标

第四步　质量成本的评估

第五步　质量意识

第六步　质量改进行动计划
第七步　为零缺陷计划建立一个特别委员会
第八步　主管教育
第九步　零缺陷日
第十步　目标设定
第十一步　找到和消除问题根因
第十二步　表扬与赞赏
第十三步　质量委员会
第十四步　从头再来

但是，克劳士比的 14 步法太过于繁冗，不够精辟。如果读者仔细研究戴明环的内容，并学习持续质量改进法（CQI），特别是七步法后，就会感到茅塞顿开。根据戴明环和摩托罗拉公司发明的六西格玛 DMAIC 工具，将 CQI 分解为七步（见图 2–3）。

第一步　目标
第二步　度量偏差
第三步　根因分析
第四步　根据根因分析结果，找出问题的解决方案
第五步　制定出解决问题的行动计划
第六步　解决问题
第七步　根据解决问题后的成功经验（知识）和发现的流程问题，对流程和 SOP 进行优化

上述七步法中，最重要的是第二步、第三步和第七步。

1 / 度量偏差和度量指标

戴明的质量哲学核心之一就是合作和持续改进，而不是指责出错。戴明的质量哲学重新定义错误并把错误当作机会来改进。此处所说的错误就是指质量问题。

持续改进法中最重要的环节之一是找到质量问题，即度量偏差或质量度量指标。

一个企业业务中所有重要的度量偏差的数据都应该被有效地管理起来。度量偏差的数据管理工作可以通过公司质量部与各业务部门一起完成。

作为华为公司的首席质量官，我在公司质量部建立了一个小组，专门负责管理公司各业务部门的质量度量指标，也可以理解为在公司建立了一个“质量度量指标库”。这项工作实质上就是建立一个业务流程度量指标体系。图 12–1 为我归纳出的一种建立度量指标和质量考核指标的路径。

这项工作太重要了。有了这个业务流程质量度量指标库，公司对各业务部门的质量考核指标就可以在库中选用。公司负责考核的部门（人力资源部或总裁办）就可以在公司质量部的帮助下，与各业务部门配合，确定每年年度考核用的质量指标。

例如，当一家企业采用平衡计分卡时，一般采用四个维度的考核指标：①财务指标；②客户满意度指标；③内部流程改进指标；④学习与成长指标。

一般情况下，一个组织在“客户满意度指标”或“内部流程改进指标”中要把关键的度量指标放进去用于考核。

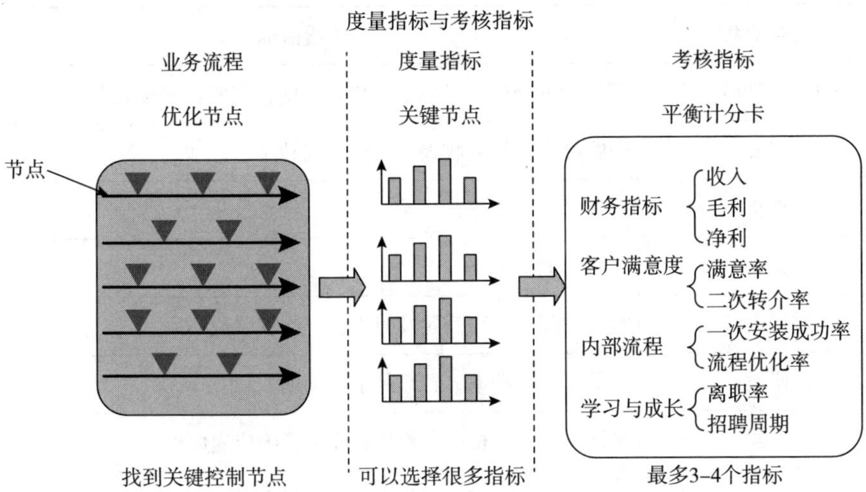

图 12-1　建立度量指标与质量考核指标路径

笔者根据多年的质量管理经验，总结出如下一套获取质量考核指标的方法。

第一步，完成所有业务流程优化。

第二步，从优化后的业务流程文件（即 SOP 或标准工作规程）中，摘取所有关键节点的度量指标。

第三步，将所有业务流程中的这些关键节点的度量指标集中到一个数据库中，并由专人维护、更新和管理。

第四步，当每年的年度计划开始时，组织各业务部门主管选择与公司战略一致的度量指标，并经修改后作为当年的质量考核指标。

图 12–2 为一个企业的部分度量指标。

度量偏差是持续改进的基础。没有偏差，就无法判断存在着什么问题，也就无法进行问题的根因分析。因此，度量偏差这一环节非常重要。

在现实中，获取客户的声音是度量偏差的一个非常有效的渠道。

业务流程	度量指标
客户满意度管理	客户投诉处理及时率；客户忠诚度；重要客户流失率
财务	应收账款平均回收天数；库存周转率
销售	订单填写准确率
交付	项目完成合格率
售后服务	响应时间；解决问题及时率；一次安装成功率
研发	产品设计成功率；新产品上市周期
采购	采购物料一次检验合格率；供应商响应速度
生产	成品合格率；产品缺陷水平；交货准时率
人力资源	关键员工流失率；新员工招聘周期

图 12-2　一个企业的部分度量指标

2 / 找到变异与根因分析

偏差可以是质量问题、销售未达标的差距、解决客户问题延期天数等。戴明把偏差定义为变异，并指出变异的原因只有两类：共同原因和特殊原因。

笔　者

我们生活在一个充满质量问题的世界里。如果按照戴明的观点，把质量问题叫作变异，那我们就生活在处处有变异的世界里：银行账单出错；发票数据填错；公交车到站晚点；员工上班迟到；产品出厂后有质量问题……

美国著名经济学家和数学统计学家哈罗德·霍特林（Harold Hotelling）曾经说过，“任何人如果不具备一些关于变异的知识，就不算是受过教育”。由此可见学习变异的重要性。

本节重点介绍持续质量改进法的第二步和第三步，即找到偏差或变异，并辨析变异的两类原因：共同原因和特殊原因。

戴明认为，找到变异的一般方法分为主动式与被动式。主动式是指通过检验或检查业务流程的关键节点，找到质量问题并用数据进行统计，或是通过管理者主动走访客户、召集客户反馈意见等，聆听客户的声音，并对客户不满意的问题进行数据统计。被动式则指通过建立客户支持中心（Call Center）或客户投诉渠道等，收集客户反馈意见，并对客户投诉的问题进行数据统计。

获得偏差或变异数据后，就应进入持续质量改进法的第三步，即根因分析。根因分析就是用统计的方法（如控制图、帕累托等工具）分析偏差或变异的数据，找到问题的根本原因，以便随后制定出相应的纠错措施或下一步改进质量的解决方案。

对变异的根因分析环节非常重要。如果分析方法出错，将导致后续所采纳的解决问题的方向也出错，最终有可能对组织造成更大的损失。

变异的两种原因

根据戴明的观点，产生变异有两类原因：共同原因和特殊原因。如果混淆了何者为“共同原因”，何者为“特殊原因”，将会使得组织中的每个人都备感挫折，并且导致组织出现更大的质量问题（变异），投入更高的成本。

比如，煤矿企业的管理问题导致井下发生爆炸，交通管理体系问题导致重大交通事故频发，化工厂企业的管理问题导致燃料库爆炸等，如果管理者把上述重大事故都归结为特殊原因，而没有透彻分析并发现这类重大事故的根本原因可能是共同原因（例如系统出了问题），就会受到误导，不去采取任何举措对系统进行改善，最终将导致更大的事故发生。

管理者常犯的两种错误：

①事实上变异（质量问题）是源自系统（共同原因），却把变异归属于特殊原因。

②事实上变异（质量问题）是源自特殊原因，却把变异归属于系统（共同原因）。

寻找、消除特殊原因的方法以及所采取的改进措施和行动，与对待共同原因时是完全不一样的。管理者寻找和分辨什么是共同原因，什么是特殊原因，不能靠经验，不能拍脑袋，而要靠理论、靠科学方法。

什么是共同原因？系统的错误是共同原因。由系统造成变异（质量问题）的主要要素如下：业务流程（管理体系及 SOP）、原料（对于制造业）、设备、培训、法规、技术标准、业务操作环境、管理方式等。上述这些系统要素均由管理者所控制。管理团队对于系统的改进有很大的权力。

什么是特殊原因？由短暂事件所造成的错误，则为特殊原因。即造成不会经常出现的变异的原因，就是特殊原因。

如何辨别共同原因与特殊原因？

通常管理者把任何质量问题（如火灾事故、交通意外、业务出错等）都归因于某个人（操作人员）或相关事件（如电线老化、道路湿滑、操作人员粗心大意等）。但是，无论是在制造业，还是服务业（含政府、非营利机构）所发生的质量问题，都可能是系统（共同原因）造成的。例如，戴明认为，做司机的每天要避免好多件意外事件，管理者可能忽视了，大多数的意外事件并非司机所能控制（特殊原因），而是共同原因造成的。

戴明结论如下：94% 的变异（质量问题）属于系统原因（共同原因），

这是管理者的职责；6% 的变异（质量问题）属于特殊原因，这是员工职责。

控制图的作用

戴明寻找共同原因和特殊原因的理论和科学方法简述如下：①绘制控制图。②在控制图上寻找共同原因和特殊原因。

图 12-3 为一个控制图的示意图。如图所示，凡是在控制上下限之内的波动数据，应该是系统造成的共同原因。凡是瞬间出现、马上消失的变异，则应是特殊原因。另外，连续出现多次的变异，也应是特殊原因。

戴明不断强调，管理者应有建立统计变异数据的习惯，并学会绘制控制图。

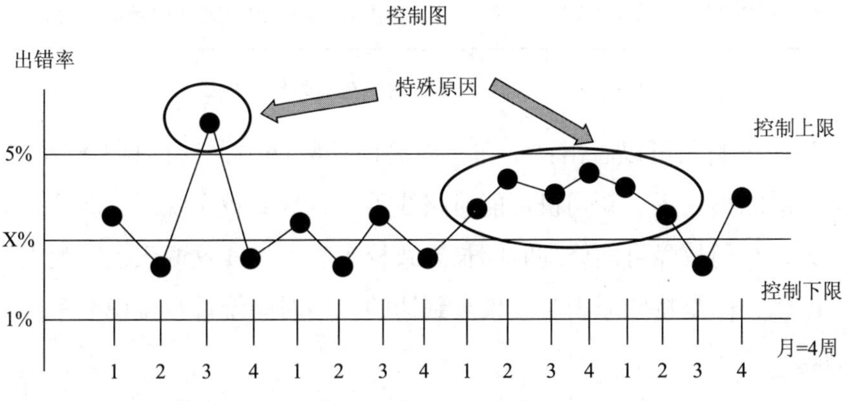

控制图说明

①横坐标是某一组业务人员在4个月内的工作周期（每月工作4周）

②纵坐标是出错率。平均出错率为X%（变异）。大部分出错率都在控制上下限内。这类变异是系统造成的共同原因。

③第一个月第3周的出错率超出控制上限，显然是特殊原因。第三个月和第四个月的第1周、第2周出现连续高于X%，这类变异也是特殊原因造成的。

图 12-3　某组业务人员出错率的控制图

控制图上的点可以是业务活动出错率、产品一次检验合格率、客户问题解决及时率、客户服务满意率等。

图 12-4 为某一学校的校车接送学生到达时间的控制图。

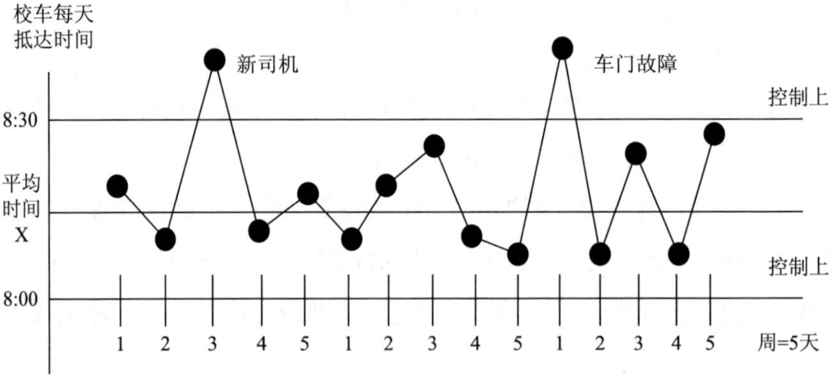

控制图说明

1. 横坐标是某小学校车（每周工作5天）接学生抵达接站点数据。统计了三周数据。

2. 纵坐标是校车抵达时间（变异）。除两次外，三周内校车抵达时间均在8点到8点半之间。

图 12-4　某一学校的校车接送学生到达时间的控制图

从该控制图可以看出：①在三周的统计数据中，只有两天校车晚点。②第一周的第三天，新司机可能对路线不熟，导致校车晚点。③第三周的第一天，车门故障可能修理时间长导致校车晚点。④这两天校车晚点不是共同原因，而是特殊原因。⑤校车到达的三周时间统计数据说明系统是稳定的。

所以，校方不需要对整个校车到达时间的管理体系进行修正。

图 12-5 为某一企业员工上班迟到的时间控制图。

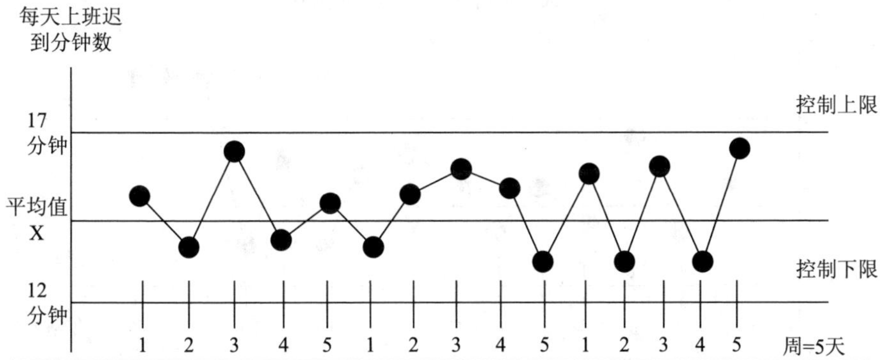

控制图说明

①横坐标是某员工上班天数（每周工作五天），统计了三周数据。

②纵坐标是该员工每天上班迟到的分钟数（变异），三周上班每天迟到都在12～17分钟之间。

③该员工上司每天问其今天为什么迟到，该员工总是用各种理由解释。该员工企图用“特殊原因”（但并没有遇到风暴、意外等）为自己辩解。其实，只要该员工每天提早20分钟出门，就不会迟到。共同原因是该员工态度有问题，为自己狡辩。

图 12-5　某一企业员工上班迟到的时间控制图

从该控制图可以看出：①在三周的统计数据中，该员工迟到的时间都在控制上下限之内。即在 12 ~ 17 分钟之间。②在三周的上班途中，该员工并没有遇到天气不好、重大交通等事故等特殊原因。③该员工天天迟到的理由如果是晚睡、加班、与朋友聚会等，则不是特殊原因。④该员工天天迟到只能是有共同原因，即不敬业或缺乏责任心。

所以，该员工的上司（管理者）不需要对员工上班时间（管理体系）进行修正，而是应对该员工进行企业文化、价值观的培训教育。如果再犯（天天迟到），只能按劳动法将其开除。

图 12-6 是某一企业的生产输出（万件 / 月）的控制图。

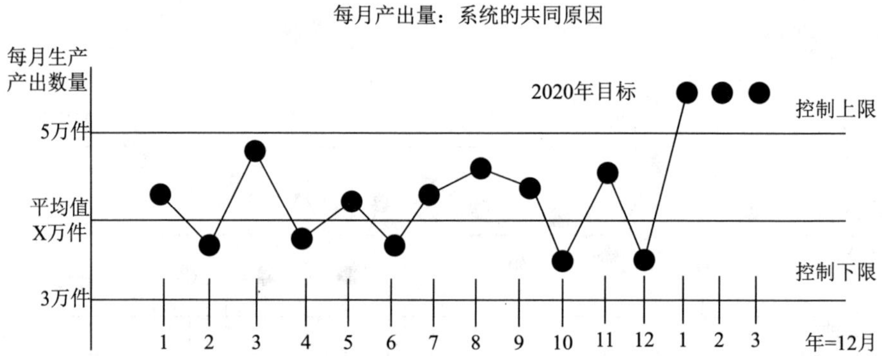

控制图说明

①控制上限代表系统（企业）流程的最大极限；如果下一年制定的产出目标超出控制上限，该目标是无法实现的。除非优化流程，使得系统控制上限上移。

②横坐标是该企业的出产时间（每年12个月）；纵坐标是该企业每月的产出（件数）。每月的产出都在上下限间波动（变异）。

③系统处于稳定状态。该企业的产能是由该企业（系统）的流程能力所决定，是共同原因。

图 12-6 某一企业生产输出（万件 / 月）的控制图

从该控制图可以看出：① 2019 年，该企业的生产输出产量在上下限之间。该企业的生产能力是稳定的。② 2020 年，如果该企业制定的业务目标超出上限，那么，如果管理者不对系统进行优化或对业务流程进行完善，企业的业务目标不可能完成。③限制该企业的生产能力是系统问题，是共同原因。

所以，企业管理者应持续优化业务流程和完善管理体系，才能确保企业持续增长。

在第三环节，即根因分析环节，领导力能够发挥更大的作用。

领导力的目的

戴明认为，领导力应具有下列目的。

①改善人和机器的绩效（或效率），进而提高质量，增加产出。同时，让员工以工作为荣，始终充满激情，而不是反感或厌烦工作、没有

激情。

②不仅要找出员工过去所犯的错误或失败（质量问题），还要消除其失败的原因。让员工花较少的力量就可以把工作做得更好，而不是天天加班。

③要学会使用业务数据，善于判断，并洞察组织中是否有员工的表现落在系统之外。不符合要求的员工需要个别辅导，特别优秀的要给予奖励。

④更重要的是，改善整个系统，使每个员工能持续把工作做得更好、更满意。

⑤使系统内员工的绩效或表现越来越稳定，人与人之间的明显差异不断消除。

⑥分析每个员工的工作绩效或表现是否处于统计管制状态（统计上周或上月的历史数据，如果其业绩处于控制图的上下限之内，可称为处于统计管制状态），制定精准培训计划；如果老员工已经处于统计管制状态，就不需要进行更多的业务培训。对于新员工，则必须进行业务培训，直到其业绩达到统计管制状态为止。

⑦务必向员工说明，任何人处在混乱状态下（督导不善、管理不佳或工作业绩总是在统计管制状态之外），都无法在组织中发挥潜力，工作的质量和一致性会较差。要让每个员工都知道：自己的下道工序是什么？客户是谁？

⑧找出组织中谁落在控制图的管制范围之外，进行根因分析。差的员工要个别辅导，优秀的员工要推广其使用的方法和技巧。员工个人能力无法消除系统的共同原因。

3 / 系统优化的好处与风险

> 戴明的红珠试验、漏斗试验是想告诉人们：
>
> ①不改变系统和优化系统，由系统造成的共同原因仍然会导致变异，即变异无法减少。不断优化系统，变异将会减少，质量将会不断提升。
>
> ②对于特殊原因，过度纠正解决方案有时会导致更糟的问题。
>
> 作　者

戴明在《转危为安》和《戴明新经济观》这两部著作中，都提到红珠试验和漏斗试验。通过这两项试验，戴明试图让读者真正理解什么是变异，变异的原因（共同原因、特殊原因），以及应当采取的纠正措施。

戴明认为，90%以上的质量问题的原因是共同原因，即系统问题，而解决系统问题应是管理者的职责。因此，系统优化就变得非常重要。

系统优化有好处，也有风险。

系统优化的好处

持续优化管理体系、业务流程，可以不断改善组织的质量水平，提升组织的生产力和效率。持续优化管理体系、业务流程，不只是靠组织自己，同时需要依赖第三方（专业的流程顾问公司）进行管理转型或质量变革。

图12–7为慕思公司持续业务流程优化的结果。2018年，笔者为慕思

公司提供管理咨询服务。慕思床架生产部门采取了下列方法后，床架生产的一次检验合格率不断提升。

①采用数据统计，对床架一次检验合格率的变异进行根因分析。②根因分析结果是系统约束了床架一次检验合格率的提升，即共同原因。③优化系统，改善业务流程，并制定出改善举措和行动计划。④对影响床架一次检验合格率的系统因素进行排除，最终导致一次检验合格率持续提升。

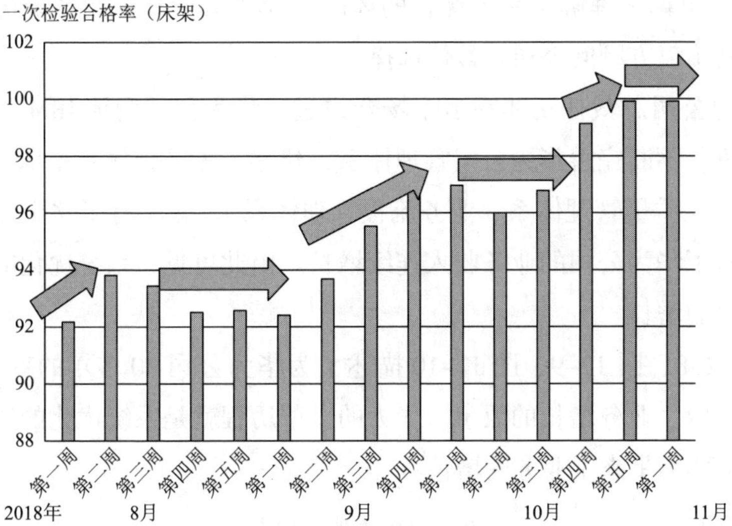

图 12-7　慕思公司生产（床架）一次检验合格率持续提升

流程优化必须采纳先进的方法。流程图示法（Process Mapping）就是流程优化的一个好方法。

系统优化的风险

如果组织（企业、政府、机构等）没有建立业务流程管理体系（BPM），系统优化则可能造成如下问题。

①部门各自为政。优化管理体系、业务流程将会导致部门利益最大化，削弱组织整体利益。

②没有流程责任人，或负责优化流程的责任不清晰。跨部门流程优化

将会导致不以客户需求为导向，而以部门利益为导向。

③各个部门都有权优化自己的业务流程。优化将会导致流程泛滥，最终导致整体组织的效率下降、运营成本增加。

笔者在给中国企业实施管理咨询过程中，不断发现企业缺乏业务流程管理体系（BPM），企业的整体流程管理混乱，系统优化处在无人管理状态。在中国市场上，消除系统优化风险的最佳实践者应该是华为公司，因为华为公司真正理解了系统优化的风险。为了减少和控制系统优化的风险，雇佣第三方顾问公司是最佳选择。

华为公司总裁任正非在多个场合说过：华为公司聘请 IBM 公司进行管理变革，不断完善华为公司管理体系，建立了大平台体系（卓越运营管理体系、大质量管理体系、业务流程管理体系）。正是有了这个大平台体系，才有了华为公司的业务收入连续增长。由此可见，系统优化能给企业带来营收的增长。

图 12–8、图 12–9、图 12–10 描述了为华为公司 30 多年的变革历程、大平台建设、业务增长的故事。华为的变革历程就是系统优化的历程，系统优化给华为带来了业务的增长。

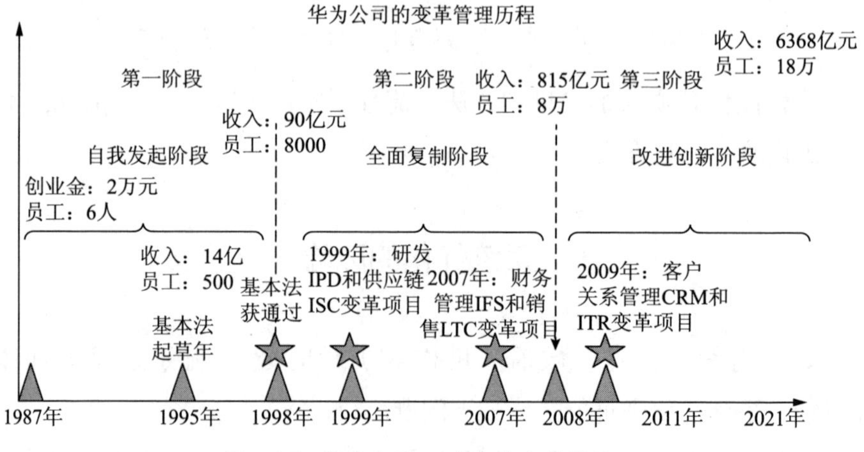

图 12-8　华为公司 30 余年的变革历程

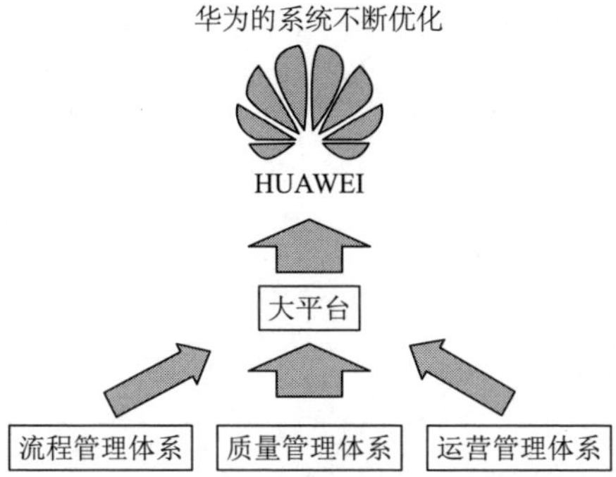

图 12-9　华为公司的大平台建设（管理系统）

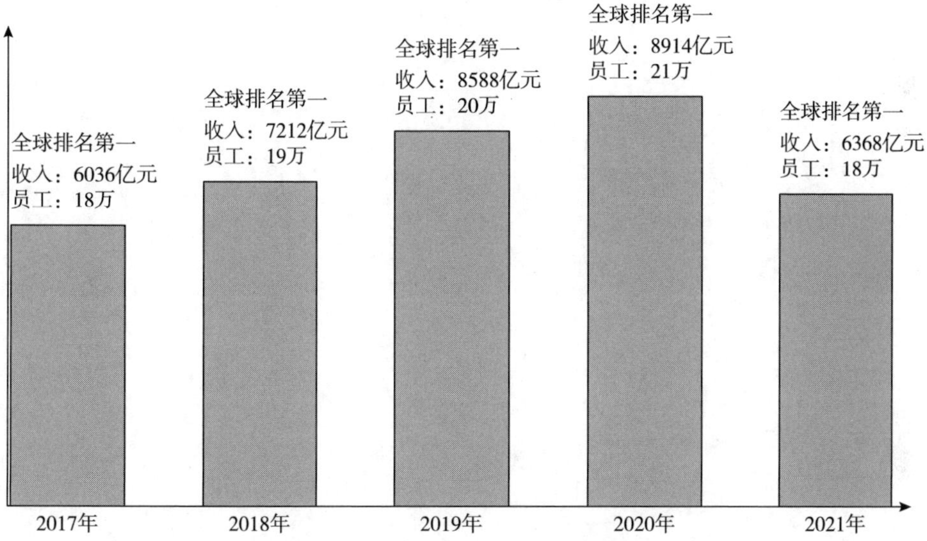

图 12-10　华为公司近五年如果展状况

华为的案例再次说明：理解戴明的渊博知识体系（SOPK：System of Profound Knowledge），应用变异理论、找到共同原因和特殊原因，不断完善系统和优化业务流程，最终企业可以获得业务收入的持续增长。

关于戴明的渊博知识体系，将在第十四章中详细解释。

第十三章

质量审计

> 质量审计不是目的，只是手段。获得政府质量奖不是目的，只是暂时激励。持续质量改进、永无止境，才应是企业追寻的目标。
>
> 笔　者

2010年，当我担任华为公司首席质量官并接管华为公司质量部时，立刻对该部门的全体员工进行了逐个访谈。

华为公司质量部有几位外籍质量专家。其中，有一位来自加拿大的杰克·彭培奥（Jack Pompeo）先生。当我与彭培奥先生谈话后，才知道他在目前的岗位上工作得十分不开心。上级领导不重视公司质量部使得他寒心，其他部门不理解他的工作使得冷心，并流露出准备离职的心愿。彭培奥先生是美国质量协会（ASQ）资深会员、美国全球电信质量标准组织QuEST论坛成员。但是，他目前的工作处于打杂状态。另外一位美籍质量专家也觉得发挥不出自己的特长。对此我马上采取了行动。

第一，我在华为公司质量部内部进行了人员、岗位、职责的调整，成立了专项的质量审计部，任命彭培奥先生担任质量审计部的负责人，并派他到华为全球各个分公司（特别是欧美运营商客户反馈问题比较多的国家）进行质量审计。另外，我安排他在华为公司客户满意与质量委员会的月度会议上做主题发言，向公司高层领导汇报质量审计结果，并提交《质量审计报告》。他的专家工作方式、敬业的工作作风得到了很多部门的认可。几个月过去后，彭培奥先生主动来找我谈心。他兴高采烈地说，此时此刻，他工作得非常开心，已打消了离开华为公司的念头。

第二，我针对另外一位美籍质量专家的特长，安排他参与我启动的“华为公司质量体系审计体系（HQSR）设计与开发项目”。这在华为公司是前所未有的项目，很多公司领导都没有听说过什么是QSR。一旦听到一个新名词，这些领导就发怵。但是，当我给这位美籍质量专家讲述了关于HQSR项目的设想、计划和方案后，他非常兴奋，并表示愿意马上就投入到此项工作中。

“华为公司质量体系审计体系设计与开发项目”是个巨大工程。这个项目不仅需要多位资深质量专家参与，并成立跨部门的项目团队，更重要的是需要有人能说服华为公司高层领导并获得同意和支持。但是，说服公司领导，靠这位质量专家是无法完成的。这个任务当然是我的工作。为什么？因为很多华为公司高层领导并没有理解质量审计的本质。

质量审计的本质就是让企业各级组织愿意主动自我审计、主动发现问题、及时改进，并坚持持续质量改进、永无止境的信念，不断追求卓越，而不是被动地等待外部机构或客户来审计。

这个本质也正是美国国家质量奖的原则。奖励和激励美国企业获奖不是政府的本意，激励全体美国企业能自发地、主动地进行自我质量审计并持续改进，才是其方向。

基于质量审计的本质，我与这位美籍质量专家一起，开始了“华为公司质量体系审计体系设计与开发项目”的旅程。

1 / 十年磨一剑

第一仗，惨败英国电信

早在2000—2005年，全球老牌电信运营商，如英国电信、德国电信和法国电信等，迫于全球市场竞争激烈、成本压力巨大，开始在全球寻找具有全球供货能力、具有成本优势且产品质量较好的电信制造商。在当时的市场环境下，两家位于同城的中国企业，华为公司和中兴通讯公司就成了最佳选择对象。

但是，与英国电信第一次交手，这两家公司就马上惨败。所谓惨败不是被打败，而是指根本不了解对手的打法，即不知道英国电信对供应商进行质量审计和认证时所采用的是什么指标。

一般而言，中国企业会从研发、制造与生产线、工作环境、安全生产、员工加班、劳动法遵从（不雇佣童工）等方面进行准备来应对质量审计。但是，英国电信对供应商的质量审计维度是如此新颖，以至于中国企业根本无法准备。如，英国电信不仅审计你的产品和服务质量、供应链管理体系，还要审计你的整体管理体系、运营体系、项目管理成熟度、人力资源管理体系、工厂员工宿舍、食堂甚至厕所。更重要的是要审计你的风险管理水平、业务可持续管理能力、知识管理能力等。此外，英国电信还要审计你的供应商和外包商的质量管理体系。

刚刚起步实施全球化战略的中国企业，的确很难满足英国电信的质量体系审计和认证要求。

凯旋：法国电信认证一次通过

2005年6月的一天，中兴通讯公司总裁和高层团队非常烦躁和紧张，因为再过两个月，法国电信便要派专家到中兴通讯公司进行质量体系审计和认证。如果不能通过此次质量审计，那就意味着中兴通讯公司很难在欧洲市场打开一个缺口，进而开辟全面进入欧洲市场的格局。由于有了上次英国电信审计和认证惨败的教训，此时公司上下充满了低落的情绪，也就出现了各种负面心态。第一，很多领导唯恐不能通过；第二，由于没有认证经验，各级管理者没有人知道如何全面系统地准备和应对，忐忑不安；第三，很多员工热情很高，但是没有人能制定出系统地应对本次认证的项目团队的战略规划和行动计划；第四，由于公司管理体系和业务流程中的漏洞很多，在如此短的时间内如何补救，大家显得非常悲观。

看到这种情形，我主动找到时任中兴通讯公司高级副总裁（后来担任过总裁）的史立荣，提出让我领导成立一个公司级的应对法国电信认证的团队（FTAT：French Telecom Audit Team）来完成这次重要使命，因为我有着 10 多年在外企工作的管理经验，特别是在现代企业质量管理体系和审计体系方面有着深刻的理解，并具有较为丰富的实战经验。

在随后的两个月里，我组织召开了 FTAT 团队启动大会，制定了《法国电信审计和认证战略规划》《行动计划》和《法国电信认证指南》，开始对各级管理者进行培训。公司级的 FTAT 团队由多个子团队组成，涉及从营销、服务到研发、生产、供应链和人力资源等部门共上千人。

经过全体 FTAT 团队成员的共同努力，中兴通讯公司最终顺利地通过了法国电信的质量体系审计和认证。为此，我和团队成员获得了中兴通讯公司总裁嘉奖。

在全公司庆贺法国电信认证顺利通过的总结大会上，我做了长达一个小时的总结发言。最后，我展示了一张 PPT，题目是“未来的问题和答案？”

> 公司领导和各级管理层有多大的承诺和努力想继续改善质量和业绩？
>
> 只是说说而已，还是愿意投入资源和行动？
>
> 如何平衡“自我满足”和“四处危机”的关系？
>
> 躺在 20 年辉煌历史的功劳簿上，还是继续创业？如何平衡“生存与发展”的关系？
>
> 是否思考过正规化期企业与精细化期企业的不同之处？
>
> 中兴通讯愿意何时和怎样从优秀到卓越？

当我撰写此章时，偶然翻开了一份当时参加过法国电信认证的中兴通讯 FTAT 团队成员之一裘玉金写给我的邮件复印件，摘录一段与读者共享。

2005 年《法国电信认证总结》

裘玉金

一天，领导找我谈话，说让我去参与法电认证，我的主要职责是“胶片语言的统一，法电全程陪同翻译”。于是，我有幸参加了法电认证团队，并经历了从准备到完成认证的全过程，包括第一次杨总（注：杨总即指作者）模拟法电的认证彩排，第二次法国咨询专家到公司的认证彩排及最后的正式认证。整个过程是忙碌的、紧张的，也是愉快的，让人鼓舞的。

印象最深的是杨总的工作作风。他很强调执行力，时间观念特别强，重视问题的解决，每一件事情都要落实到具体责任人，并且跟踪过程的进展。想逃避责任或者想偷点懒的同志都感觉根本没有机会这样做。不但如此，还会容易被杨总的风格所感染。整个过程当中，杨总像战争的指挥官一样制定作战计划，部署作战任务，并跟踪每个关节点，跟大家一起分析存在的问题，并不断鼓舞大家的士气。

……

如果我们能够顺利通过这次认证的话，在我看来，有很大一部分比重应该归于我们展示出来的诚信的态度。在这个方面，杨总是我们的榜样。开始我很不理解，为什么法电要求我们记录并整理当日的问题，而这个如果处理不好的话，将使我们处于非常被动的地位。而杨总不但答应，而且非常认真地去做。每天的最后总结都要把当天的遗留问题一个一个呈现出来，让法电确认是不是需要第二天澄清，而第二天上午总要花上 1 ~ 2 个小时去澄清前一天的问题。最后一天我终于从杨总那里找到了答案：“我们要理解法电的要求，并且要努力超过他们的期望，表现我们的诚意。”这不正是我们中兴的企业文化所在吗？我很熟悉公司的价值观“精诚服务，凝聚顾客身上”，只是到了实践中，我怎么就把这些都给忘了呢！这个教训让我反思很久。法电，让我收获经验知识之外，还收获了一种宝贵的意识。

2 / QSR是质量审计体系的基石

无论是英国电信还是法国电信，全球优秀企业所采用的质量管理体系审计的方法论和思路都是源自摩托罗拉公司开发的 QSR。

我认为 QSR 是质量审计体系的基石。它的贡献是，质量管理体系是可以被审计的，质量管理成熟度是可以测量的或被量化的。

2010 年，我在华为公司担任首席质量官时，组织了一个专家小组，开发了一个华为公司内部事业部组织的质量管理成熟度评估体系（HQSR），试图解决这样一个困局：员工对 ISO9001 反感，而又必须对各业务部门的质量管理体系进行审计，但是公司目前还没有一套类似 QSR 的质量审计体系。

从 1995 年在摩托罗拉公司第一次接触到 QSR 开始，到 2006 年在中兴通讯应用 QSR 应对法国电信的质量认证并首获成功，再到 2010 年在华为公司担任首席质量官时再次拿起 QSR 这个武器，应对英国电信、法国电信、西班牙电信等欧美企业对华为公司质量管理体系的一次次“攻击”，每一次都收获了完美结局。

2011 年在深圳召开的全球电信质量标准组织 QuEST 论坛上，该组织的首席运营官唐·平根斯（Don Pingens）先生在发表告别演说时讲道：“杨大跃先生在担任 QuEST 论坛中国区联席主席、亚太区联席主席期间，对 QuEST 组织在中国市场上开拓业务做出了很大贡献。我再次对他的贡献表示感谢。”QuEST 组织开发的 TL9000 中，就采用了 QSR 的原理。

我更加坚信这个结论：QSR 是质量审计体系的基石。研究 QSR 意义重大！

QSR简介

为了向全公司员工提供质量提升的指导，摩托罗拉公司质量委员会（MCQC：Motorola Corporate Quality Council）于1982年开发了质量体系评审（或审计）（QSR：Quality System Reviews）工具。QSR可以被用来评估公司每个事业部的质量管理体系成熟度，其目的是确保公司每个业务的质量体系能高效地支撑实现完全使客户满意的目标。多年来，QSR在不断地被改进和完善，以便能满足客户和实践的需求。

质量体系审计（QSR）本身是一种可以用在任何行业、任何组织（无论是政府还是企业，无论是营利还是非营利机构）的、具有多用途的管理工具。质量体系审计活动可以评估组织的质量体系是否持续健康。

质量体系审计要求一个组织的高层应主动支持和参与整个审计过程。QSR定义了组织应该怎样获得愿景，设定了可定义的完整目标，提供了让组织中的全体成员能够知道质量体系要求的方法。

这套质量体系审计方法为被审计的组织提供了质量哲学传播的方法，提供了让组织更加专注质量的模式。遵从这套质量体系审计的步骤，审计团队不仅能够宏观和清晰地评估出一个组织各个运营部门的质量管理成熟度，还能够客观地评测出该组织所取得的成就，发现其存在的质量管理问题，并能提出让该组织质量改进的机会，最后，能给被审计的组织提出一组持续改进的建议。质量体系审计过程被设计成更加专注持续改进，确保一个组织的质量体系能更加高效地支撑实现完全使客户满意的目标。

质量体系审计过程一般需要一周时间，审计团队一般由五名实战顾问专家组成。审计团队的专家将会访谈被审计组织中的各个部门的管理者和员工，检查所有业务流程的执行与执行结果并提出标准和系统的问题。这些问题涵盖了质量体系的十个基本子体系，用以描述一个“理想的体系”。标准问题是根据被审计组织的需求定制的。审计结果将以系统内置的评分系统呈现，并用“强项”和“待改进的机会”编制成最终的审计报告，在审计活动最后一天的总结会议上向被审计组织的最高管理层汇报。

这种质量体系审计的流程能让被审计的组织微观地觉察到自己的质量体系存在什么问题，需要在什么方面进行改进，特别是审计专家们不是只提出了改进建议，更重要的是这套审计报告以量化的方式提出了被审计组织的质量体系存在的差距和改进的方向。

由于质量体系必须从顶层往下集成到企业的业务体系中，所以在实施质量体系审计项目时，无论是启动会议还是总结会议，企业的高层必须参加。

3 / 不要只依赖外部审计

外部质量审计是一种被动式发现问题模式。外部审计可以客观地发现企业的一些质量问题所在，这种模式不可缺失，但一个组织不能只依赖外部审计。

作　者

质量的管理与管理的质量是两个不同的概念。

质量的管理是指质量（产品质量、服务质量、管理体系质量等）是需要管理的。如果不管理，就会出现各类质量问题，最终导致组织（企业、机构、政府等）效率下降、成本增加，组织的目标难以实现。

管理的质量是指组织（企业、机构、政府等）的管理体系、管理能力等达到一个什么水平，在目前的水平上如何继续提升。管理体系的质量、成熟度或水平会约束组织的质量提升。因此，不断提升管理体系的质量是组织的目标之一。

为了提升组织管理体系的质量，质量审计是一个不错的手段。一般质量审计采用下列几种模式：①组织自己进行内审、部门之间互审；②邀请外部机构进行审计；③客户直接对组织进行审计。外部机构质量审计最常见的就是ISO9001审计。

根据笔者的经验，上述①和③最重要，②是必需的。但是，外部机构质量审计一般不能发现组织的深层次质量问题。上述①是组织最终应提倡的手段。只有当组织自愿地、主动地进行管理体系的质量审计时，才能真正提升组织管理体系的质量。上述③之所以重要，是因为通过客户对组织质量审计后，组织将会更加准确地聚焦客户的需求，并且，在以客户为导向的原则下，组织将能更集中资源，根据客户提出的要求进行快速改进。

总之，应当三种模式并用，不要只依赖外部审计。

中国是全球认证ISO9001企业数量最多的国家。很多中国企业都把获得ISO9001证书当作一种荣誉，并向外界（客户、供应商、政府等）炫耀自己的产品质量和服务质量过硬。

其实，获得ISO9001证书并不能说明该企业管理体系的质量就达标，更不能证明该企业的产品质量、服务质量能满足客户的需求。ISO9001这类外部机构的质量审计只能粗浅地告诉企业，你的管理体系在哪些方面还有缺陷，需要改进。但是，这种局部的、点状的改进意见，并不能提升企业的整体质量管理水平，更不能提升和完善企业管理体系的质量。

外部机构的质量审计只能作为一个参考。

4 / 获取政府质量奖不是最终目标

管理体系的质量审计不是目的，是手段。管理体系的持续质量改进才是目的。同样，获取政府颁发的质量奖不是目的，持续质量改进才是目的。

作 者

为了促进企业提升质量，刺激企业提升生产力，各国政府都建立了自己的国家质量奖。近几年来，中国各级地方政府设置的政府质量奖遍地开花。毫无疑问，政府设置的各种质量奖对企业改进质量起到了一定的积极作用。但是，有些地方政府、机构、企业在具体实施质量奖励的政策时，往往偏离了方向；有的企业为了获奖而不择手段、弄虚作假；最终，导致质量奖变味了。

北京同仁堂创建于1669年（清康熙八年），于2016年4月作为唯一一家医药企业荣膺第二届中国质量奖，同时也成为两届中国质量奖获奖企业中唯一的医药企业。

据财经网2018年12月17日报道，北京同仁堂的子公司（或合作企业）江苏盐城金蜂公司造假，更换标签，篡改同仁堂蜂蜜生产日期，将退给蜂农喂蜂的蜜（回收的不合格蜂蜜产品）又送进工厂的原料库等。据町芒网2018年11月发布的蜂蜜调查报道——《康维他、同仁堂、网红蜜榜上有名！花10万检测费，检测15个品牌，只为1个蜂蜜真相！》中显示，5款蜂蜜HMF（羟甲基糠醛）超标，国内老字号同仁堂在列。

《中国质量奖管理办法》规定：“获奖组织和个人两年内发生重大质量

和安全事故、发生违法、违规、违纪行为，撤销奖励并公开通报”。根据2019年2月20日中国网报道，经中国国家市场监管总局研究决定，现撤销中国北京同仁堂（集团）有限责任公司中国质量奖称号，收回证书和奖杯。

获得国家质量奖的企业照样会“死亡”

美国施乐公司获得了1989年美国国家质量奖（波多里奇奖），柯达公司也是曾获得美国国家质量奖的知名企业。然而，上述两家著名公司先后“死亡”。

美国施乐公司在复印机行业算是鼻祖。在这家公司如日中天的时代，施乐几乎与复印机是同义词。然而，80年代中期开始，日本佳能，理光等公司便宜精巧的小型复印机开始大量流入美国市场，它们推出复印机的销售价格仅相当于施乐公司的生产成本，使施乐公司从90%以上的市场占有率下降到42%，公司差点被日本富士胶片控股公司收购。

2018年1月，富士胶片与施乐公司达成了61亿美元的交易，施乐公司将被并入两家公司现有的合资公司富士施乐，以便在办公打印设备需求下滑之际获得规模效益并削减成本。不过该交易执行并不顺利，施乐公司的大股东达尔文·迪森以富士胶片收购内容不利于施乐公司为由，向法院起诉要求叫停收购。施乐公司2018年5月宣布与大股东达成和解并解除收购合同。富士胶片当年6月以施乐公司废弃由富士胶片进行收购的计划违反合同为由，向美国纽约州的法院提起了索赔诉讼。另据美国华尔街日报中文网2018年6月报道，施乐公司已经将目光投向收购个人电脑和打印机生产商惠普公司。

1884年，伊士曼柯达干版和胶片公司成立。1975年，柯达实验室研发出了世界上第一台数码相机，但由于担心胶卷销量受到影响，柯达公司一直未敢大力发展数码业务。2003年，柯达最终选择了从传统影像业务向数码业务转型。2011年1月19日，柯达公司申请破产保护。2011年10

月1日，柯达公司申请破产。

柯达的没落，不仅因其技术创新滞后，更是其忽视消费体验的必然后果。成本居高，效率低下，导致产品在市场上失去竞争力。2003年，柯达宣布全面进军数码产业，后陆续出售医疗影像业务以及相关专利权。但是，当时佳能、富士等日本品牌已占据数码影像的龙头地位，柯达丧失了先机。

在这个变化日新月异的时代，对于老牌企业而言，要么在固执和傲慢中死去，要么在持续创新和持续质量改进中重新焕发生机。任何故步自封不思创新、不思持续质量改进的企业，均难以赢得未来。

高端客户要求高于政府质量奖标准

2016年，华为公司获得中国国家质量奖。

其实，华为公司改进质量的直接目的并不是获得政府的质量奖，而是满足全球客户对华为公司持续质量改进的要求。全球客户特别是欧美高端客户对华为的质量审计的难度和苛刻程度，远远高于国家质量奖。

比如，英国沃达丰是全球最大的移动运营商，是华为在欧洲最大的客户之一。沃达丰每年都要对华为公司的整体管理体系进行质量审计和认证，指标如下：①企业社会责任（禁止雇佣童工、安全与健康、非歧视、社会公民等）；②财务稳定性（财务健康、资源管理等）；③业务可持续性（灾难恢复能力、冗余资源准备与替代、供应商具有业务可持续计划等）；④数据安全（信息安全方针、安全审计计划与实施、法定目标与执行等）；⑤技术（产品与研发、设计与专业能力等）；⑥商务（独家供应、竞争关系、风险承担等）；⑦交付（供应链管理、库存管理、精益生产、维修与返修中心、工程服务等）；⑧质量（管理层对质量的承诺、聚焦客户、质量方针、持续质量改进等）。针对沃达丰的审计与认证，华为公司要正式书面回答至少350个问题。

此类客户的质量审计与认证将会对企业质量改进起到非常有益的作用。

第十四章

质量变革

> 追求技术层面的质量是不够的，必须在管理上转型才行。
>
> 戴　明

传统的观念是如此根深蒂固，以至于90%多的人一提起质量，就想到的是产品质量或服务质量，而不会想到整个组织的管理体系的质量。

为了提升组织的整体效率、生产力、产品质量和服务质量，为了能使企业在市场上活下去，管理专家们发明了各种管理方法，比如：目标管理（MBO：Management by Objectives）；结果管理（MBR：Management by Results）；数据管理（MBN：Management by Numbers）；标杆学习（Benchmark Learning）；最佳实践学习（Best Practice Learning）……

戴明认为，这些管理方法或工具都已经过时了。需要采用新的管理方法，另外，组织的管理体系需要持续改进，即不断进行管理转型与质量变革。

1 / 两个重要判断

判断一：组织的产品质量或服务质量，不可能高于组织高管对质量的期望值。

判断二：组织的质量管理水平，不可能高于组织现有的质量管理体系。

从判断一可以看出，任何组织的高层质量观，直接影响和约束组织的质量管理。

为什么很多企业的产品质量或服务质量总是不见提升，或无法满足客户的需求呢？其中一个重要原因就是，高层的质量观有问题。该企业的高层并没有把质量提升放在重要的位置。只有高层不断地提升对质量期望值，才有可能影响组织不断改进质量。因此，追求质量持续改进，永无止境，应该是组织高层追求的目标。

如果企业高层既不想或不愿意在质量提升方面投入资源（思想、哲学、方法、工具、时间、人力、资金、培训等），又想着能找到捷径或诀窍来快速提升质量，这是痴心妄想。这种投机心态的质量观会对企业各级产生直接的不良乃至极坏的影响。企业各级组织和人员自然也不会对提升质量有更高的期望值。

因此，可以说，企业的质量永远不会超过企业一把手的期望值。这也说明，为什么戴明一再强调：质量是领导者的责任。质量应从董事会开始。

从判断二可以得出，组织的管理体系（含质量管理体系）会约束组织的质量水平。也就是说，一个组织的产品质量或服务质量水平，不可能超越该组织现有的管理体系（含质量管理体系）的能力。因此，组织应该不断地优化和完善其管理体系，特别是要建立和完善质量管理体系，并不断优化和完善企业业务流程。只有这样，才能提升产品质量和服务质量，提升组织的整体质量水平。

但是，对一个组织的管理体系（含预防性质量管理体系）和业务流程进行优化或完善，需要对组织进行管理转型和质量变革。而组织的管理转型或质量变革需要转型知识，需要外部知识和资源的帮助。这也就是为什么全球组织（含企业和政府）由于不懂管理转型知识、不尊重转型规律和原则，最终导致管理转型失败的案例比比皆是。

为了更好地理解判断一和判断二，建议读者参照图 14–1 和图 14–2。

判断一：企业一把手对质量的期望值往往高于企业产品质量和服务质量。企业的质量永远不会超过企业一把手的期望值。

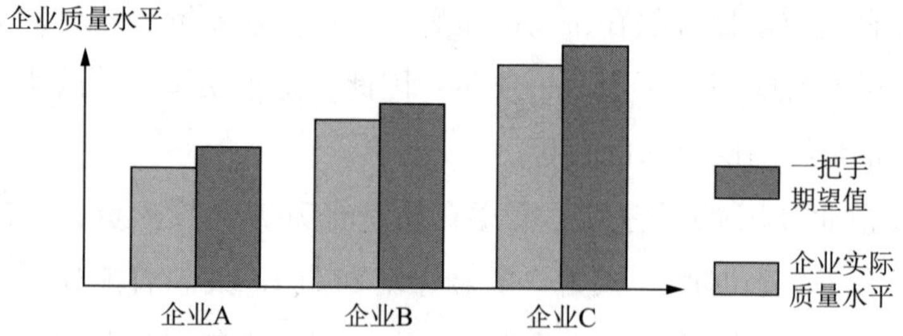

图 14-1　判断一

判断二：企业的质量永远不会超出企业的质量管理体系成熟度。企业的质量管理体系成熟度约束着企业的质量水平。

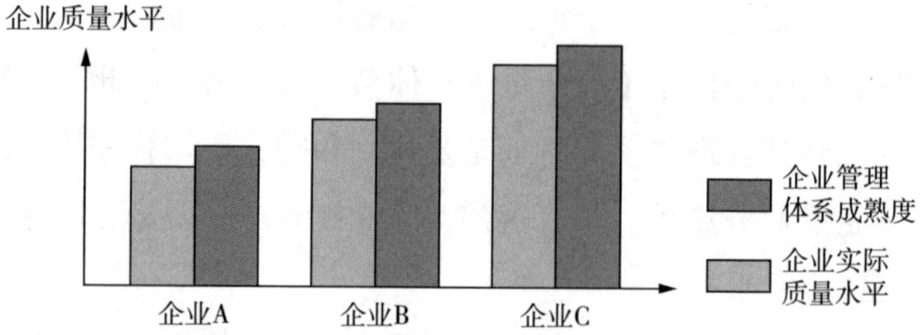

图 14-2　判断二

那么，如何才能让组织（企业、机构和政府）高层理解上述两个重要的判断，并在管理转型实践中应用呢？

笔者认为，全球有两位商业思想家给出了最佳答案。

2 / 两位商业思想家

商业思想家是市场经济大潮中的勇士，永远不会附和世俗；商业思想家是最不安分的，总想着如何破旧立新。

作 者

20世纪50年代到80年代，日本花了30年，完成了一场国家质量革命。日本企业在这场国家质量革命的大潮中，完成了质量变革与管理转型。日本一跃成为全球的质量强国。

同样，在20世纪70年代到80年代，美国也发起了一场国家质量革命。美国的企业顺应历史潮流，完成了质量变革与管理转型，使得美国再次重返全球质量强国的地位。

日本和美国的质量革命与企业的质量变革，所采纳的思想、哲学、方法论与工具等均来自以美国著名管理专家戴明为代表的、源自美国贝尔实验室的统计过程控制理论。现代管理学之父德鲁克说过："戴明对日本和美国都产生了难以估量的影响。"

戴明的商业思想

戴明总结和吸收了西方工业革命200多年的管理精华，提出了各种产业、组织和个人的管理转型知识。戴明把这套管理转型知识命名为"渊博知识系统"（SOPK：System of Profound Knowledge，在美国有专名注册专利）。戴明的渊博知识系统概括如下：

①系统理论（任何组织都是一个系统，子系统是局部要素，流程优化应服从整体系统优化目标等）。

②变异理论（任何组织都会存在目标难以实现的问题和质量问题，系统的边界影响和约束组织目标实现与质量提升的因素等）。

③知识理论（通过 PDSA 方法，可以找到变异问题一般原因和特殊原因的根因，找到根因后应对系统进行优化，系统优化有风险等）。

④心理学（现实组织目标的人需要用心理学来管理，管人不需要考核和末位淘汰，应废除恐惧法管人，废除目标管理法，不提倡部门间的竞争，鼓励打破部门墙等）。

业界把戴明的渊博知识系统称为新型领导及管理方法的基础。

戴明的渊博知识系统中的四个要素缺一不可。关于系统、变异的概念，前已述及。关于采用心理学管人，笔者认为戴明的结论是基于日本和美国企业的最佳实践，不一定完全适用于当下的中国企业。但是，未来当中国企业的管理成熟度逐渐提升后，可以采纳戴明的管人心理学。

那么，当下中国企业可以采用什么样的管人心理学呢？笔者认为，可以采用华为公司创始人任正非提出的管理人心理学。

任正非的商业思想

目前，国内外的业界人士一致公认任正非是当代中国的商业思想家。

笔者认为，任正非的商业思想包含五个方面。

①深度研究了西方跨度五十年的工业革命，从工业化大组织的角度管理华为。

②不断探讨公司生命周期、产业生命周期和产品生命周期的市场规律，建立了以客户为中心的企业生存底线。

③厘清了企业终极目标与利益相关者的利益关系，建立了利益驱动机制。

④颠覆了传统的“西学为用，中学为体”思维，把“美式”管理理

念、体系与中国文化相结合，并“镶嵌”到华为公司的管理体系中。

⑤敢于自我批判，持续管理转型和质量变革。

华为公司30多年的历史是持续管理变革的历史。任正非在实战中运用了戴明的转型思想。他是一个土生土长的中国企业家，没有经历过西方工业革命后管理理论的洗礼，但是，任正非在打造华为公司的实践中，所采用的管理转型方法与戴明的转型知识如出一辙。

任正非在华为所采用的管理转型实践可以概括如下。

①系统理论应用（承认华为是一个系统、系统需要持续优化，华为重金聘请外部咨询顾问公司开展管理变革；建立了业务流程优化应服从整体组织的流程优化目标等）。

②变异理论应用（华为存在质量问题，华为业务目标提升受到大平台的约束，华为需要建立大质量体系等）。

③知识理论（应用PDSA方法，把自我批判树立成华为的核心价值观之一，持续的管理变革，找到华为问题的一般原因和特殊原因的根因，找到根因后对系统进行优化，承认系统优化有风险等）。

④心理学（现实组织目标的人需要用心理学来管理、管人需要用绩效考核、末位淘汰、恐惧法、压力法、提倡部门之间的竞争但又鼓励打破部门墙等）。

戴明渊博知识系统中的四个要素在华为的应用可以归纳如下。

第一要素：系统理论的应用。任正非采用了系统概念，承认华为公司就是一个大系统。华为公司要想成为全球品牌，成为全球电信行业的领头羊，就必须不断地对这个系统进行持续的管理变革和业务流程优化。任正非在领导华为公司30多年的实战中发现，只有建立大平台管理体系（含运营管理体系、质量管理体系、流程管理体系等）并不断地优化和完善之，才有可能使得华为在规模上和竞争力上达成质的飞跃。华为公司聘请IBM、埃森哲等多家全球著名咨询顾问公司开展管理变革和业务流程优化。

第二要素：变异理论的应用。任正非知道，企业存在质量问题不可怕，可怕的是没有解决质量问题的预防体系。因此，任正非在华为公司已经实施全球化战略多年后，再次提出优化华为的质量文化元素并建立大质量体系。建立大质量体系就是要解决系统的问题，解决由共同原因造成的质量问题。大质量体系就是预防性体系。

第三要素：知识理论（PDSA）。华为公司在2010年成立了公司级的客户满意与质量委员会，并采用了PDSA法进行闭环管理。这是采纳了笔者的建议后成立的第一个跨事业部的质量管理委员会，笔者曾担任该委员会的副主任（主持该委员会的日常工作），徐直军担任主任，该委员会的委员是来自各个事业部的质量副总、公司一级部门的副总裁。客户满意与质量委员会每月召开一次会议，主要职责是分析变异、找到共同原因和特殊原因、并制定公司级的改进行动计划。采用PDSA模式，对公司整体的质量问题在公司级形成闭环管理。

第四要素：管人心理学。任正非的管人哲学与戴明的管人哲学完全不同，但是结果却一致，即确保提升组织效率、降低运营成本、完成业务目标。

任正非在华为提出的管人哲学可以归纳为两个方面。

第一，华为公司的生命周期处于从集体领导期向正规化期过渡。与西方的百年企业（处于精细化期）相比，华为的企业管理成熟度还比较低，员工的需求还处于马斯洛五大需求的中低端。因此，任正非提出两个假设、一个可能性是比较符合实际的。两个假定：人是自私的，人是贪婪的。需要用制度约束人的缺陷，放开人性的努力。一个可能性：人的天性是会在富裕之后惰怠的，这种自发的演变趋势现象并不是客观规律，人们的主观能动是可以改变它的。需用利益分配制度改变。因此，基于上述的假定和可能性，任正非提出以奋斗者为本。鼓励奋斗者、淘汰惰怠者。采用压力法、恐惧法、末位淘汰法的心理学管理员工。

第二，正规化期企业需要规范与制度。华为公司整体上仍处于“打卡文化”氛围，华为强调纪律严明、超强执行力。同时，用饱和配股这种长期激励手段来激励奋斗者，让奋斗的员工分享胜利的果实。因此，华为管人的哲学类似军队模式。从组织形式、职位设置，到上下级汇报体系、组织文化与氛围等，充分体现了大公司的规范。

整体上看，任正非提出的华为管人心理学可以贯穿在下列六个要素中：灵魂、心智、能力、行为、习惯、结果。

总之，比较两个商业思想家的管理思想、转型方法论和所采用的管人工具，读者不仅可以看到两者的相同之处和差别，更能看到两者的高度和深度。

3 / 华为变革模式

> 一个系统（组织）无法了解自己。转型必须依赖外界的观点。
>
> 戴　明
>
> 企业领袖们不知道如何管理变革。
>
> 丹尼尔·钱帕（Daniel Ciampa）

什么是华为变革模式？笔者认为，华为变革模式可以从三个方面来理解。

第一，成立管理变革的三级组织：公司级流程管理委员会；部门级变革管理办公室（PMO）；项目级变革项目组。

第二，采用变革项目管理模式（见图 14-3）。

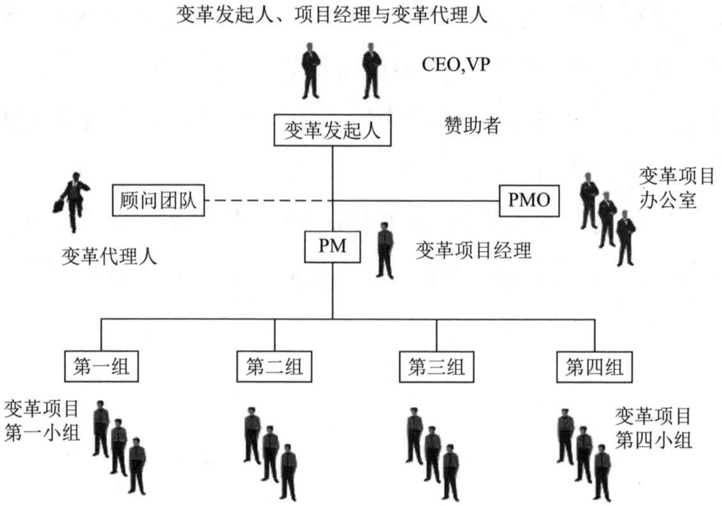

图 14-3　变革项目团队

第三，采用变革六步法（见图 14–4）。

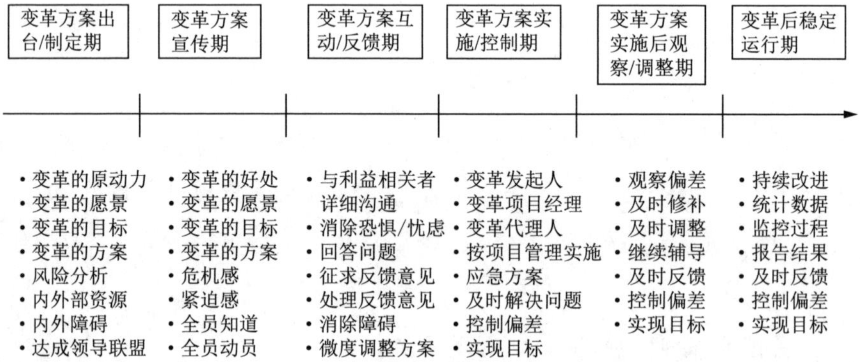

图 14-4　华为变革管理 6 步法

第一步，变革方案出台 / 制定期；第二步，变革方案宣传期；第三步，变革方案互动 / 反馈期；第四步，变革方案实施 / 控制期；第五步，变革方案实施后观察 / 调整期；第六步，变革后稳定运行期。

华为的管理变革模式，再次验证了戴明的观点是正确的，即：“一个系统（组织）无法了解自己。转型必须依赖外界的观点。”同时也说明，美国变革管理专家丹尼尔·钱帕（Daniel Ciampa）的说法是有道理的，即：“企业领袖们不知道如何管理变革。”

那么，管理变革专家（或顾问公司）是如何在企业实施业务流程再造这类管理变革呢?

首先，顾问公司对华为公司管理体系进行现场诊断后，提出《诊断报告》，即华为的现状（AS IS）。

然后，顾问公司根据全球行业最佳实践，结合华为的现状，提出未来的解决方案，即华为管理变革方案（TO BE）。

第三，顾问公司与华为高层以及管理变革团队一起研讨，最终确定华为公司的《管理变革实施方案》(SOLUTIONS)。

第四，根据双方确定的《管理变革实施方案》，顾问公司再次进行细节方案设计，确保变革方案转换成可执行的《变革实施方案行动计划》(ACTION PLAN)。

第五，在顾问公司的指导下，顾问公司与华为变革项目团队共同执行《变革实施方案行动计划》(ACTION PLAN)。

华为公司管理变革项目的成功率大约为70% ~ 80%。凡是没有按照上述模式进行管理变革的项目，基本上是失败的。

笔者在2009 ~ 2010年曾负责华为公司一个一级业务流程的管理变革项目:“客户提出问题到问题解决”。笔者是该变革项目的大项目经理（华为管理变革内部代理人），外部代理人则为埃森哲顾问公司。该项目是将笔者负责的全球客户支持中心（支撑全球400多家电信运营商网络运营和维护的服务业务）的业务进行流程再造，并建立信息化（IT）平台。该项目的成功，再次验证了华为变革模式的正确性。

第十五章

流程型组织与效率

> “金字塔组织的缺点是：① 每人的工作就是想取悦上级；②组织没有把客户包含进去；③ 部门间相互竞争，缺乏合作与协同，对系统具有破坏作用；④ 组织架构促使各部门各自为政、形成各自的利润中心；……”
>
> 戴 明

本章是对本书的总结。本章概要回答了下列重要问题。

（1）组织提升质量的目的是什么？

提升组织效率，降低总运作成本，让产品 / 服务 / 解决方案 / 组织整体管理质量完全满足客户要求（助力客户商业成功），在市场上建立可持续的竞争优势，最终实现组织的业务目标。

（2）组织如何提升质量？

从战略层面，必须完成管理转型与质量变革。学习和掌握戴明的转型知识（SOPK）。质量从董事会做起，把质量放到组织的战略高度去管理。

（3）组织具体采用什么方法和工具实现质量提升？

从运营层面，必须通过建立预防性质量管理体系、业务流程管理体系，来打造流程型组织和超强的流程执行力。把质量管理体系“镶嵌”到组织的运营体系中。

（4）从个人（管理者和员工）层面，如何提升质量？

各级员工应虔诚地学习和领会质量哲学，不断提升质量意识，掌握持续质量改进法，参与组织的管理转型与质量变革。通过改变自身旧习惯，将新的质量改进的思想和方法“镶嵌”到“大脑里”“心坎里”“血液里”。

回顾本书的内容，读者可以发现：

第一，本书所引用的观点、案例和结论，对有些企业一把手心目中“质量改进是一件容易的事”的观念给予了沉重的打击。阅读了本书的企业家和高级管理者可能再也不会轻易回答员工提出的质量改进问题了。例如，当有员工向高管提问道：如何改进质量？他们不敢再简单地回答：①搞一次整改；②组织全体员工（含高管）进行一次质量宣誓；③提倡工匠精神；④增加检验人员；⑤设立一个质量部门；⑥指派专人担任质量副总；⑦引进先进自动化生产线；⑧采购先进设备和仪器；⑨加强考核和末位淘汰机制；⑩把业务活动标准化、IT化、智能化；⑪建造机器人车间……

质量改进不是技术层面的工作，而是管理工作。质量改进是一个系统性的管理工程。

第二，任何组织（企业、政府、非营利机构）要想真正改进质量，就必须建立预防性质量管理体系，学会和掌握戴明的渊博知识体系（SOPK）。

（1）要把组织当成一个完整的体系。任何鼓励部门竞争和强化“金字塔”组织作用的举措，都会给组织带来灾难性后果。

（2）要承认组织的任何业务活动都会产生质量问题（即变异）。90%以上的质量问题都是出于共同原因，即系统（管理体系）；而系统（或体系）问题的责任者是组织的高级管理者。在体系改进问题上，不要再让员工“背黑锅”。

（3）持续质量改进必须采用戴明的PDSA模式，即知识理论。其中，最关键的环节是度量偏差（即将变异用实用的方法进行统计和管理）、根因分析和解决问题。最后环节则是要持续优化业务流程，即把解决质量问题的成功经验转化为可执行的业务流程。

（4）质量改进的载体是流程和人，其中的“人”指的是管理者和员工。如何用心理学激励各级员工和团队，采用适合组织自身特性的管理模式去实现目标，则是所有组织面临的挑战。采用戴明提倡的管理模式来提升质量，帮助管理成熟度较高的日本企业和大多数美国企业取得了巨大成功。另一方面，也有部分美国企业采用了末位淘汰法，短期有成效，但长期看并没有取得预期的效果。如美国GE公司、3M公司和HomeDepot公司等。

值得关注的是，中国企业要想提升质量，必须采用戴明的 SOPK 模式。华为公司的最佳实践再一次验证了戴明 SOPK 的正确性。但是，戴明的心理学管理模式并不一定适用于部分处于集体领导期的中国企业。任正非先生领导的华为公司采用了部门之间既竞争（“赛马”）又合作、压力法、恐惧法、末位淘汰法等管理模式提升组织和个人的效率，同样也取得了成功。

第三，中国企业如何学习管理转型与质量变革？戴明认为，美国企业在学习管理转型与质量变革过程中，犯了一些错误。很多美国企业喜欢采用标杆学习法，到优秀企业参观访问，复制别人的成功经验，但是，最终结果并不理想。反观日本企业，则采用另外一种方式。日本企业虚心学习戴明的管理转型和质量变革的知识和方法论，结合日本企业自身的特点，通过不断实践和总结经验，成功地完成了管理转型和质量变革。

笔者认为，中国企业可以参照日本企业的学习方式来学习管理转型与质量变革。其实，华为公司就是这样成功的。

第四，对于任何组织或个人，接受新事物（新的管理模式）比较容易，但是，要改掉原有的“老毛病”（组织正在采用的旧管理模式）却十分艰难。这就需要采用变革模式，即外请“大夫”给组织“做手术”（实施变革项目）。华为公司 30 多年来花了 60 亿元，外请 IBM 等全球著名咨询公司帮助华为进行管理转型与质量变革。正是因为任正非先生深知，华为公司旧的管理模式存在“顽疾”，必须依赖外部顾问专家的“手术”除掉华为的管理弊端，才使得华为取得了管理转型和质量变革的成功。

从历史上看，20 世纪 80 年代的美国企业管理模式存在着各类“疾病”。戴明先生观察得非常精准。戴明在其 1982 年出版的《转危为安》和 1992 年出版的《戴明新经济观》两本书中都提及美国企业管理模式的“疾病”。

戴明把美国企业管理模式中存在的弊端归纳为 7 大类“疾病”。

（1）跛足症：美国公司的短期目标与长期目标缺乏一致性。片面追求季度利润，以至无法筹划产品和服务，导致公司在市场上缺乏竞争力，永续经营乏力，提供就业机会减少。

（2）美国公司追求股东利益最大化。来自银行和股东的压力，导致管理者太短视，过分强调短期利益，担心和害怕自己的公司被敌意收购或恶意接管。

（3）过分依赖绩效评估和考核。组织与个人的晋级和年终奖均依赖考核，压抑了团队精神，缺乏领导力。

（4）管理层流动频繁，跳槽成风。

（5）管理团队只知道应用看得见的数据，而忽略或很少考虑有些数据是未知的或无法得知的（例如，客户投诉和不满意造成的隐性成本）。

（6）超额的员工医疗成本。

（7）产品责任成本过高，律师参与产品诉讼费用过高。

根据笔者分析，美国企业与中国企业的管理模式“疾病”有一些相同之处，但也有很多不同的地方。例如，中国上市企业与美国企业在第1、2、3、5项“疾病”中同病相怜。美国企业管理“疾病”4和7，在部分中国企业管理中也存在。但是，“疾病”6很少在中国企业管理中发生。

笔者认为，中国企业管理模式最主要的“疾病”如下。

（1）喜欢“金字塔”组织模式。中央集权式管理是中国企业的传统管理模式。

（2）不会建立流程型组织。管理者不愿意放权，更不喜欢授权。

（3）缺乏业务流程管理体系（BPM）。不知道如何建立BPM。

（4）没有流程责任人意识。流程责任人与职能部门负责人之间职责不清。

（5）没有把持续质量改进法应用到流程设计、优化和审计中。

（6）高层管理者把质量提升工作归为一种技术工作而不是管理工作，更没有把质量提升当作一项系统性的管理转型工作。一句话，管理者没有像任正非那样拿出勇气和胆量去实施组织的管理转型和质量变革。

（7）打造全球品牌的意识、意愿和能力弱。

（8）中国企业喜欢“赚快钱”，缺乏日本优秀企业那种建立长期战略（50 ~ 100 年）的远见和前瞻能力。

通过本章下面四个部分的深入探讨和分析，读者不难找到解决中国企业管理模式“疾病”的方案。

1 “金字塔”（“筒仓型”）组织

戴明提出：按照职能部门设立的组织，各部门之间“各自为政”。部门就像一个金字塔或筒仓。“筒仓壁”就是厚厚的“部门墙”。“金字塔”或“筒仓型”（silos）组织特征如图 15-1、图 15-2 所示。

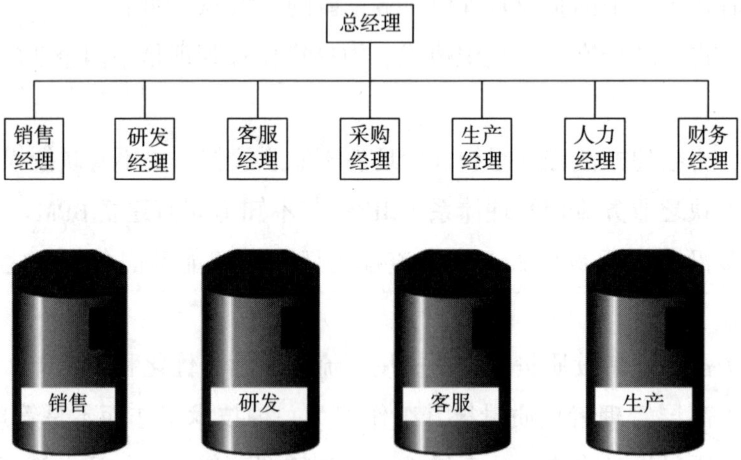

图 15-1 “金字塔”（“筒仓型”）组织特征

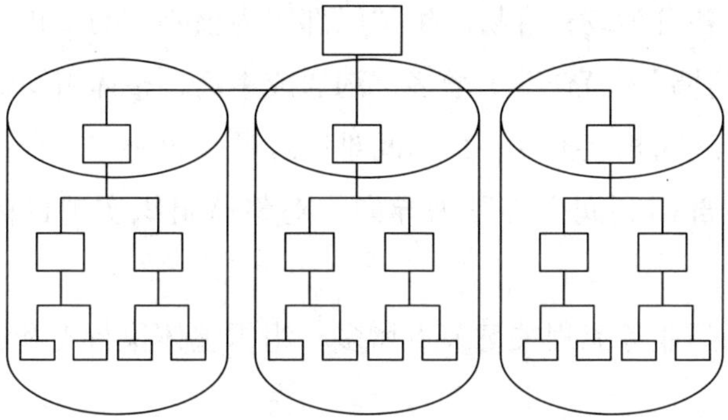

图 15-2 “金字塔”（“筒仓型”）组织特征

笔者发现，很多中国企业在内部设置部门时，往往会出现很多中心：市场中心、营销中心、研发中心、采购中心、数据中心、财务中心……

其实，在一个组织中，只设置一个中心就足够了。其他部门不要称其为“中心”。那么，能称为中心的是什么部门？客户服务中心（或客户支持中心）。以客户为中心，应是每个企业的核心价值观和整个组织的业务目标。

其他部门如果也称为“中心”，则很容易产生“孤岛”和以部门为中心的利润中心。这样将会导致部门之间攀比、竞争和扯皮，破坏了整体组织的效率和执行力。

传统的组织就是职能型组织。职能型组织的表象就是“金字塔”（“筒仓型”）。那么，“金字塔”（“筒仓型”）组织有何特征？

戴明认为“金字塔”（“筒仓型”）组织有很多特征。其缺点如下。

（1）每人的工作就是想取悦上级。

（2）组织没有把客户包含进去。

（3）部门间相互竞争，缺乏合作与协同，对系统具有破坏作用。

（4）组织架构促使各部门各自为政，形成各自的利润中心。

笔者认为，“金字塔”（“筒仓型”）组织的特征，除了戴明提出的上述 4 点外，还有如下 8 点。

（1）指令发布从上至下；传达周期长、成本高，甚至需要派宣讲团。

（2）任务和考核指标层层分解；到基层容易“失真”和曲解。

（3）部门各自为政；容易产生“以部门为核心”的文化。

（4）“部门墙”（筒仓壁）增多；沟通成本高，整体组织效率下降。

（5）部门之间相互扯皮；部门间难以理顺高效协同与合作关系。

（6）以“部门利润中心”为导向，对整体组织实现目标产生破坏性后果。

（7）跨部门业务流程关键节点增多；组织整体执行力和适应外部变化能力弱。

（8）组织响应客户需求的速度减慢，客户满意度下降；组织竞争力减弱。

为了克服“金字塔”（“筒仓型”）组织的弱点，提升组织整体效率和执行力，全球的管理专家不断提出了各种管理转型和组织架构方案。

20世纪三大定律之一是帕金森定律。诺斯古德·帕金森（Northcote Parkinson）是英国历史学家和社会学家。帕金森定律认为：在行政管理中，行政机构会像金字塔一样不断增多，行政人员会不断膨胀，每个人看上去都很忙，但组织效率会越来越低下。

20世纪80年代，戴明提出的管理转型模式（SOPK）强调：在组织层面，建立流程型组织；在业务活动层面，设计、优化和审计流程。这样将会大大提升组织的整体效率和竞争力。

21世纪互联网时代，传统的组织模式已经无法满足快速变化的市场和客户需求。互联网公司开始更加青睐扁平化的组织架构。

在激烈的市场竞争中，各类软件开发公司不断创新组织架构，出现了微服务架构下的组织模式、中台体系、平台型组织、敏捷型组织等模式。

敏捷型组织强调敏捷性和适应性。敏捷性指组织不仅能快速响应市场和客户的各种需求，更能激发出组织的效率，从而给客户带来价值。适应性指组织能适应外部环境的各种变化。但是，无论组织架构如何创新与改变，组织中面向客户服务的价值流永远不会改变。例如，敏捷型组织仍然采用戴明的PDSA知识体系，完成面向客户需求的周期性地持续质量改进，最终实现组织的目标。因此，学习戴明提出的流程型组织理论和华为公司流程型组织最佳实践，在当今的工业 4.0 时代，对中国企业仍然具有现实意义。

2 ╱ 流程型组织特征

无论是制造业还是服务业，任何企业的主要业务流程都是跨部门流程。跨部门流程是流程型组织运营的基础。笔者认为，流程型组织具有下列 8 个基本特征。

（1）组织的业务目标必须以客户为中心。

（2）组织的业务流程必须以为客户创造价值为导向。

（3）组织的内部资源需要共享，必须打破“部门墙”。

（4）部门之间的协同与合作必须转换成业务流程的关键节点。

（5）聚焦提升组织与客户沟通或互动接口的效率，降低部门间沟通成本。

（6）完善流程管理（BPM），持续流程优化、审计和再造，缩短流程执行周期。

（7）建立灵活、充分授权、专家成员参与的自治团队，让创新不受“条条框框”约束。

（8）建立组织整体的项目团队评估机制（PMMM 模型），激励个人与团队的活力，打造学习型组织。

流程型组织一般有几种模式。

（1）以主要业务流程为导向的流程型组织，如产品研发团队、采购团队、服务交付团队等。

（2）以项目（商务合同）为导向的流程型组织，如市场拓展团队、订单签订团队、订单执行团队等。

（3）以解决具体问题为导向的流程型组织，如客户支持团队（排障）、客户满意度提升团队、问题受理团队等。

图15-3是某一企业的流程型组织特征的示意图。

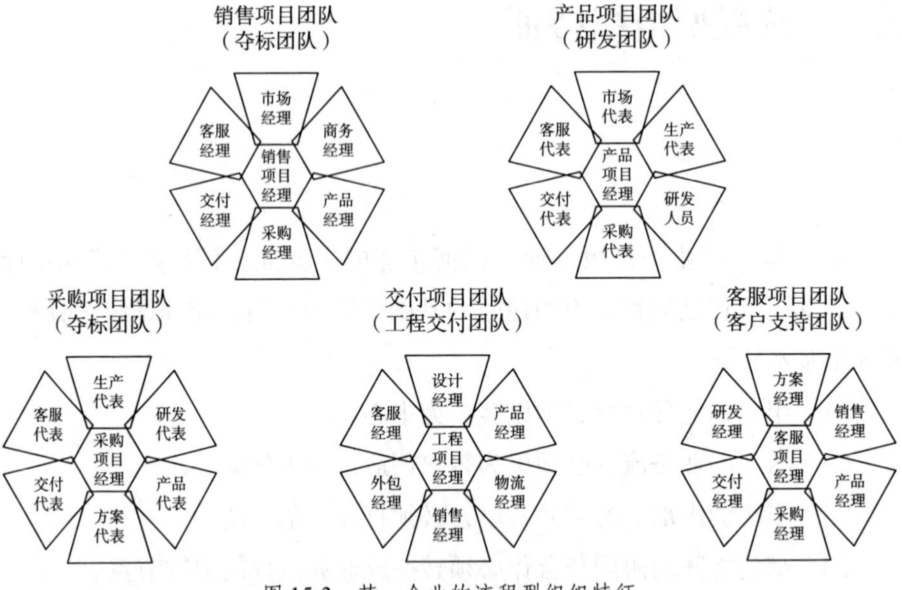

图15-3 某一企业的流程型组织特征

除了上述8个基本特征外，笔者结合多年给企业提供管理咨询的实战经验，详细剖析了流程型组织在运营层面的8个具体特征。

（1）将端到端的业务流程宣贯到各个流程执行的部门和个人。

（2）流程中所有活动的标准和要求都以SOP形式展现给流程执行者。

（3）流程责任人与流程执行者责权利清晰。

（4）组织将流程管理的权利彻底下放，各级执行者授权透明。

（5）流程执行者的所有业务活动始终围绕客户需求和变更管理。

（6）流程执行的周期、成本、质量、客户满意度均可量化。

（7）流程设计、优化与审计以客户为中心，团队的领导力更容易激发。

（8）团队激励机制可以驱动流程执行者以组织整体利益最大化为目标。

“铁三角”是一种典型的流程型组织。电信行业“铁三角”组织及特征如图 15-4 所示。

图 15-4 电信行业“铁三角”组织及特征

“铁三角”组织形式最早在欧美企业中使用。例如，20 世纪 90 年代，美国摩托罗拉（Motorola）公司和瑞典的爱立信（Ericsson）公司在中国拓展电信市场时，就采用这种组织形式。

“铁三角”组织中有三个角色。这三个角色可以是个体的三个员工，也可以是三类职能部门在“铁三角”中的代理人（个人或团队）。

角色 1：客户经理（或销售经理）。负责客户关系、客户需求和签订商务合同。

角色 2：解决方案经理（或系统方案经理）。负责提供满足客户需求的全方位解决方案，是组织的产品（软硬件）、服务和整体解决方案的代理人。

角色 3：方案实施经理（或合同交付经理）。负责商务合同项目的交付完成。

在管理成熟度比较高的组织中，“铁三角”是一种团队自治模式。不需要上级指定“铁三角”这个团队中谁是领导，或谁领导谁。

组织只要设定好该团队的工作模式、团队考核指标与奖励方案，这种“铁三角”团队就可以自行运作。因为，“铁三角”团队已被充分授权、团队成员可以充分发挥自我激励和自我领导作用。另外，这类团队中每个角色的责权利也非常清晰。团队活动完全是按照业务流程高效运行的。

华为公司经过多年的摸索和实践，结合电信行业成熟“铁三角”的组织形式，提出了适合自己组织的“铁三角”模式，即客户经理、方案经理和工程交付经理。

在华为“铁三角”模式中，客户经理是团队的领导，是“一线作战指挥人员”。“铁三角”团队成员按双重领导架构汇报：解决方案经理和工程交付经理在直接向客户经理汇报的同时，还需要间接向各自的职能部门领导汇报。客户经理除了向公司项目管理办公室（PMO）汇报外，还需要间接向公司销售部门负责人汇报。

实践证明，华为公司“铁三角”模式与摩托罗拉和爱立信的“铁三角”模式虽然在团队管理上有所区别，但是在与客户对接、商务合同谈判、解决方案满足客户需求、最终让客户满意等方面功能相同，因此，同样也能获得成功。

2021 年 10 月和 2022 年 3 月，华为公司分别成立了第一批军团（5 个：煤炭军团、智慧公路军团、海关与港口军团、智能光伏军团、数据中心能源军团）和第二批军团（10 个：电力数字化军团、政务一网通军团、机场与轨道军团、互动媒体军团、运动健康军团、显示新核军团、园区军团、广域网络军团、数据中心底座军团、数字站点军团）。这些产业军团、行业军团和产品组合军团，实际上也是流程型组织。

任正非指出，采取军团化的改革，就是要缩短客户需求和华为提供的解决方案、产品开发和维护之间的联结，打通快速简洁的传递过程，减少传递中的物耗和损耗。面对当前国际上的风云变幻，我们面临着越来越严苛的打压的时候，公司要稳住阵脚，要积极地调整队形，坚定地为客户创造价值，不能动摇，所以要采取灵活机动的战略战术。

华为轮值董事长胡厚崑认为："客户有一堆问题，华为也有解决方案，但是如何让两者产生高效连接就非常重要。我们设置的'军团'，包括销售团队、服务团队、产品服务管理团队等组织模块。一个军团只针对一个特定的行业，把行业吃透，更快响应客户的需求，形成针对性的解决方案。""军团不可能解决行业的全部问题，而是解决行业内最困难和关键的问题。"

其实，设计高效组织的任何模式，其关键都必须是以客户为中心，减少组织内部沟通和"内耗"成本，打破"筒仓壁"，提升组织整体效率。

康威定律指出：设计系统的组织其产生的设计等价于组织间的沟通结构。这句话看似很难理解，其实，很简单，即组织内部的沟通结构是组织设计的结果。你有什么样的组织形式，就会产生什么样的组织内部沟通模式，最终体现在给客户的产品或服务中，就有你的组织设计的影子。

华为就是要打破组织的内部沟通障碍（打破"筒仓壁"），直接将组织与客户接口距离缩短到最小。

杰夫·萨瑟兰（Jeff Sutherland）被誉为"敏捷之父"。他提出的敏捷型组织，其目的也是尽力"扫除"组织内部沟通障碍，降低沟通成本，快速响应客户需求，让组织变得敏捷以适应外部的各种变化。

在当今互联网时代，无论"独角兽"企业，还是企业数字化转型，无论是微服务架构的组织还是平台型组织和敏捷型组织等模式，都离不开流程型组织的运营特征：团队高度自治，团队更加内聚，子团队耦合关系减弱，组织整体沟通成本降低，组织整体效率提升。

以上是对流程型组织的特征分析和为什么全球卓越企业要采用流程型组织的解释。

戴明认为，真正的流程型组织还应包含客户和供应商。提出这一观点所需的视野如此之广阔，以至于全球的很多企业家都不能理解这一观点的本质。

流程型组织为什么要把客户和供应商包含进去？因为客户和供应商是

企业的“命运共同体”。“命运共同体”的观点基于两个基本理念。

理念1：满足客户需求是企业生存的基础。客户的商业成功，才能成就企业成功。客户支付的现金是企业现金流的源泉。

理念2：供应商是企业成功的伙伴。供应商的产品质量、服务质量和解决方案质量直接影响企业的成功。同时，供应商也直接或间接对企业最终客户的商业成功有着致命的影响（本书第一章第3节中，提到的“质量凋谢”就是供应商管理问题的典型案例）。

华为公司有三大类客户。其中，电信运营商客户分布在全球160多个国家，共有500多家。

欧洲发达国家的电信运营商客户均采纳理念1和理念2与华为公司合作。

同样，华为公司也采纳理念1和理念2与华为的客户和供应商合作。

例如，每年欧洲的电信运营商（如英国电信、法国电信、西班牙电信、沃达丰等）都要派专家到华为公司进行全球供应商资格审计与认证，来评估华为公司是否能达到其可持续合作伙伴或战略合作伙伴的要求。因为，华为公司提供的产品质量、服务质量和全方位解决方案质量直接影响到这些电信运营商的生存和发展（如网络安全、网络运营质量等）。

本书第十三章第4节中，曾提到过英国沃达丰公司（全球最大的移动通信运营商）对华为的质量审计和认证的指标分为8大类：①企业社会责任（禁止雇佣童工、安全与健康、非歧视、社会公民等）；②财务稳定性（财务健康、资源管理等）；③业务可持续性（灾难恢复能力、冗余资源准备与替代、供应商具有业务可持续计划等）；④数据安全（信息安全方针、安全审计计划与实施、法定目标与执行等）；⑤技术（产品与研发、设计与专业能力等）；⑥商务（独家供应、竞争关系、风险承担等）；⑦交付（供应链管理、库存管理、精益生产、维修与返修中心、工程服务等）；⑧质量（管理层对质量的承诺、聚焦客户、质量方针、持续质量改进等）。

英国沃达丰公司所派的审计专家在华为公司进行现场审计时，要向华为高管直接提出问题。在所提350多个问题中，研发技术（48个问题）、交付（106 个问题）和质量（26 个问题）这三类评估指标，反映出沃达丰这个高端客户最关注的是，华为的流程型组织（产品、服务和解决方案）的运作效率是否能满足其需求。

沃达丰公司审计专家给华为公司的研发技术、交付能力和质量打出的高分，是对华为公司流程型组织的高度认可。

表 15–1、表 15–2 和表 15–3 分别展示了《沃达丰公司全球供应商资格审计与评估指南》中关于研发技术、交付和质量的部分问题。笔者在每项中挑出了几个关于与流程型组织关联的审计问题，供读者参考。

表 15-1　　审计研发技术的部分问题

	沃达丰公司审计其供应商的研发技术内容（部分问题）
	A、审计研发流程型组织的能力
1	是否成功地展示了其独立研发新产品或新服务的能力？
2	是否成功地展示了其配合沃达丰技术路径的独立研发新产品或新服务的能力？
	B、审计研发流程管理
1	是否通过集成设计，综合考虑生产、成本和服务，缩短了新产品的开发周期?
2	是否完全理解沃达丰新发布的软件版本内容和需求?
	C、审计研发流程型组织架构
1	当前的产品设计项目是否让客户参与其中?
2	当前的产品设计项目是否让供应商参与其中?
	D、审计研发流程（主流程与子流程）
1	是否展示了其研发流程？
2	是否拥有升级告警流程来解决对客户需求理解不完整、含糊不清或与需求冲突的问题?

表 15-2　　审计交付能力（采购、生产、工程）的部分问题

	沃达丰公司审计供应商的交付内容（部分问题）
	E、审计供应商项目管理的流程型组织
1	是否拥有高效的供应商项目管理，包含供应商评选指标、评估路径和绩效考核（质量、交付和成本）以及持续改进流程?
2	是否拥有能确保在交付前采购物料与技术标准一致的流程? 该流程能否通过有效地修正和预防行动体系来支撑目标达成?
	F、审计响应客户需求和产品质量保障流程
1	是否拥有现场一线问题升级告警流程?
2	是否拥有能保障所设计和生产的产品质量的流程，而不是靠检验来保障质量?

	G、审计纠错排障的流程型组织
1	是否拥有能确保最终产品满足客户需求和验收标准的流程？
2	是否拥有能修正和反馈产品缺陷和错误数据、优化改正行动流程的流程？
	H、审计软件版本管理流程
1	是否有用系统配置管理和软件调测的流程？
2	是否拥有关于定义补丁、小版本和大版本软件发布的流程？

表 15-3　审计质量的部分问题

	沃达丰公司审计供应商的质量内容（部分问题）
	I、审计高层对质量改进的承诺
1	高级管理层是否对质量改进做出承诺？是否有在高层支持下的专职质量经理领导和确保组织质量方针落地？是否建立了面向客户的质量管理体系？
2	组织的高层是否向组织沟通过满足客户需求的重要性，以及质量管理体系的重要性？
	J、审计客户满意度改进流程型组织
1	是否将提升客户满意度的目标在组织中形成清晰的文档并追踪？是否将客户满意目标细化和分解到成本、质量、交付和周期维度？
2	是否分析过客户需求、反馈和投诉，驱使组织改进以最终满足客户的需求？
	K、审计质量改进目标的设定和达成
1	组织高层是否参与质量改进过程？能否确保质量目标在组织高层计划、执行、追踪和达成？
2	组织管理层是否评审：客户的需求和反馈是否向质量管理体系输入？满足客户需求的质量改进结果是否由质量管理体系输出？

本节小结：流程型组织是提升组织效率的最佳组织模式。设计和运作流程型组织时，必须将客户和供应商包含进去。

3 / 组织效率、质量成本与竞争优势

组织效率

什么是组织效率?

第一，从价值创造的角度看，组织效率是指组织在一定资源投入下所产生的营收或利润（毛利或净利）。一定资源是指人力资源、设备、软件开发、物料和资金等。组织效率一般用人均营收或人均利润来衡量。

第二，从企业运营的角度看，组织效率最终体现在组织的现金流管理水平上。原则上，组织的现金流 =（累计现金 + 本期应收账款）-（累计应付账款 + 本期应付账款）- 本期运营费用资金流。如果组织效率低下，组织的现金流可能是负数，或会断裂。

以下两种情况需要说明。①对于创业期组织、靠风投或私募投资生存的组织，现金流在一定年份一直是负值，此时组织的效率一般较低，业务处于"爬坡期"。②对于一些成长型企业，擅长资本运作，关注长期战略，短期内组织的现金流可能是负值。例如，亚马逊公司有些年份就是负现金流。此时，不能说亚马逊公司的组织效率就低下，但是，这种运营状况不是组织长期追求高效运营的目标。

华为公司能够从 30 多年前深圳坂田的一个小公司，发展到当今全球一流的电信品牌公司，其组织效率提升的关键在于采用流程型组织运营模式和高效现金流管理。

华为公司为什么不上市？答案是华为公司不缺钱。华为公司每年的现金流充足。华为公司为什么现金流充足？答案是华为公司采用了流程型组

织运营模式，驱使组织整体效率得以提升。那么，华为公司的流程型组织是怎样促成其现金流良性运作呢？

笔者可带领读者先分析一下全球电信市场的生态环境。

电信设备供应商向电信运营商供货并收回资金的过程，基本上由四个关键节点组成：合同签订、产品（设备）到达现场、初验成功、终验成功。

目前，全球电信设备供应商主要有四家：华为、爱立信、诺西（诺基亚和西门子的合资企业）、中兴通讯。

表 15–4 是全球电信设备供应商现金流分析。数据虽然是假设的，但是与电信市场的历史发展有一定关联，可供读者参考。

表 15-4　　全球电信设备供应商现金流分析

电信设备供应商	应收账款（AR）关键节点			
	合同签订后应收比率 %（占合同总价）	产品（设备）到达客户现场后应收比率 %（占合同总价）	初验完成后应收比率 %（占合同总价）	终验完成后应收比率 %（占合同总价）
企业 A	30%	30%	30%	10%
企业 B	20%	30%	40%	10%
企业 C	10%	20%	50%	20%
企业 D	0	10%	60%	30%

如果企业 A 和企业 B 的组织效率高、产品交付能力强，初验和终验都能按时完成，则现金流一定会很好。反之，如果企业 A 和企业 B 的组织效率低、产品交付能力弱，初验和终验都无法按时完成，则现金流一定会很差。这时，企业 A 和企业 B 与客户签订的合同再多，客户付款条件再优惠，也不会在关键节点按时收到合同款。如果累计应收账款长期无法收回，企业 A 和企业 B 的资金链将可能断裂。

如果企业 C 和企业 D 的组织效率高、产品交付能力强，初验和终验都能按时完成，那么，虽然签订的合同中客户付款条件差（如对于企业 D 来说，合同签订后没有预付款，产品到达现场后客户付款少，尾款回收压力大等），则现金流长期看可能还是良性的。反之，如果企业C和企业D的组织效率低、产品交付能力弱，初验和终验都无法按时完成，则现金流不仅会很差，而且极可能会在短期内资金链断裂。

华为公司2021年的电信运营商客户的营收是2815亿元。假定这2815亿元是由N个商业合同组成（华为公司营收 = $\sum$ N个合同款）。

由于华为公司的流程型组织效率高，产品交付能力强，初验和终验都能按期完成并满足客户的需求。因此，客户会在四个关键节点按时向华为公司支付合同款。N个商业合同的执行效率越高，则华为公司的应收账款回款率就越高。这样，华为公司的应收账款总是处于良性状态。这就是华为公司的现金流充足的原因。

第三，从客户满意度的角度看，组织效率的高低，实际上反映出组织整体对客户需求、客户投诉以及客户问题的响应速度和解决问题的能力。一般用问题及时解决率或逾期问题解决率来衡量组织的效率。

第四，从组织架构的角度看，组织都是由若干个子系统（职能部门）组成。整体组织效率并不等于各个部门的组织效率之和。部门业务优化可能提高了局部的效率，但是，整体组织业务（全局）运营效率可能会受到削弱。流程型组织效率是最能体现组织整体效率的指标，即按端到端业务流程来评价组织的整体效率。例如，从订单到收到现金的销售流程、从获取客户需求到产品开发上市的研发流程、从客户提出问题（或投诉）到问题解决的问题解决流程等。

采用下列四类指标来衡量组织的整体效率更为客观：流程执行周期、流程执行成本、流程执行质量和客户满意度。

因此，目前在中国企业中被广泛应用的平衡计分卡式的考核模式就显得颗粒度过于粗了。用财务、客户满意度、内部业务流程、学习与成长这四大类指标来衡量组织整体效率只能是宏观的。这种从组织一级部门开始考核并逐级分解的模式，并没有把组织的业务流程按端到端的执行结果进行考核。

组织整体效率能反映出一个组织的整体管理水平、业务能力和在市场上的竞争优势。在产品、服务和全方位解决方案能满足客户的业务需求的基础上，成本和价格优势（总运作成本最低）则是力压竞争对手的“最后一根稻草”。

质量成本

杰瑞米·曼恩（Jeremy Main）在《质量战争：美国商业的成功与失败》一书中提到，美国制造企业的质量成本约占到营收的20% ~ 40%。只不过大多数美国企业没有统计质量成本而已。

什么是质量成本？质量成本是一个组织（企业、政府、非营利机构）运作总成本的一部分。

美国质量专家朱兰认为，质量成本是由于质量问题所引起的所有消耗的总和。另外一位美国质量专家克劳士比也认为，质量成本包含把事情做错了之后所牵涉的费用。根据这两位质量专家的观点，质量成本主要是指由于第一次没有把事情做对，需要返工或重做导致的成本。但是，有些质量专家则认为，除了返工或重做成本外，质量成本还应包含检验性质量成本和预防性质量成本。

这样，就出现了狭义质量成本和广义质量成本之说。

狭义的质量成本，指产品出厂前发现质量问题或出厂后客户使用中发现质量问题，导致需要返工（或重做）而产生的所有费用的价值量。即内部纠错的成本或外部纠错的成本。

广义的质量成本，指下列四部分组成的价值量：①为了预防发生质量问题而从事的业务活动所产生的费用；②检验来料质量是否达标、生产过程质量是否达标、成品质量是否达标所花费的价值量（人力资源与设备资源等）；③外部纠错所花费用的价值量；④内部纠错所花费用的价值量。图15-5展示出质量成本的四个组成部分。

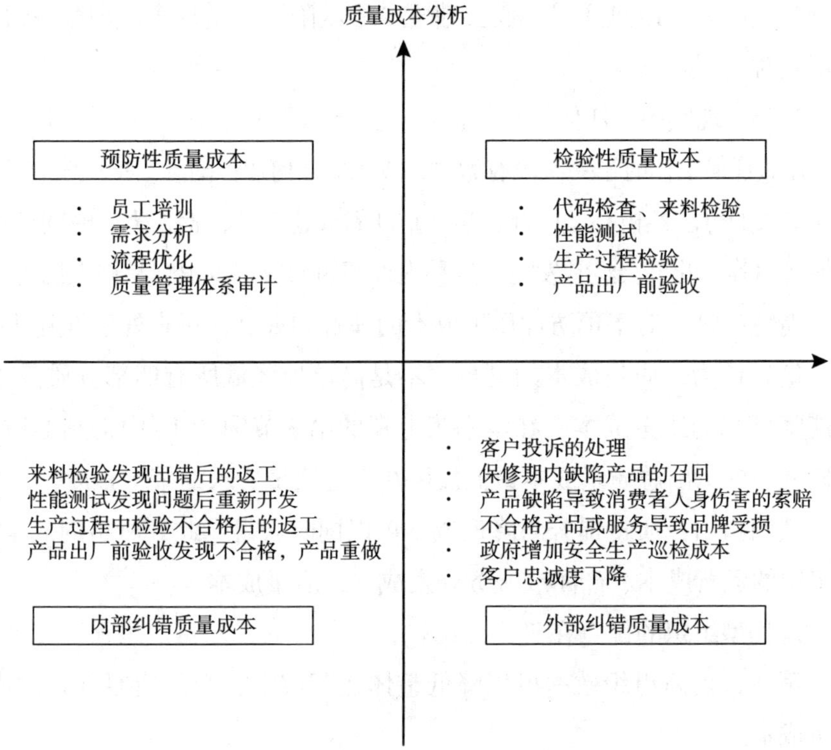

图 15-5　质量成本的四个组成部分

①预防性质量成本，例如建立预防性质量管理体系、质量审计、业务流程审计的成本；对员工进行质量知识、方法和工具培训的成本；业务流程优化成本。

②检验性质量成本，例如产品生产过程中各个环节的检验成本。

③内部纠错质量成本，例如产品在生产过程中所发现的质量问题，产品在没有出厂前或上市前发现缺陷需要解决、返工或整改所产生的成本。

④外部纠错质量成本，例如产品出厂后或上市后发现存在缺陷需要返工、维修与返修（保修期内）或整改的成本，客户投诉或赔偿客户损失的成本。有时需要考虑隐形的客户不满意（媒体或口碑负效应）产生的成本（无法计算）。

质量改进永远与质量成本相关联。

传统的管理理念是，要想改进质量，就需要增加检验环节，即增加检验成本。

其实，要想改进质量，就要建立“零缺陷”质量理念。即第一次就把事情做对。

但是，现实中，任何组织（企业、政府、非营利机构）中的任何人或团队，在做任何工作时第一次没有做对，或完成任何业务活动第一次没有达到标准和要求的可能性极高，因此，需要重新做或返工（包括人力、时间、物料、其他费用等）的事会经常发生。这种内外部纠错成本也很容易被人们所接受。

遗憾的是，对于预防性质量成本的理解和观点，一直处于混乱状态。

笔者认为，质量成本的管理，不是简单地降低所有四部分质量成本，就能降低总的质量成本。在本书第七章的第3节图7-10中提到的质量成本模型，展示出总质量成本最低发生在符合质量要求的某个程度。

戴明指出：质量提升与降低成本可以同时获得。此处所指的成本包含了组织的运营成本、产品或服务开发成本、质量成本等。

流程型组织的优点在于：

第一，提高组织效率可以降低整体运营成本、产品或服务开发成本、质量成本。

第二，采用先进的产品研发流程（如华为采用IPD）可以提升产品质量和降低产品开发成本。

备注：为了降低成本，有些企业会在产品选材上选用低价、质次的材料。

在产品选材这个环节，客户可以体验出优秀企业与一般企业的质量战略和经营策略的差距。

优秀企业在产品选材上要选取满足客户需要（技术要求和质量要求）或超出客户的期望值的材料。而一般企业则反之。

【案例15-1】

2017至2018年间，笔者在向慕思公司提供咨询服务时，与创始人王炳坤先生多次交流后，在慕思公司的企业文化中加入了“选材臻善”的质量元素。因为，慕思公司选择优质材料为客户生产高质量的床具，正是这家创始人多年经营企业的理念。从每个月的客户满意度调查数据和结果看，95% 以上的客户对慕思公司的床具产品质量是满意的。自 2012 年以来，笔者连续多年给慕思公司提供质量变革咨询，也目睹了慕思公司业绩连年增长。

【案例15-2】

2008 至 2010 年间，笔者先后购买了某知名家电公司的一个家用电热水壶和一台家用饮水机。遗憾的是，使用不到几个月，热水壶的把手脱落，饮水机的出水口按钮（塑料材料）断裂。笔者当时不知道该公司选用的是什么类型材料，不过，从耐用、结实和可靠性的角度看，该公司在家用电器的选材方面肯定是“偷懒”了；也有可能是外包给其他公司后，为了降低成本，质量管理没有把好关。这样的经历，导致该公司的品牌形象在笔者的心目中降至最低点。从此后，笔者再也没有购买过该公司的任何产品。类似这样的隐形质量成本，不知道该公司是否考虑或计算过？当然，但愿笔者的经历纯属个案。

第三，建立质量管理体系、优化业务流程，将持续质量改进方法“镶嵌”到所有业务流程和员工的行为中，提供质量培训，适当增加预防性质量成本，则可以减少检验环节质量成本，降低返工或重做的质量成本，最终实现总质量成本最低并能满足客户需求的质量目标。

因此，降低质量成本，就可以降低企业的总运作成本。降低总运作成本，有利于企业在竞争市场上掌握定价“话语权”。

一个企业的总运作成本最低，同时产品和服务质量最优，则该企业在激烈竞争的市场上必能打败所有竞争对手。

在同等质量水平下，日本佳能公司生产的复印机的销售价格等同于美国施乐公司生产的复印机的成本。不到几年时间，佳能打败了施乐。施乐的结局是被富士公司收购。

华为公司成长为全球电信一流公司，其成功要素之一是通过建立流程型组织，持续优化流程，持续改进质量，确保在与竞争对手的竞争中，在质量处于同等水平下（或高于竞争对手），保持总运作成本最低。最终，华为公司在产品销售环节上牢牢掌握市场的“定价主动权”。

任正非曾用李冰父子在 2000 多年前建造的都江堰为案例，生动地讲述他对华为公司怎样降低成本和提高效率的观点。任正非提出华为公司应“深淘滩、低作堰”。

什么叫深淘滩？即最大限度地挖掘华为公司内部潜力来降低成本、提高效率、杜绝浪费，为客户创造价值。

什么是低作堰？那就是华为公司要给客户让利，真正为客户商业成功提供低成本、高质量的服务。

降低质量成本、降低总运作成本（低于所有竞争对手），在确保产品质量和服务质量能满足或超出客户需求并优于所有竞争对手时，则该企业必将在激烈竞争的全球市场上永远处于竞争优势。

竞争优势

美国哈佛大学迈克·波特（Michael E.Porter）教授提出的竞争战略包含三个内容：低成本、差异化、专注于某一细分市场。

在竞争（“红海”）市场上，企业制定和实施竞争战略的目的，就是要打造企业的竞争优势（competitive advantage），而且是可持续的竞争优势。

在本书的第九章第 1 节中，笔者提出：提升质量属于打造企业的竞争优势的内容之一。企业只有制定和实施长期质量战略，持续提升质量，才能降低成本，才能实施低成本战略。

回顾近 40 年的历史，中国企业在制定和实施低成本战略中遇到了 5 类问题。

第一，在学习和应用迈克·波特教授的竞争战略（特别是低成本战略）时，有些企业的“盲目”与“鲁莽”行为，给人们留下了深刻而惨痛的教训。很多企业没有正确理解迈克·波特低成本战略的本质，而是一味地降低产品销售价格、拼命地打价格战。同时，并没有重视质量改进，不重视建立预防性质量管理体系，不重视提升组织整体效率。

第二，不少中国企业没有制定长期质量战略规划（如 5 年、10 年、20 年、50 年、100 年）。这些企业喜欢赚快钱，以短期利益为重，没有将企业的质量管理提升到企业的战略高度。质量没有从董事会开始。

第三，有些中国企业喜欢“弯道超车”：通过收购欧美企业而获得所谓的先进技术，而不愿长期投资产品开发和创新，不愿持续质量改进，总是想“投机”和“走捷径”。

第四，很多中国企业一旦积累了一定资本后，不是投入新产品研发和技术创新，而是马上转向资本运作和进入“虚拟”金融市场或房地产市场，根本没有想在本行业做到第一或全球品牌的远大理想。少有企业像华为那样有勇气和魄力，能“静下心来”几十年如一日地只专注一个市场和行业。在实施多元化战略时，这些中国企业也往往忘掉了竞争战略的本质，没有像美国通用电气（GE）原 CEO 杰克·韦尔奇那样的深谋远虑：“要么做到行业第一或第二，要么退出。”GE 是全球《财富》500 强企业中实施多元化战略最成功的企业之一。

第五，有些企业家没有把打造企业竞争优势与打造全球品牌联系在一起。企业真正想实施低成本战略，就必须清楚地认识到这是一件孤独和“精雕细刻”的事业。但企业家们往往喜欢讲文化，而不愿意讲管理；又在媒体广告和策划“忽悠”下，喜欢讲品牌，不喜欢讲质量。特别是，许多企业不愿意投资建立现代企业管理体系。很少有企业能像任正非领导的华为公司那样，愿意花 60 亿元实施管理转型与质量变革。

回顾和分析下列四个全球细分市场，读者不难发现，中国企业在实施低成本战略（特别是与日本企业和韩国企业打价格战）的过程中，并没有打造出自己的竞争优势。

全球摩托车市场：	中国企业产品在东南亚几乎“全军覆没”
全球白色家电市场：	中国企业产品还无法打入欧美高端市场
全球黑色家电市场：	中国企业产品仍受到韩国三星和LG的打压
全球汽车（燃油车）市场：	中国品牌车正在“爬坡”阶段，尚未入主流

展望未来，在今后5至10年内（或10至50年内），中国企业在下列三个全球市场上将有可能打造可持续的竞争优势。

全球芯片（半导体）市场：	拥有自主技术和知识产权，追赶成功
全球发动机（航空、轮船）市场：	技术领先，产品质量好，性价比高
全球电动汽车市场：	技术领先，产品质量好，性价比高

本章总结

中国企业如何提升组织效率，降低质量成本，打造可持续的竞争优势？

华为公司的成功已经为其他中国企业树立了榜样。但是切记，华为公司的成功，有些方面只能欣赏，不能简单复制，例如华为公司的企业核心价值观、企业文化、人力资源管理模式和利益驱动机制等。但是，华为公司学习和掌握现代企业管理知识的能力，例如如何制定和实施竞争战略（低成本、差异化、专注某一细分市场），如何实施管理转型与质量变革，如何建立现代企业质量管理体系与提升组织效率，如何开发高质量且低成本的产品和服务，如何建立全球品牌，如何打造企业可持续竞争优势等，都是值得其他中国企业学习和研究的。

结　语

卓越运营与未来完美

企业怎样经营才能做到完美或卓越？企业经营能做到十全十美吗？笔者的回答是不能。但是，品质完美与运营卓越应该是企业经营的追求目标。

什么是企业的经营目标？有充足的现金流，运营效率高，产品和服务能让客户满意，股东有高回报，员工有高收入且快乐，供应商等合作伙伴满意并认可，能向政府按期纳税费，企业不但承担了该承担的社会责任（如环境保护、解决就业问题等）还具有可持续发展能力，确保中长期战略方向正确……以上这些应算是企业的经营目标吧？是，但还不够。企业还应有持续的创新能力、持续的管理转型与质量变革能力、持续打造竞争优势的能力。

企业要想做到和满足上述这些经营目标，并照顾到所有利益相关者的利益，的确很难。这也恰好说明，为什么说在市场经济环境下，全球最具有挑战的职业是创办企业，即成为企业家，而非商人。经营企业从优秀到卓越是如此艰难，以至于全球大多数企业家花费了毕生的精力，却也无法让自己的企业达到卓越和完美。

股东利益最大化，员工利益最大化，客户利益最大化，还是社会、政府或社区利益最大化？企业很难照顾到所有利益相关者的利益。有一种事件是显然会损害利益的，那就是黑天鹅事件或危机，特别是灾难危机。

人类在漫长的生存历史中，总是与灾难相伴而行。笔者认为，根据灾难程度的轻重，可分成三类：第一类：重大质量事故（如：产品造假、产品有重大瑕疵或缺陷、桥梁倒塌、煤矿爆炸、火灾等）；第二类：自然灾害（如洪水泛滥、森林自燃、地震等）；第三类：瘟疫（如非典、鼠疫、天花、流感、霍乱、新冠等）。

全球各国政府与企业在应对这些质量事故与灾难时，基本上都采用四步法：①处理质量事故，救灾；②恢复正常运营，复工复产；③赔偿客户损失，援助受灾产业，安抚死难者家属；④追责与处罚重大事故或灾难责任者，奖励英雄。但是，却漏掉一个最重要的环节，即第五步。

第五步是什么？就是要对质量事故、灾难进行根因分析，在找出共同原因或特殊原因后，建立和完善预防性的质量管理体系（含预防风险管理体系）。该体系的目的是，当下次灾难暴发前、中、后，能最大限度地预警，降低死亡人数，减少经济损失，避免重蹈覆辙（见图 F-1）。

很多政府主管与企业领袖没有实施第五步的主要原因是不知道如何建立和完善预防性的质量管理体系（含预防风险管理体系），因为建立这一体系需要学会戴明的管理哲学和质量管理方法与工具，即管理转型和质量变革的知识。

处理质量事故与灾难的五步法

第一步：处理质量事故，救灾

第二步：恢复正常运营，恢复经济，复工复产

第三步：召回，退货/换货；补偿客户、受灾产业或企业，安抚死难者家属

第四步：追责与处罚重大事故或灾难责任者，奖励英雄

第五步：对重大质量事故、灾难进行根因分析，在找出共同原因或特殊原因后，要建立和完善预防性的质量管理体系（含预防风险管理体系）

图 F-1 政府组织、企业与机构处理质量事故与灾难的五步法

戴明的管理转型和质量变革知识在他的两部著作《转危为安》和《戴明的新经济观》中展现得淋漓尽致。在这些知识武装下，日本企业和美国企业获得了巨大成功。但是，对于大多数中国企业来说，要想掌握戴明的管理转型和质量变革的知识，却会面临极大的挑战。

中国企业是否愿意学习戴明的管理转型和质量变革的知识？愿意投资或花钱学习这些知识吗？笔者建议：中国企业可以向华为公司的任正非那样，放下架子，降低身段，虚心学习戴明的管理转型和质量变革的知识，

并聘请顾问公司来指导企业持续地实施管理转型和质量变革。

华为公司在任正非的变革思想指导下，经过30多年的管理转型与质量变革，一跃成为全球电信行业的一流企业。华为公司的成功，让人们看到了中国企业有能力走向卓越。

华为是怎样追求卓越的？在华为创业的早期，任正非的确说过“反对完美主义”。但是，当华为已经成为全球电信行业第一时，任正非却告诫华为员工要树立工匠精神，要学习日本和德国企业员工兢兢业业的精神、严谨认真的工作作风，要让华为追求完美。

目前，在中国，大多数大企业的生命周期处于两个阶段。第一类，大中型企业处在集体领导期向正规化期过渡阶段；第二类，中小企业处于创业期或从创业期向集体领导期过渡阶段。

笔者建议，第一类企业的管理转型应聚焦质量变革，建立大质量体系，实施全面质量管理（TQM）。通过制定和实施质量战略、建立和完善质量文化，优化或再造业务流程，确保企业能做大做强。第二类企业的管理转型应聚焦建立现代企业管理体系，建立可持续发展能力，确保企业能活下去。

中国企业追求完美、卓越的道路还很长。

在本书中，笔者多次强调，发起一场国家质量革命和在企业实施一场质量变革，两者所采用的方法基本上是一致的，即必须具备四个要素。

国家发起质量革命四要素如下：全国上下要有一套备受认可和崇拜的质量哲学；国家要有强烈的内外部驱动力；全国要有一套通用、科学和实用的质量改进的方法论和工具；国家要全员参与（政府、行业、企业、科研与教育、个人）。

企业实施质量变革四要素如下：企业上下要有一个公认和可崇拜的质量哲学；强烈的内外部驱动力；企业要有一套统一的质量改进方法论和工具；全员参与（一把手、高管、各个业务部门主管、基层员工）。

笔者的未来憧憬——

第一，国家质量革命的四要素已经具备，国家质量革命发轫。

质量来自最高层

国家成立了高规格的质量革命领导小组

制定和实施《国家质量战略》(5 年、10 年、20 年或 50 年)

颁布和实施《国家质量法》

在各级政府建立了预防性质量管理体系（含风险控制体系）

国家有了公认的质量哲学、质量改进方法论和工具

国家达成统一认识：全国只有一套国家质量奖（取消各级省地市的质量奖）

各级政府部门是质量管理的主体之一，开始按照国家质量奖的标准实施质量审计

各级政府部门已经接受并践行这样的理念：持续质量改进，永无止境

国家领导人为获得国家质量奖的组织颁发奖状

政府各级部门学会了持续管理转型与质量管理的方法

政府拨出一定预算成为提升全民质量意识的培训经费

全国各地火灾、安全生产重大质量事故数量呈明显下降趋势

全民质量培训和质量教育从小学开始

戴明的质量哲学和方法论（SOPK）深入人心

中国 50% 以上的企业的产品和服务质量达到全球一流水平

中国企业成为全球品牌的数量越来越多

第二，企业质量变革的四要素已经成熟，企业质量变革落到实处。

质量来自董事会

大中型企业建立了质量战略、质量文化、质量组织

预防性质量管理体系（含风险控制体系）已经落地

大质量体系和全面质量管理（TQM）已经建立

企业质量认证不再是形式（消除了“两张皮”）

质量审计已经成为企业的日常业务活动

企业不再为了获得政府质量奖而奋斗（获奖不是目的，持续改进才是目的）

企业质量管理成熟度已经达到自愿进行质量审计：自审、互审、外审

小微企业的质量意识和质量知识大大提升

戴明的持续质量改进法（PDSA、CQI）已经被企业所完全掌握

企业的产品质量和服务质量满足国内外质量标准

企业各级员工已经接受并践行这样的理念：持续质量改进，永无止境

企业学会了持续管理转型与质量变革的方法

企业愿意出钱让全员参加质量培训（包括企业一把手参加质量培训）

全球各国客户公认中国企业出口的产品质量优良

全球的市场都认可中国企业品牌

中国已经成为质量强国。

参考文献

[1] Micklethwait, J. *A Future Perfect: The Challenge and Hidden Promise of Globalization* [M] . New York: Crown Business, 2000.

[2] The Juran Institute. Inc. & Main, J. *Quality Wars: The Triumphs and Defeats of American Business* [M] , New York: The Free Press, 1994.

[3] Seddon, J. *Death to ISO 9000: An Economic Disease* [N] . *The Daily Telegraph*, 13 May, 2004.

[4] Deming, W. E. *Out of the Crisis* [M] , Cambridge: The MIT Press, 1986.

[5] Deming, W. E. *The New Economics for Industry, Government, Education* [M] . Cambridge: The MIT Press, 1993.

鸣　　谢

在本书的撰写过程中，有五家中国企业为我提供了全面验证西方现代企业质量管理体系和运营管理体系在中国企业建立和完善的机会与平台。这五家中国企业是：华为公司、中兴通讯股份有限公司、慕思寝具公司、艾民儿集团、君乐宝公司。

在此，我对这五家中国企业中凡参与我主导的质量变革项目和业务活动的同仁表示由衷的感谢！

在本书的撰写过程中，我还得到了下列专家和行业同事的鼎力支持，在此，一并致以真诚的感谢。他们是：

Jack Pompeo　　华为公司集团质量部专家、美国质量协会（ASQ）资深会员

Don Pickens　　全球电信质量组织 QuEST 论坛原首席运营官

郎志正　　中国质量协会原副会长、国务院原参事

唐伟国（Aaron W.K. Tong）　　T.Q.M. 公司总裁
香港品质学会原会长

李　刚　　华为公司原副总裁

许　峰　　中兴通讯公司原首席质量官

师　骋　　诺基亚通讯公司大中华区首席质量官

李　榕	深圳市质量协会执行会长
刘万涛	深圳市质量强市促进会执行会长
姚吉庆	慕思寝室用品有限公司总裁
刘琼英	艾民儿集团董事长
苑　卫	君乐宝公司质量总监

另外，我还要感谢上海交通大学机器人学科教授、留日博士赵群飞先生对本书中的日本专家名字准确翻译所给予的无私帮助。